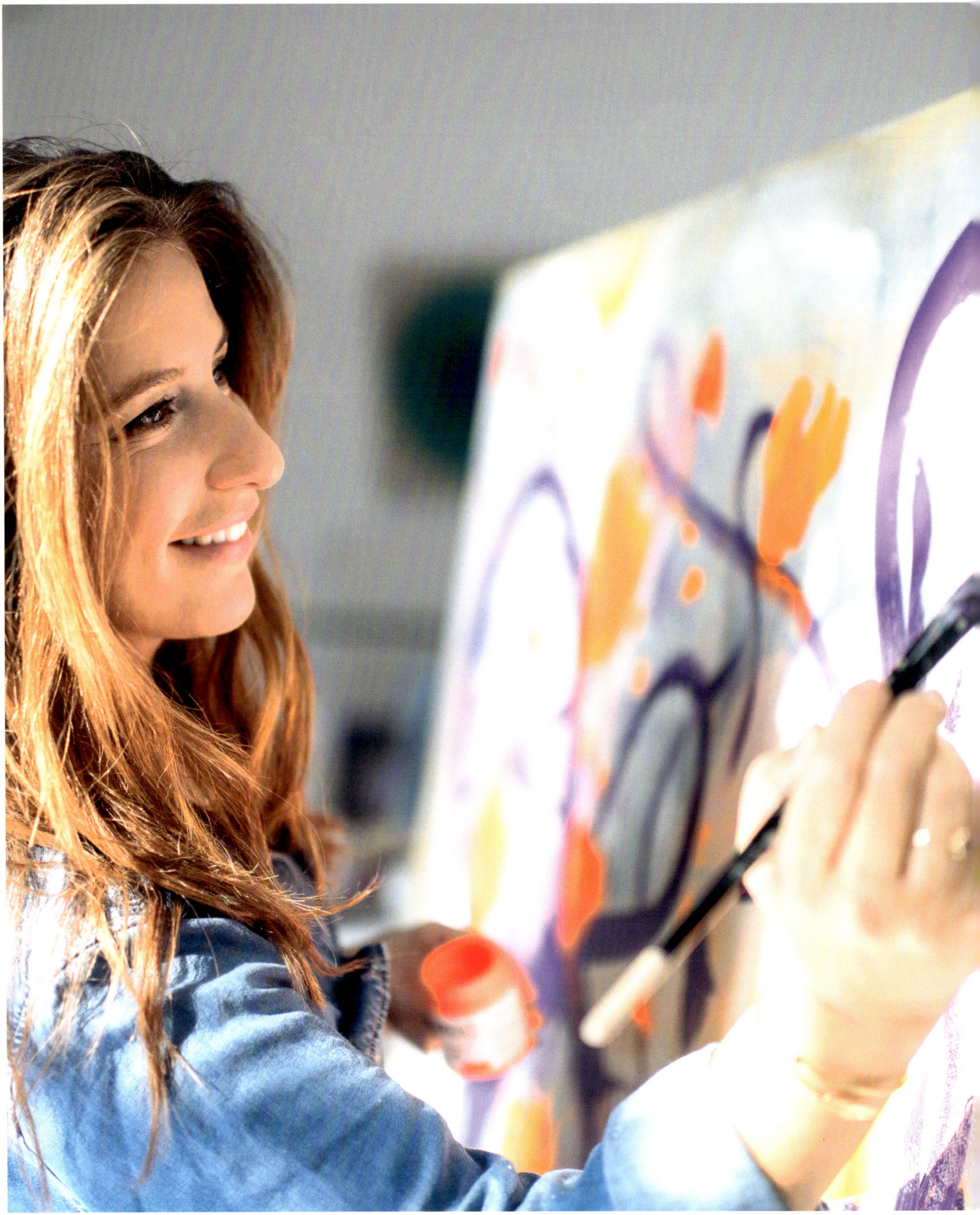

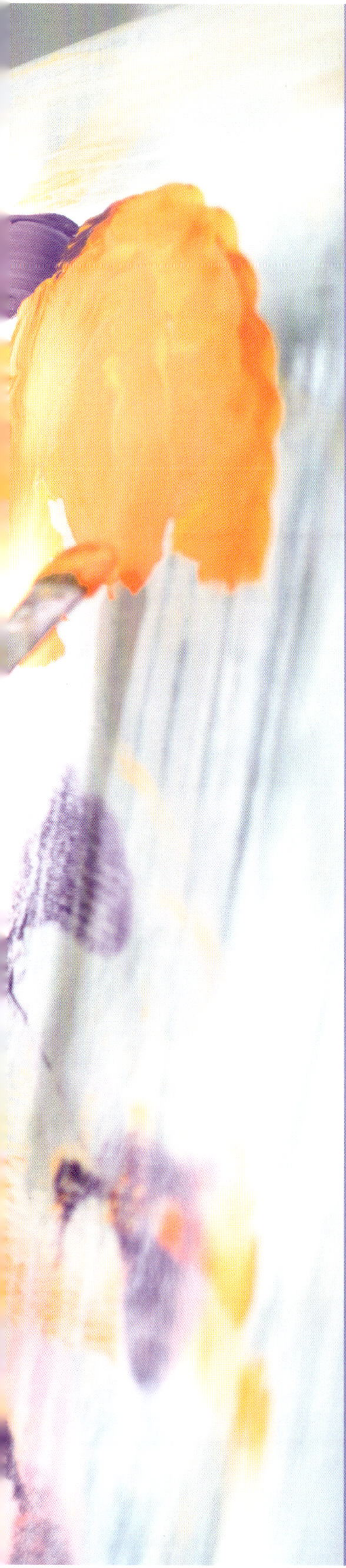

Für meine Patenkinder Johanna und Freya,
die es beide lieben zu malen.
Bewahrt Euch den kindlichen Zauber
Eurer Kreativität und lasst Euch
niemals von Euren Visionen und Träumen abhalten.
Denn Eure Kreativität ist der Schlüssel zu ihnen.

Und für all diejenigen, die den Zauber ihrer
eigenen Kreativität entfachen möchten!

INHALT

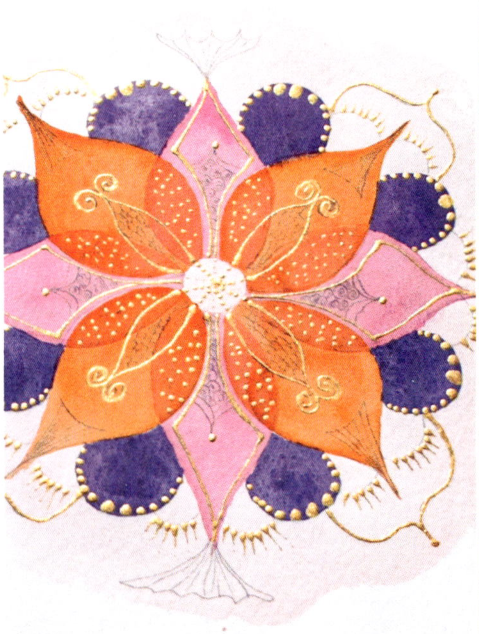

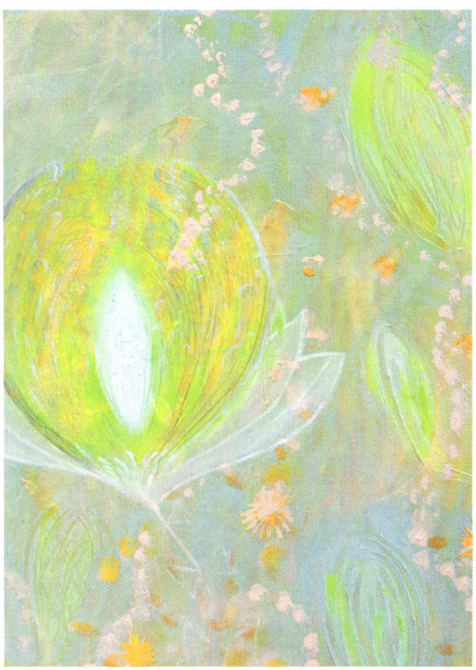

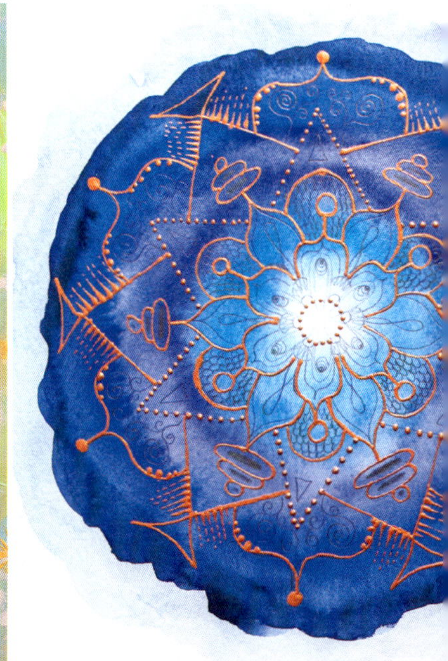

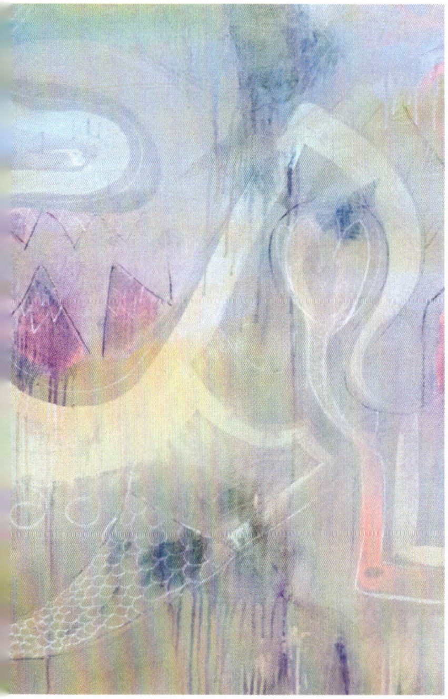
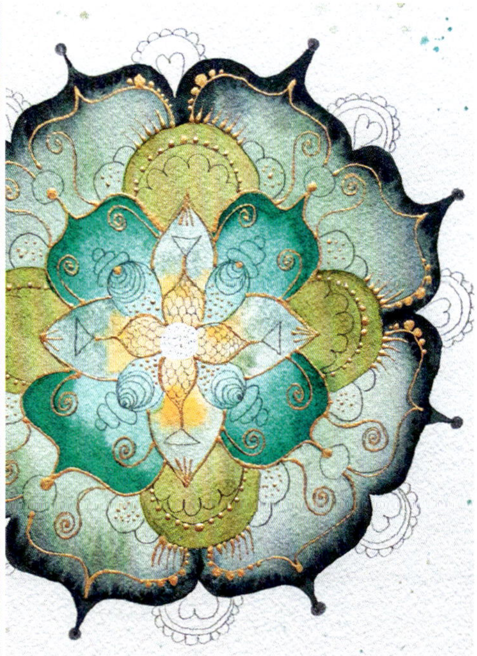
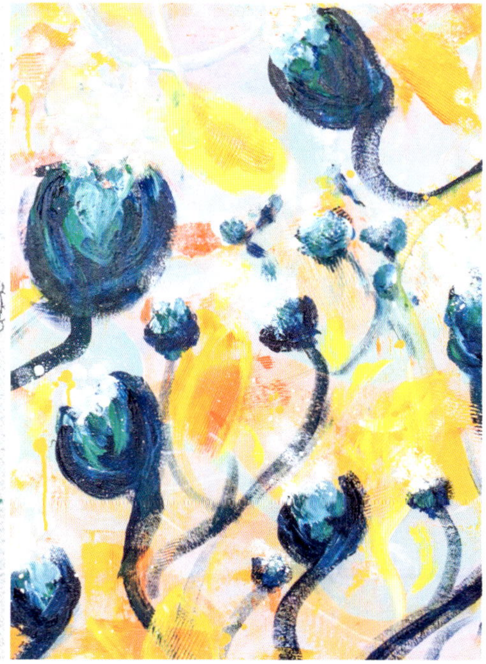

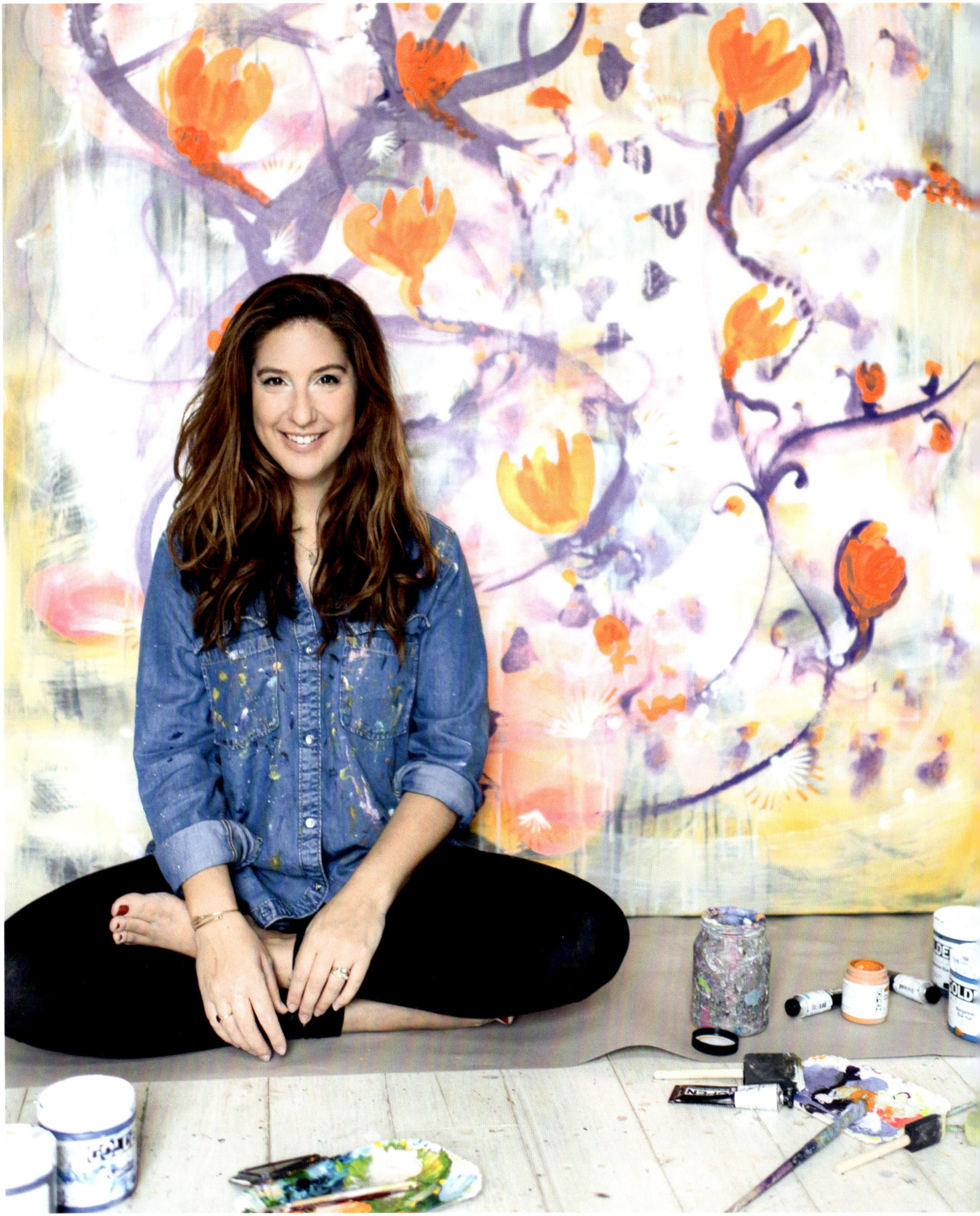

Hallo, du, ...

mein Name ist Yvonne und ich freue mich, dich durch dieses kreative Malbuch zu führen.
Du wirst dich mit vielen Maltechniken und Materialien beschäftigen, aber auch mit dir selbst. Wir lassen uns von den Farben leiten und begeben uns auf eine kleine Reise zu deinem Inneren.
Mir fällt immer wieder auf, wie viele Parallelen es zwischen Malen und dem alltäglichen Leben gibt. Gerade während des kreativen Prozesses hat man oft Angst, sich zu vermalen, oder man möchte, dass das Bild perfekt wird. Diesen Anspruch an uns selbst, nichts falsch zu machen, haben wir vielleicht auch im Beruf oder im privaten Umfeld. Vielleicht ertappst du dich während dem Malen dabei, dass du zu viel nachdenkst und dein „innerer Kritiker" zu laut wird. Genau da unterstütze ich dich. Ich helfe dir, wieder zu deiner intuitiven Kreativität zu finden, Blockaden loszulassen und liebevoll, achtsam sowie voller Freude weiter zu malen.
Beim intuitiven Malen werden wir mit allem experimentieren, was wir zum Malen in die Finger bekommen. Vom klassischen Pinsel bis hin zu verschiedensten Werkzeugen, Fundstücken, oder auch mal einfach mit den Fingern selbst. Hier wird's impulsiv und spontan. Ich zeige dir die verschiedensten Techniken, damit du ganz individuell dein Bild malen kannst. Denn du kannst malen und wirst spüren, wie viel Freude und Vertrauen du beim Malen gewinnen kannst.
Das Malen von Mandalas ist dagegen meditativ. Du wirst entdecken, wie sehr du dich beim Malen mit Aquarell entspannen kannst, deinen Alltag völlig vergisst und zur Ruhe kommst. Es liegt mir am Herzen, dass ich dir zeige, wie du dein ganz individuelles Mandala entwirfst und in Farbe tauchst. Dabei lernst du von mir eine Technik, in der du langsam herangeführt wirst, von der Entstehung der filigranen Symbolik bis hin zum leuchtenden Farbkreis. Ich mache dir Vorschläge zu Mustern und Farbharmonien, aber du darfst dich frei fühlen, deine eigenen Muster- und Farbwünsche einzubringen.
Deine Kreativität, Fantasie und Intuition warten in diesem Buch nur darauf, (noch mehr) geweckt zu werden. Und das Schöne ist, dass diese drei Kräfte dir nicht nur beim Malen helfen, sondern im täglichen Leben sehr wertvoll sind.

Ganz liebe Grüße,

Yvonne

*P.S. Ich freue mich, deine intuitiven Bilder und Mandalas, die durch dieses Buch entstanden sind, zu entdecken und daran teilhaben zu können. Verlinke mich mit **@yvonnelamberty_** und dem Hashtag **#heartpainter** auf Instagram. Ich bin ganz gespannt darauf!*

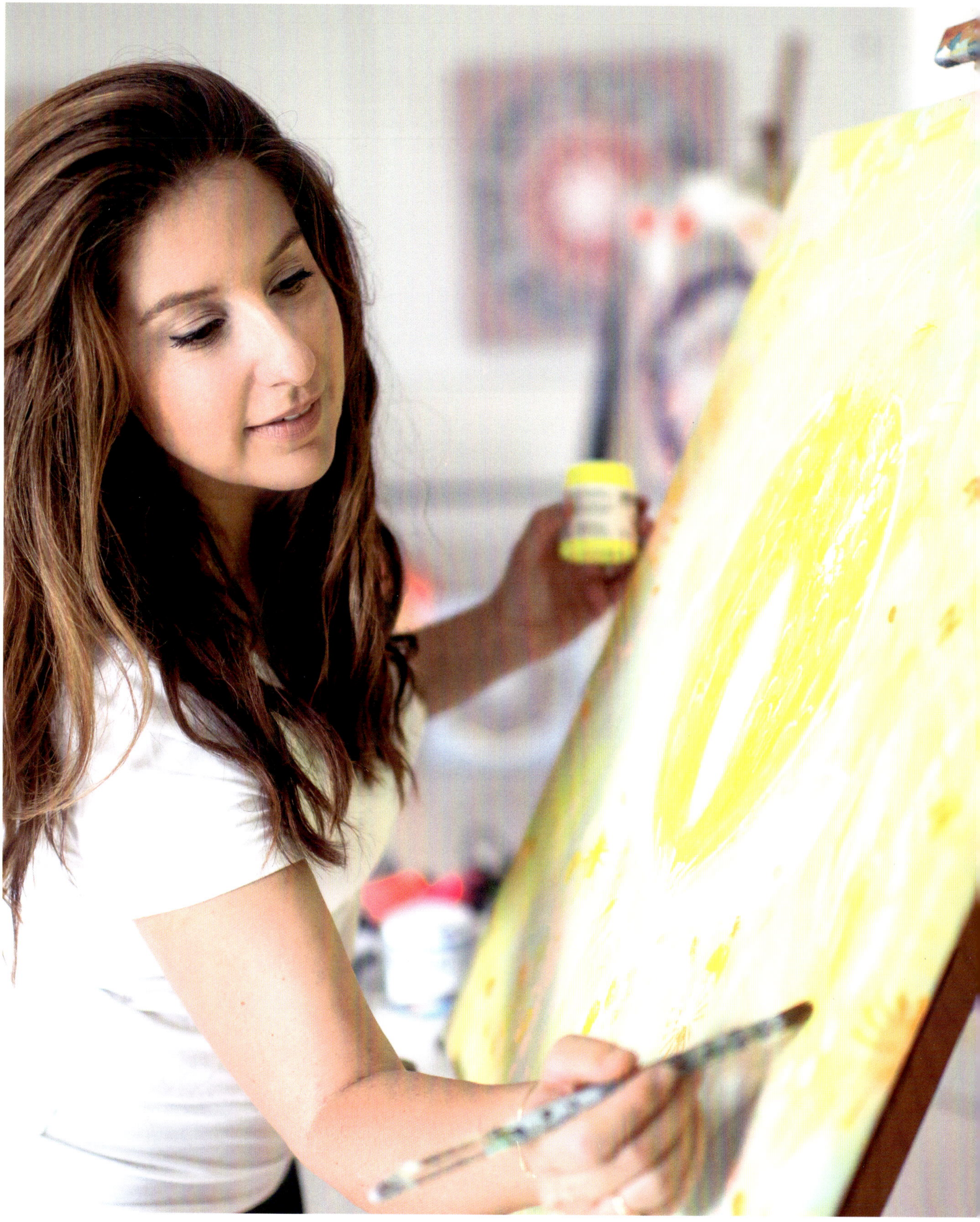

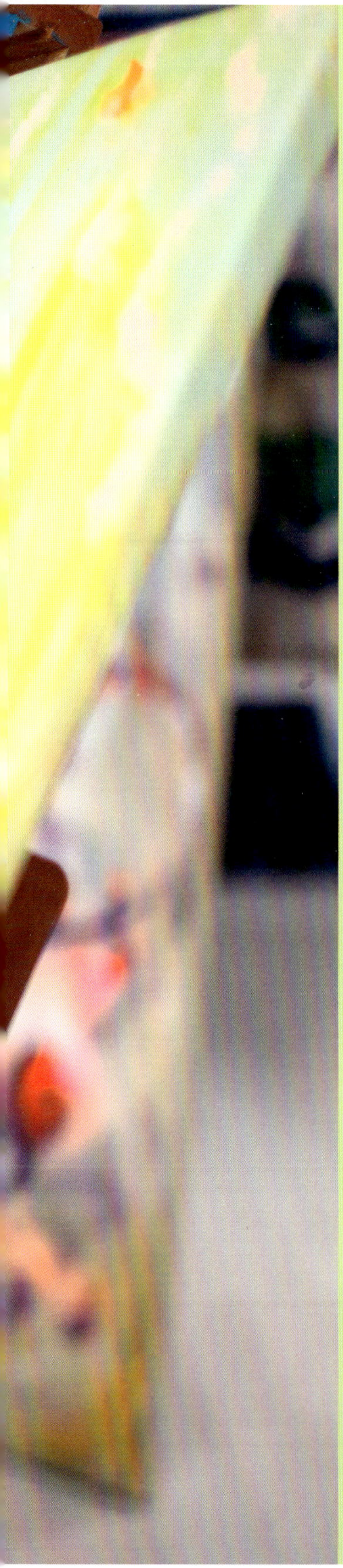

Kreativität

ENTFALTE DEINE

Kreativität

Beim Malen kannst du mehr über dich, dein Inneres und deine Kreativität erfahren. Entdecke die „drei Musketiere des Herzens" neu und erwecke sie durch das Malen, denn dann können sie sich auch positiv auf all deine Lebensbereiche auswirken.

KREATIVITÄT

Kreativität ist eine Urkraft, die in uns allen steckt. Kreativität lässt dich zaubern, von einem Gedanken bis hin zur fertigen Erfindung oder Gestaltung. Es reicht eine einzige Flause im Kopf aus, der du Aufmerksamkeit schenkst und die dein Leben verändern kann. Wenn du deine Kreativität förderst, entfachst du auch deinen Ideenreichtum für alle Bereiche im Leben. Kreativität ist eines der wirksamsten Werkzeuge für Veränderungen, die wir zur Verfügung haben, und kann dich positiv verändern und deine Welt transformieren. Im oftmals stressigen Alltag ist für die Kreativität zu wenig Platz. Aber wenn wir alle wieder mehr um die Urkraft, die in der Kreativität steckt, wüssten, dann würden wir ihr viel mehr Aufmerksamkeit schenken. Umso schöner, wenn du durch dieses Buch wieder etwas mehr Zeit dafür findest bzw. dir dafür nimmst. Sobald du etwas kreierst, setzt du eine Energie frei, die dich spüren lässt, dein Leben selbst bestimmen und gestalten zu können. Dieser Prozess stärkt deine Persönlichkeit, tut dir einfach gut und schenkt dir innere Freiheit. Beim Malen hast du die Gelegenheit, genau das zu tun, worauf du gerade Lust hast. Die Farben und Formen liegen deiner gestalterischen Freiheit zugrunde und du kannst dein Bild so malen, wie du es möchtest. Genau dabei stärkst du auch deine Fantasie und erhälst einen besseren Zugang zu deiner Intuition. Wenn du dir in diesem Prozess achtsam begegnest, kannst du diese Zeit optimal für dich nutzen. Deine innere Stimme verrät dir während des Malens viel über dich und dein Innerstes. Wie sich das positiv auf all deine Lebensbereiche auswirkt, wirst du bestimmt bald merken.

Man kann Kreativität in zwei Arten unterscheiden:

1. ***Den kontrollierten Zugang zur Kreativität:*** Es wird etwas analytisch im Außen abgeschaut und gezielt kopiert. Verstand und Kopf sind mehr involviert, kein persönlicher Ideenreichtum kommt hinzu.

2. ***Den inspirierten Zugang zur Kreativität:*** Verschiedenste Inspirationen von außen werden mit der inneren Quelle an Gefühlen und Erfahrungen ganz neu verknüpft. Die eigene Persönlichkeit fließt mit ein und man ist ganz individuell kreativ. Dies ist auch der Weg des intuitiven Malens. Hier malen dein Herz und deine Seele mit.

Wie du sicher erkennen kannst, geht es in diesem Buch um den inspirierten Zugang. Denn wenn du den inspirierten Weg der Kreativität gehst, entdeckst du dich dabei viel mehr. Du bist im Dialog mit dem, was aus dir authentisch heraussprudeln möchte, deine Farben, deine Formen und dein Ideenreichtum. Lass dich beim intuitiven Malen darauf ein, was im Moment entsteht, und denke dir vorher nichts aus. Dann wird pure Lebensenergie in dir frei.

Mit dieser Schöpferkraft kannst du auch die Herausforderungen des Lebens viel besser meistern, indem du optimale Lösungen findest, sich so Blockaden auflösen und du wieder mehr Frieden und auch Lebensfreude in dir erweckst. Es bedarf mehr Mut diesen Zugang zu wählen, denn auf diesem Weg weißt du am Anfang nicht, wie dein Bild später aussehen wird. Manchmal wirst du nicht wissen, wie es weitergeht und dein Kopf möchte sich einschalten, um Sicherheit und Kontrolle zu bewahren. Aber wenn du weiter deinem Herzen folgst, achtsam hineinspürst, welche Farben und Formen du zum Ausdruck bringen möchtest, schenkt dein Bild dir im kreativen Prozess des Malens viele Weisheiten des Lebens.

Dein Urvertrauen kann mit jedem intuitiven Bild wachsen. Denn jede weiße Leinwand ist eine Herausforderung und ein Neuanfang zugleich. Du verlässt deine Komfortzone und begibst dich auf ungewohntes, leeres Terrain und mit jeder Farbebene, die du mehr auf deine Leinwand bringst, bist du im Dialog mit dem Bild und gleichzeitig im Dialog mit dir. Herausforderungen begegnen uns überall und der innere Kritiker kann sehr ungemütlich werden. Doch genau in diesem Malprozess hast du die Chance zu lernen, bei dir zu bleiben.

FANTASIE

Die Fantasie spielt beim Malen eine ganz wichtige Rolle. Dadurch, dass du nichts kopierst und dich mit deiner Fantasie beschäftigst, bist du mit dem Schatz deines Inneren verbunden, deiner Intuition. Sie flüstert über die Fantasie zu dir. Indem du die Formen und Farben betrachtest, ergibt sich oftmals eine Bildsprache, in der du etwas über deine Fantasie entdeckst, was du dir nicht bewusst ausgedacht hast. Von Gesichtern, Tieren, Symbolen oder anderen Erkenntnissen. Die Fantasie hilft und zeigt dir etwas, was sich entwickeln und ausdrücken möchte. Hier bist du im direkten Kontakt mit deinem Unbewussten. Immer wenn du darauf zugreifst, ist dies ein kostbares Wissen deiner Intuition.

Es ist natürlich völlig normal, dass du die Bilder in diesem Buch erst einmal nachmalst, um somit Techniken zu lernen und dein Malgefühl zu verbessern. Ich kann dir nur empfehlen, auch andere Künstler und Stilarten anzuschauen und auszuprobieren, die dir gefallen. Das Wichtigste jedoch für einen Künstler ist, seinen ganz individuellen Stil zu finden. Und da kommt dann wieder die eigene Fantasie ins Spiel.

INTUITION

Unsere Intuition wird oftmals durch rationale Gedanken ersetzt. Sei es im Alltag, bei Lebensentscheidungen oder auch beim malerischen Prozess. Denn die intuitiven Impulse sind für den Verstand nicht greifbar. Jedoch erleben wir es oft, dass uns das Bauchgefühl im Nachhinein nicht getäuscht hat. Der Intuition zu vertrauen ist eine wunderbare Erfahrung, die du beim Malen erleben kannst. Sobald du dich traust, wieder mehr mit deinem intuitiven Gefühl zu leben und Entscheidungen danach zu treffen, entstehen oftmals verrückte „Zufälle“ und geniale neue Ideen und Möglichkeiten. Es öffnen sich neue Wege. Und genau diese Magie möchte ich dir beim Malen in diesem Buch weitergeben. Das intuitive Gespür ist eine Erfahrung, die du ausschließlich mit dir selbst machen kannst. Einen achtsamen Kontakt mit deinen Gefühlen zu haben schenkt dir auch in verschiedensten Lebenssituationen Kraft und Klarheit. Der Verstand ist begrenzt. Das Herz weiß mehr.

Daher nenne ich die Kreativität, die Fantasie und die Intuition auch die drei „Musketiere des Herzens“. Je mehr du diesen drei Urkräften Vertrauen schenkst, desto eher wirst du mutiger für Neues in deinem Leben.

Als Kind habe ich schon intuitiv Mandalas gemalt. Keiner in meiner Familie wusste, woher ich das hatte und was die „Dinger“ sind, die ich überall hingekritzelt habe. Unbewusst konnte ich jedoch schon früh spüren, dass diese Mandalas mich mit auf eine innere Reise genommen haben. Bis heute liebe ich es, so zu malen. Ich schöpfe viel Kraft und auch heilende Momente für mich daraus, was mir im Leben viel Selbstvertrauen und Mut geschenkt hat, meine Träume zu leben. Ich habe sehr früh wahrgenommen, dass ich bei dieser Art zu malen in einen Dialog mit mir kam. Wenn einmal ein ungutes Gefühl beim Malen in mir hochkam, habe ich mich gefragt, woher es kommt. Im kreativen Prozess findet man oft eine Antwort darauf.

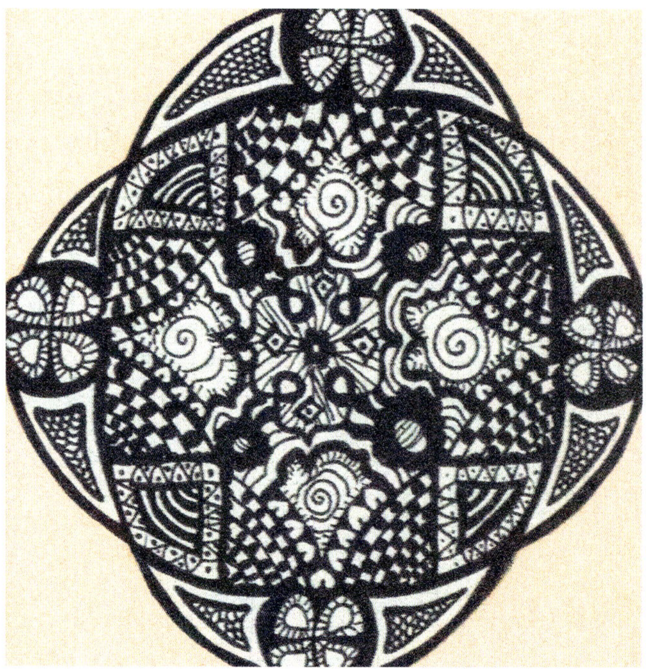

EMOTIONEN

Achte beim Malen besonders intensiv auf deine Emotionen. Denn wenn eine Farbe oder ein Muster dich auf irgendeine Weise emotional berührt, kann dies ein interessanter Wegweiser für dich sein. Sei dir gewiss, dass die Farben, die du intuitiv auswählst, kein Zufall sind, sondern Ausdruck deiner tiefsten Gefühle und Gedanken sein können. Ein guter Weg ist, wenn du über die Farben und Formen immer wieder ins „Fühlen" gehst. Durch die Intensität, Emotionalität und Assoziationen (der Formen oder Farben) erschaffst du beim Malen einen besonders tiefen Ausdruck. Das macht nicht nur richtig Spaß, sondern kann eine wunderschöne Selbsterfahrung sein. Die Ehrlichkeit spielt dabei auch eine Rolle. Denn je authentischer du den Weg deiner Kreativität gehst, umso mehr entwickelt sich auch dein persönlicher Stil.

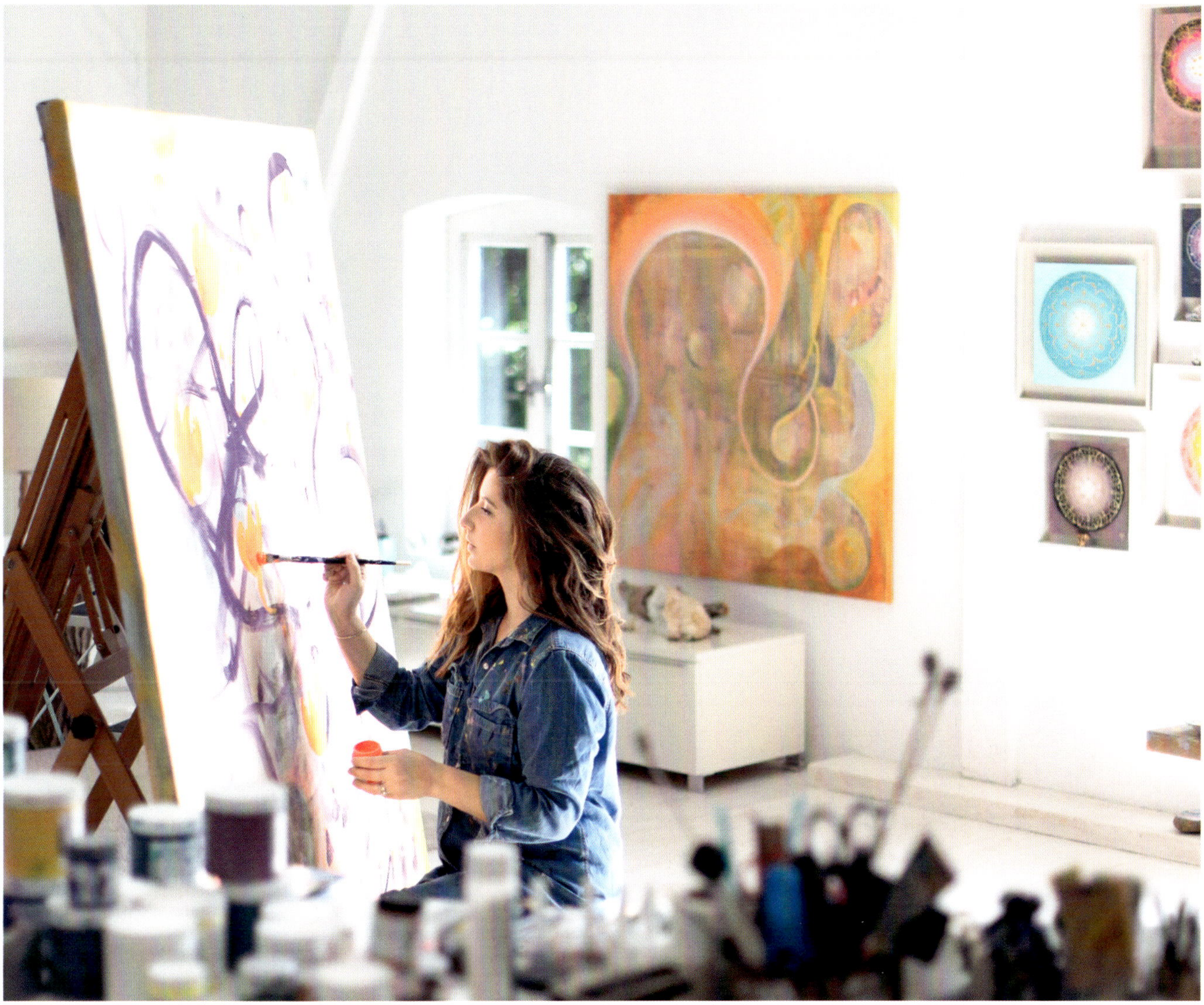

DER INNERE KRITIKER – DEIN MEISTER

Beim Malen und Kreativsein kannst du oftmals leider sehr laut deinen inneren Kritiker hören, was er dir erzählt und über dich denkt. Wie er mit dir umgeht beim Malen, ist spiegelbildlich dafür, wie du mit dir selbst im Leben umgehst. Daher werden wir gar nicht erst versuchen, ihn zu unterdrücken. Denn er ist dein Meister. Durch ihn kannst du Blockaden, Ängste und falsche Glaubenssätze sehr gut erkennen und loslassen. Vielleicht hörst du auch beim Malen die Stimme von einem Menschen, der dir immer gesagt hat, du könntest nicht malen. Oder du gerätst innerlich in Stress, weil dein Kritiker meint, du wärst zu akribisch, zu langsam, zu grobmotorisch oder du wirst sowieso nie fertig.

So viele würden gerne malen, aber trauen sich nicht an die weiße Leinwand. Selbst bei Schulkindern konnte ich schon beobachten, dass sie Angst davor hatten, sich „zu vermalen“. Eigentlich verrückt, oder? Gerade bei den unglaublich vielen Farben, die es gibt, sollte man freudig zum Pinsel greifen und einfach loslegen. Dieser innere Leistungsdruck, der von uns selbst gemacht wird, kann uns auch im Leben aufhalten. Dabei ist die Angst, „nicht gut genug zu sein“, keine Frage des Alters. Umso besser ist es, wenn wir dem inneren Kritiker mit liebevoller Aufmerksamkeit begegnen und ihm zuhören. Wann immer du dich beim Malen dabei ertappen solltest, dass diese innere Stimme dich ärgert, höre ihr zu. Dies ist der Moment für ein „Aha-Erlebnis“ und dies ist deine Chance, dich von der Stimme zu befreien.

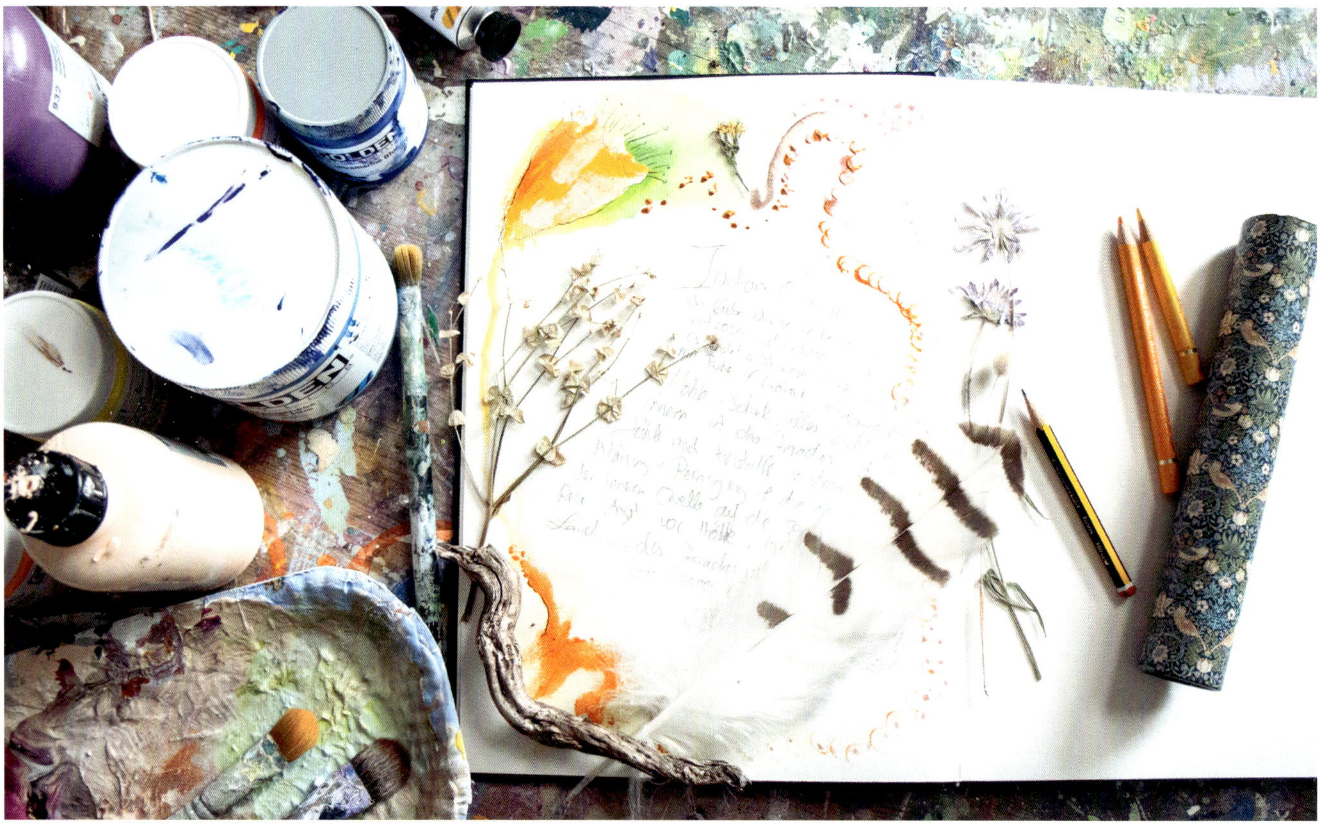

DEIN MALTAGEBUCH

Lege dir ein Maltagebuch zu, welches du während des Malens immer bei dir hast. Hinein schreibst du alle Gedanken und inneren Dialoge. Nimm dir die Zeit, z.B. während die Farbe trocknet. Schreibe beispielsweise auch deine Assoziationen, die dir zu den Farben und Formen einfallen, hinein. Halte hier deine Fantasie und deine Emotionen fest.

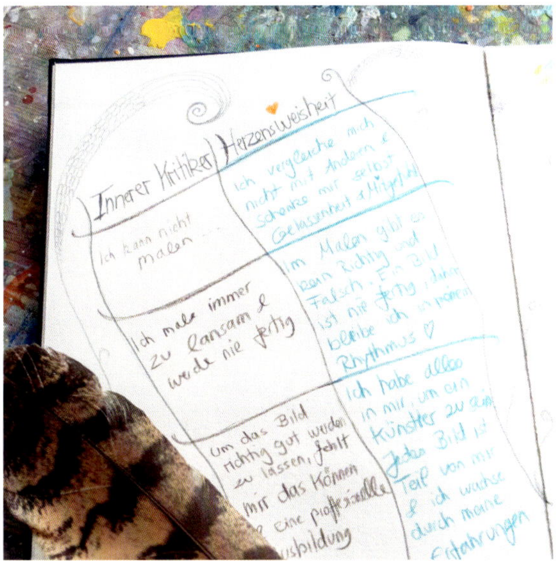

Den inneren Kritiker umstimmen

Zeichne dir für jedes neue Bild, das du zu malen beginnst, eine Tabelle mit zwei Spalten in dein Maltagebuch. Gebe der Stimme deines inneren Kritikers gerne auch einen bestimmten Farbstift. Wenn er einmal wieder laut und gemein wird, schreibe diese Sätze in die linke Seite der Tabelle. Schau sie dir an und fühle hinein. Ist es deine Wahrheit oder kann dieser falsche Glaubenssatz weg, weil er dich nur unnötig aufhält? Trage in die rechte Spalte der Tabelle die umstimmenden positiven Affirmationen hinein, die deinem inneren Kritiker eine andere Geschichte erzählen. Du kannst dir hier einen Stift deiner Lieblingsfarbe nehmen. Begegne dir in dieser rechten Spalte voller liebevoller Gedanken. Lass dein Herz sprechen! Du kannst dann auch den falschen Glaubenssatz einmal gefühlvoll durchstreichen und dir die neue positive Affirmation immer wiederholt vorlesen.

Hier findest du ein paar schöne Affirmationen, die dich ins fröhliche und leichte Malen zurückholen, wenn der innere Kritiker mal wieder zu laut wird.

- ***Ich bin die schöpferische Kraft in meinem Leben.***
- ***Ich schenke mir Freiheit.***
- ***Meine Fantasie erlaubt mir alles.***
- ***Ich überlasse alles dem Zufall und vertraue.***
- ***Ich vertraue dem intuitiven Gefühl in meiner Hand.***
- ***Ich bin gelassen und lasse los.***
- ***Ich lade Lebendigkeit in mein Leben ein.***
- ***Neues lässt mich wachsen.***
- ***Ich bin beweglich und habe Mut.***
- ***Die Gegenwart erfüllt mich in jedem Augenblick.***
- ***Ich öffne mich für die Schönheit des Lebens.***
- ***Ich bin Liebe in Aktion.***
- ***Ich bin immer zur richtigen Zeit am richtigen Ort.***
- ***Ich genieße es, hier zu sein.***
- ***Ich liebe alles, was mir begegnet.***
- ***Mein Herz ist weit geöffnet.***
- ***Ich bin Ausdruck endloser Freiheit.***

Skizzen

Du kannst auch Skizzen in dein Maltagebuch hineinzeichnen, wenn du unterwegs bist. Vielleicht entdeckst du hier und dort auf deinen alltäglichen Wegen, Situationen, Bilder oder Momente, die du schnell skizzieren möchtest. Sei es eine Blütenform am Wegesrand oder ein besonders schöner Ast. Lass deine Sinne täglich auf Reisen gehen und halte alle schönen Inspirationen fest.

Farbklänge

Sammle auch Farbklänge für dein nächstes Bild. Ein Farbklang ist eine Komposition aus ca. zwei bis fünf Farben, die schön zusammen harmonieren. Das kann ein dekoriertes Schaufenster mit tollen Farben sein, welches dir ins Auge springt, eine Abenddämmerung, eine Blume oder ein Detail eines schönen Stoffs, bei dem dir die Farbkombination gefällt.

Das Malen, ob ein Mandala oder ein intuitives Bild, ist wie ein Kurzurlaub. Eine Oase, in der du die Zeit für dich ganz besonders nutzen kannst. Diese Form des Malens kann auch meditativ sein und dir viel Energie schenken. Daher kannst du dir auch überlegen, ob du ein Bild einem bestimmten Thema widmen möchtest.

Mögliche Lebensthemen:

- ***Leichtigkeit***
- ***Frieden***
- ***Klarheit***
- ***Lebensfreude***
- ***Liebe***
- ***Gelassenheit***
- ***Leidenschaft***
- ***Sehnsucht***
- ***Herzenswunsch***
- ***Traum***
- ***Zukunftsbild***

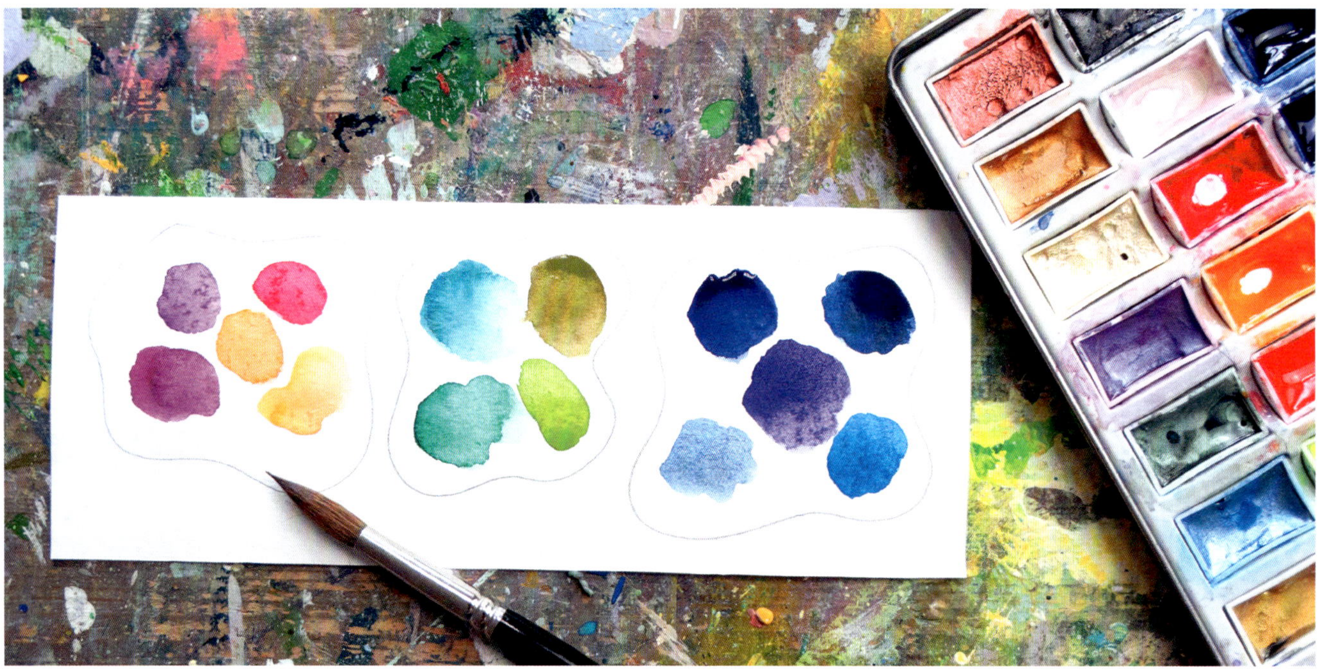

Hier siehst du ein Beispiel, wie du einen Farbklang in deinem Maltagebuch eintragen kannst.

DEINE KÜNSTLERRITUALE

Sammle alle Rituale in deinem Maltagebuch, die dich beim Malen unterstützen können. Das kann ein bestimmtes Lied sein, bei dem dir jedes Mal warm ums Herz wird. Vielleicht magst du einen Sonnengruß oder eine andere Yogaübung vorher machen. Notiere dir all das, was du machen könntest, ins Maltagebuch und suche dir dann vor Beginn des Malens oder mittendrin mindestens eines dieser Rituale heraus, was dich positiv unterstützt.

Mein Lieblingsritual: „Body Scan"

Eine Achtsamkeitsübung, die ich dir besonders als Ritual empfehlen kann, ist vor dem Malen für zwei bis fünf Minuten deinen Körper zu fühlen. Fühle dabei in dich hinein, wie sich dein Atem anfühlt und sich dabei dein Brustkorb hebt, fühle deinen Herzschlag. Fühle in alle Körperteile hinein und nimm Kontakt auf. Was kannst du über deine Sinne wahrnehmen? Welches Gefühl ist gerade in dir aktiv?

Dieses Ritual beende ich oft mit einem Song, zu dem ich gerne tanze. Somit lockere ich mich vor dem intuitiven Malen etwas auf.

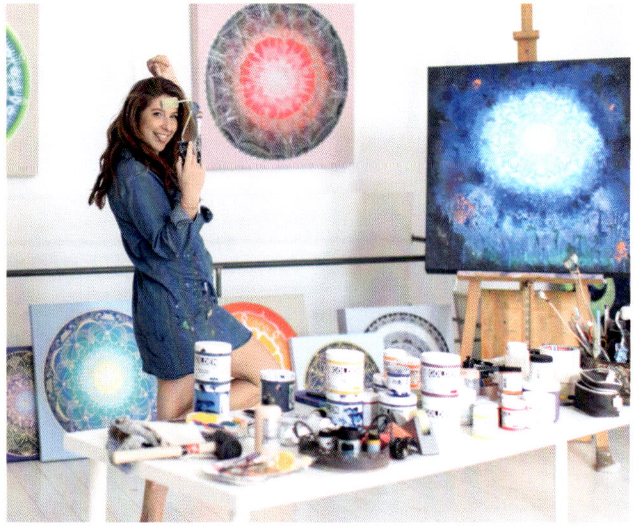

DIE MUßE

In der Tat ist die Muße das meistunterschätzte Talent der Kreativität. Denn wir erlauben uns einfach viel zu selten den Dingen nachzugehen, die uns Freude bereiten oder uns Gutes tun. Gönne dir hin und wieder mehr Zeit für dich und du wirst spüren, welche Kraft du daraus gewinnen kannst.

Denn die Musen küssen dich, wenn du die Seele baumeln lässt und nicht mehr nur „sendest", sondern beginnst zu „empfangen". Daher schaue, wo du in deinem Leben und im Alltag Zeit für dich stehlen kannst. Denn die Muße bietet dir Raum für die genialsten, verrücktesten Ideen, egal ob auf der Leinwand oder im Leben. Schreibe dir drei Ideen in dein Maltagebuch, wann du genau Zeit fürs Malen finden kannst, und lass sie dir nicht wieder nehmen.

Gerade das Malen ist eine besondere Fähigkeit in jedem von uns. Es kann unser Leben zum Besseren verwandeln. Das Entfachen der Kreativität hilft dir, deinen wahren Wesenskern immer besser kennenzulernen. Diesen wahren Wesenskern aus allen vergangenen Prägungen, wie z.B. falschen Glaubenssätzen, Mangeldenken, Blockaden usw. herauszuschälen ist eines der größten Geschenke, die du beim intuitiven Malen erhalten kannst. Du kannst dich dadurch von vielem befreien. Das Malen stimmt dich einfach glücklicher und gelassener.

Es gibt so viele Talente deiner Kreativität. Falls du tiefer in dieses Thema einsteigen möchtest und Lust hast, deine Kreativität noch mehr zu entfachen, findest du hier mehr Infos zu meinen Onlinekursen: onlinekurs.yvonnelamberty.com

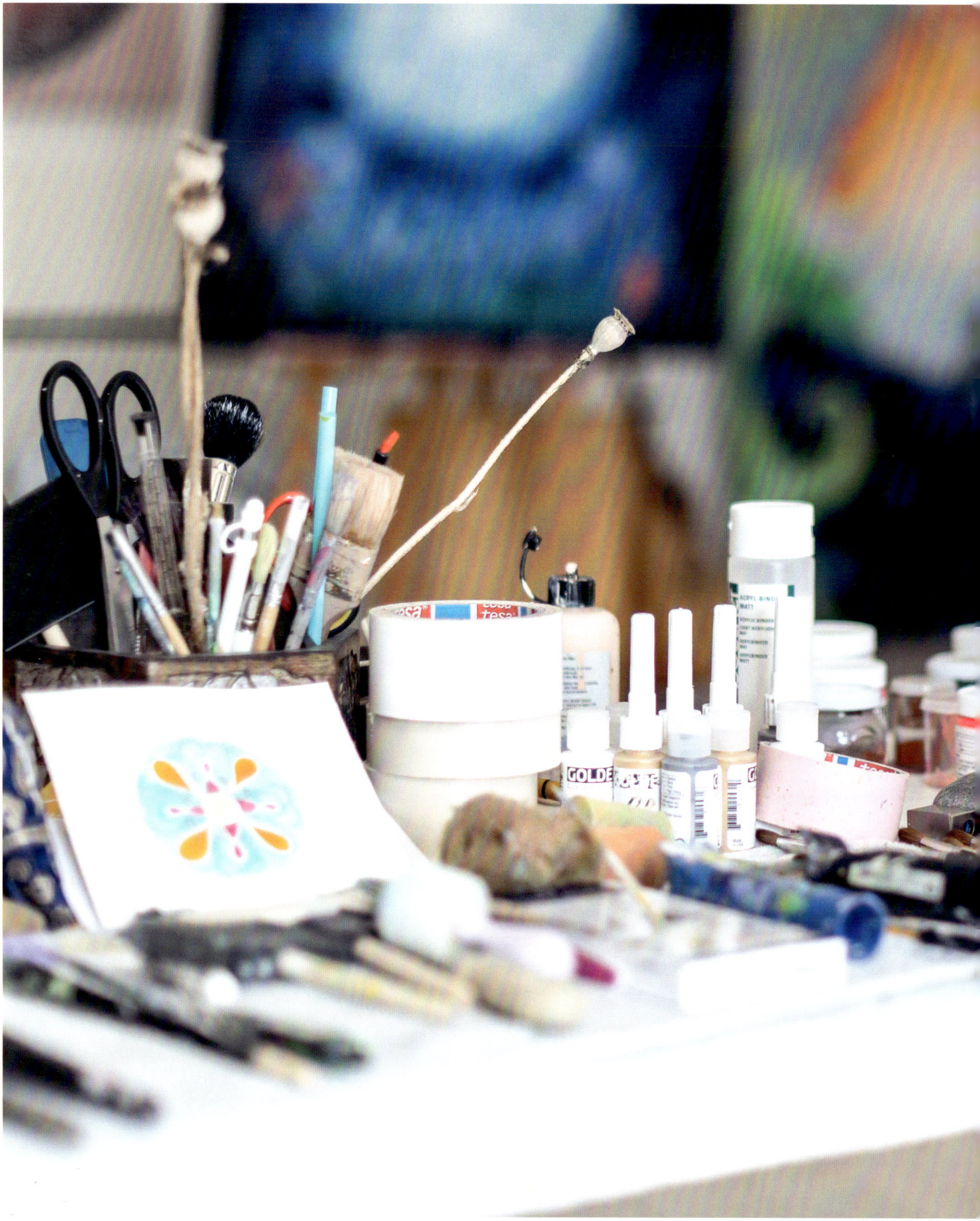
tesa

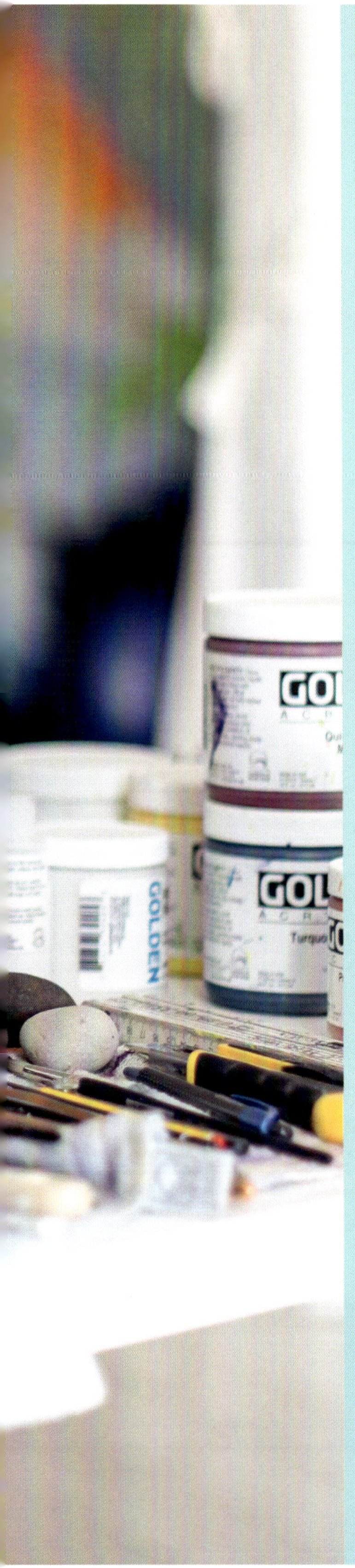

Materialien

Farben, Pinsel & Co.

Hier findest du alle Materialien, die in diesem Buch ihren Einsatz finden. Ich stelle sie dir einmal kurz vor. Fühle dich aber völlig frei, auch weiteres Material auszuprobieren und zu verwenden.

Acrylfarben

Acrylfarben sind deckend, können aber auch mit Wasser verdünnt werden. Sie trocknen recht schnell und sind danach mit Wasser nicht mehr anlösbar. Meine Lieblingsacrylfarben sind von der Firma Golden. Es gibt von Golden die Serie „Open Acrylics", die ähnlich wie Öl sehr langsam trocknet. So habe ich beim Malen mehr Zeit, Änderungen vorzunehmen, aber auch die Trocknungszeit ist dadurch länger.

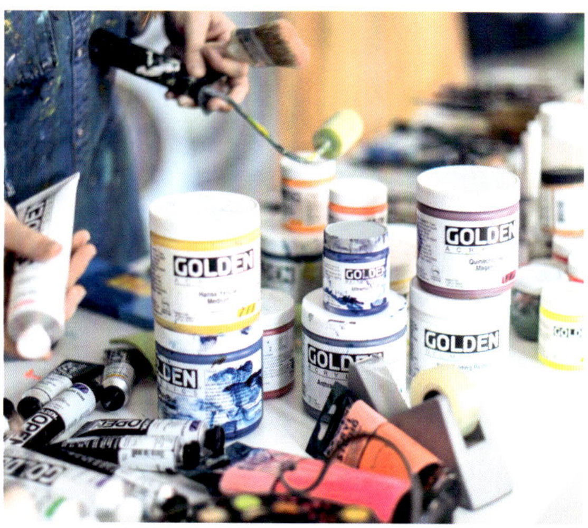

Pasten

Pasten können ganz unterschiedliche Strukturen bilden, z. B. raue oder auch glatte Oberflächen. Mit ihnen kann man schöne Effekte erzielen. Ob unterschiedliche Strukturen oder Modellierungen, hier sind deiner Fantasie keine Grenzen gesetzt. Die Pasten, mit denen ich bevorzugt arbeite, sind ebenfalls von Golden, aber auch hier gibt es viele andere Hersteller, die unterschiedlichste Pasten anbieten.

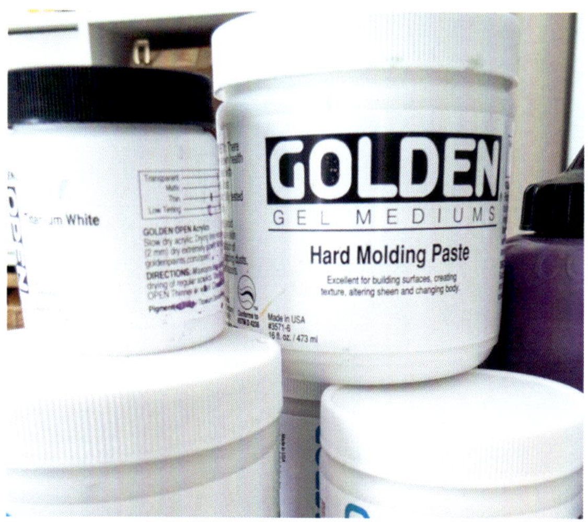

Pinsel für Acrylfarben

In jedem Künstlerbedarf gibt es eine riesige Pinselauswahl. Suche dir unterschiedliche Größen und Formen aus. Entscheide hier intuitiv, nimm sie in die Hand und spüre, welcher Pinsel sich gut zwischen deinen Fingern anfühlt. Wichtig ist nur, dass du fünf verschiedene Größen hast, um von ganz fein bis ganz grob zu malen. Es müssen nicht gleich die Echthaarpinsel sein, sondern es reichen auch synthetische Pinsel. Für den ganz großen XL Pinsel habe ich einen Borstenpinsel ausgesucht, um Flächen damit zu malen. Ansonsten male ich sehr gerne mit den „Katzenzungenpinseln" in den verschiedenen Größen.

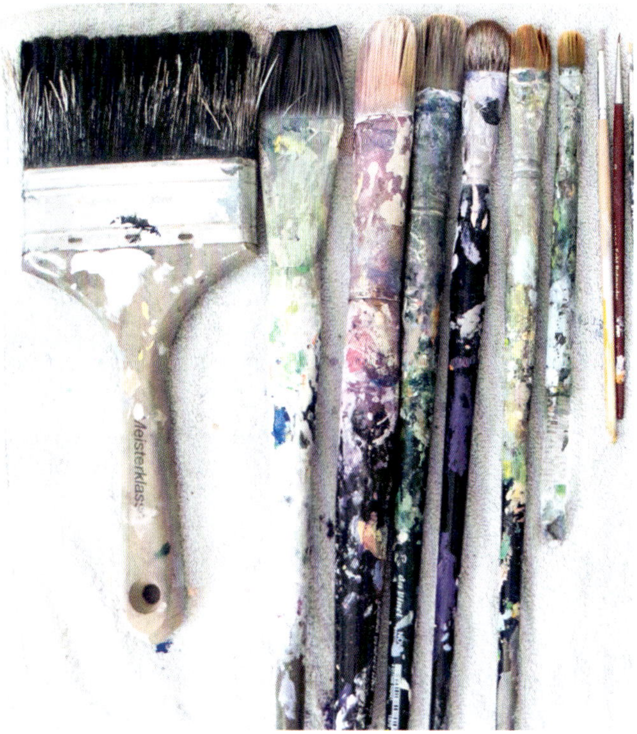

REINIGEN DER PINSEL: *Es gibt in jedem Künstlerbedarf eine spezielle Seife, um deine Pinsel nach dem Malen mit Farbe auszuwaschen. Lege die Pinsel zum Trocknen flach auf ein altes Tuch. Stelle sie nicht mit dem Stiel nach unten auf. Denn wenn das Pinselhaar noch nass ist, wandert die Feuchtigkeit ins Innere des Stiels und dein Pinsel geht recht schnell kaputt. Achtung: Nur Acrylpinsel mit dieser Seife auswaschen – keine Aquarellpinsel.*

XL Pinsel

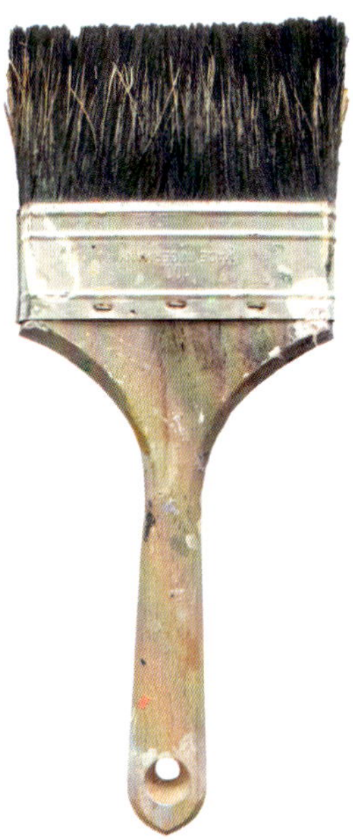

L Pinsel

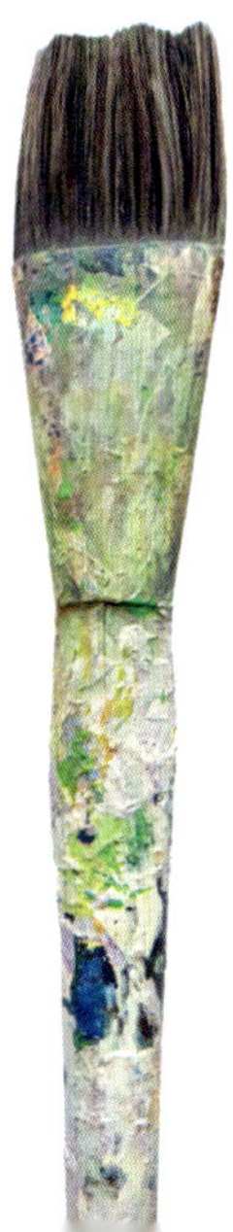

M Pinsel

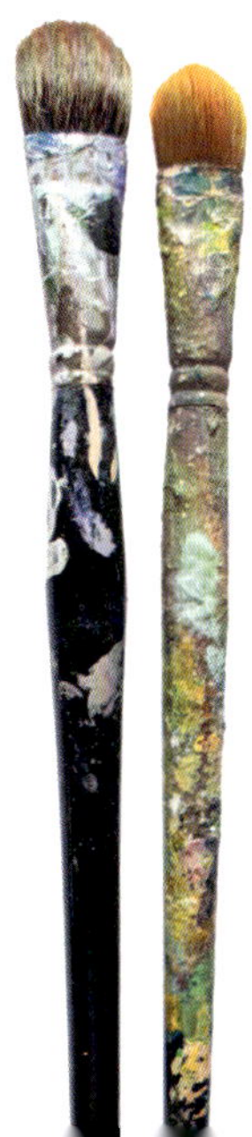

S Pinsel

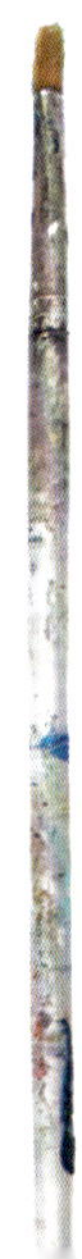

XS Pinsel

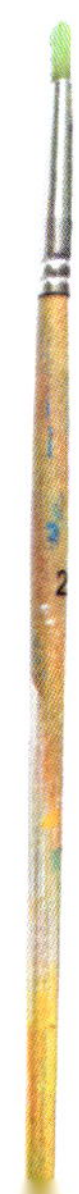

Leinwand

Du kannst eigentlich am Anfang jegliche Art von Leinwand nehmen. Es gibt viele bereits grundierte Leinwände, die schon auf einen Keilrahmen aufgespannt sind. Ich benutze mittlweile Leinwände aus hochwertigem Baumwollgewebe (z.B. Gospel oder Duo, bei Boesner erhältlich).

Aquarellfarben

Es gibt Aquarellfarben in Tuben und in Näpfchen, ich bevorzuge die Näpfchenvariante (z.B. von der Firma Winsor & Newton). Aquarellfarben sind transparent und nach dem Trocknen wieder anlösbar. Mit Wasser werden die Farbpigmente vermischt, je nach Wassermenge variieren die Farben in ihrer Intensität.

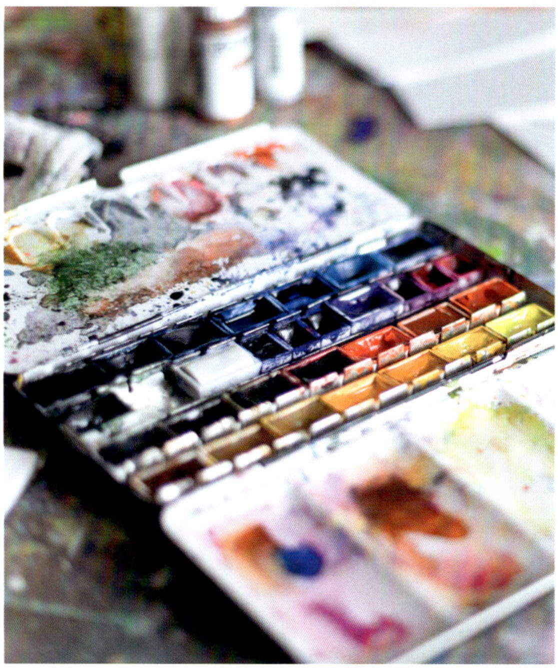

Pinsel für Aquarellfarben

Für Aquarelle sind Borstenpinsel gänzlich ungeeignet. Besser sind spitze Haarpinsel, die aus Synthetikhaaren sein können oder wie meine Lieblingspinsel aus Rotmarderhaaren (z.B. von Kolinsky). Der Unterschied zwischen den Echthaar- und Synthetikpinseln ist, dass der Echthaarpinsel viel mehr Flüssigkeit aufnehmen und auf dem Papier abgeben kann. Zudem ist die Spitze noch viel feiner, womit man ganz dünne Striche malen kann. Die bevorzugten Pinselgrößen für die Aquarelltechniken in diesem Buch sind 8 oder 9.

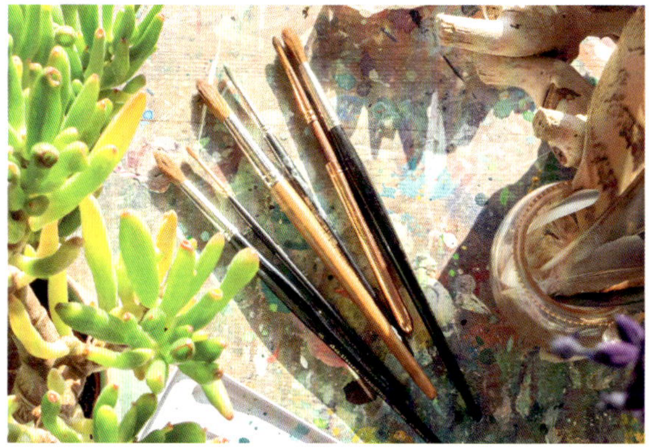

Aquarellpapier

Aquarellpapier gibt es in unterschiedlichen Stärken und in unterschiedlich stark ausgeprägten Strukturen. Es gibt in der Qualität der Papiere auch Unterschiede. Für den Anfang eignet sich das Aquarellpapier der Firma Vang (300g/m2). Dieses Papier nimmt das Wasser sehr gut auf und ist relativ preisgünstig. Mein persönliches Lieblingspapier ist das von Arches (Grain Fin). Dieses Papier ist handgeschöpft, daher auch ziemlich teuer. Das kannst du gerne einmal ausprobieren, wenn du dich in dieser Technik sicher fühlst.

Acrylfarben – Metallic

Zur Veredelung der Mandalas verwende ich Acrylfarben im Metallic-Look (Gold, Silber, Kupfer, z.B. Fluid Acrylics Fine Iridescent von Golden). Mit ihnen kannst du leuchtende Highlights auf deinem Mandala setzen, die einen 3D-Effekt erzielen, weil sie sich etwas von Aquarellfarben erheben. Auf die Tuben schraube ich einen Aufsatz (z.B. Artliner von Vang). Mit dieser Metallzeichenspitze kann ich die Farbe exakt und superfein dosieren und auf meinem Motiv anbringen.

Maskierflüssigkeit

Mit der Maskierflüssigkeit, oder auch Rubbelkrepp genannt, kannst du Stellen auf dem Papier bedecken. Nach der Trocknung kannst du mit Farbe die Flächen drum herum ausmalen. Sobald die Farbe getrocknet ist, kannst du die Masse vorsichtig abrubbeln und der Untergrund kommt zum Vorschein.

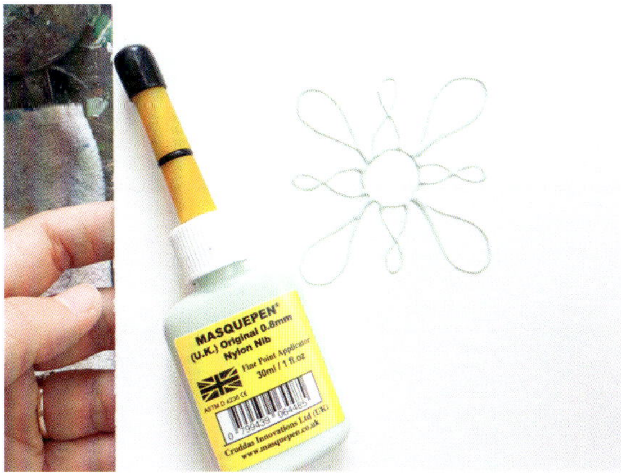

Sonstige Materialien, die im Buch benötigt werden:

- ***Bleistift, Spitzer, Radiergummi***
- ***Schere***
- ***Geodreieck oder Lineal***
- ***Jegliche Art von Stiften (z.B. in Silber, Gold, Weiß)***
- ***Schaumstoffroller***
- ***Sprühflasche***
- ***Schwämme (verschiedene Formen, Naturschwamm)***
- ***Kamm (Haarkamm oder auch aus Gummi)***
- ***2 Spachteln (einen schmalen und einen breiten)***
- ***Alte Zahnbürste***
- ***Malerband für Leinwände (z.B. von Tesa)***
- ***Malerband für Aquarellpapier (z.B. Tesa Precision Sensitive)***

Lackfarbe

Lacke eignen sich prima, um Steine zu bemalen, denn sie haften gut auf der Oberfläche und sind wasserfest. Die Farben von Marabu kann ich empfehlen, denn es gibt eine tolle Farbauswahl und sie sind in ihrer Konsistenz sehr cremig und verlaufen nicht so leicht.

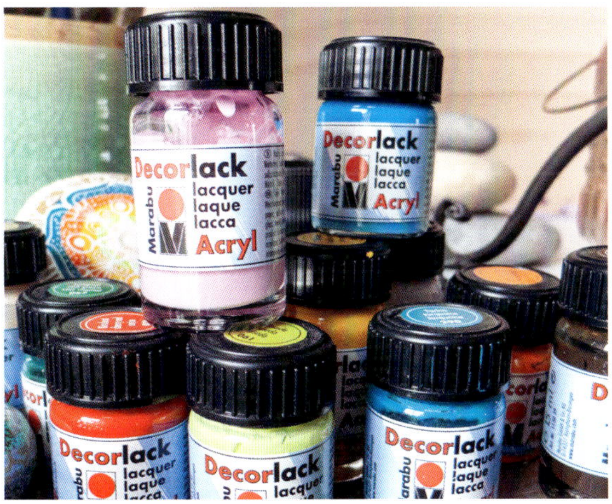

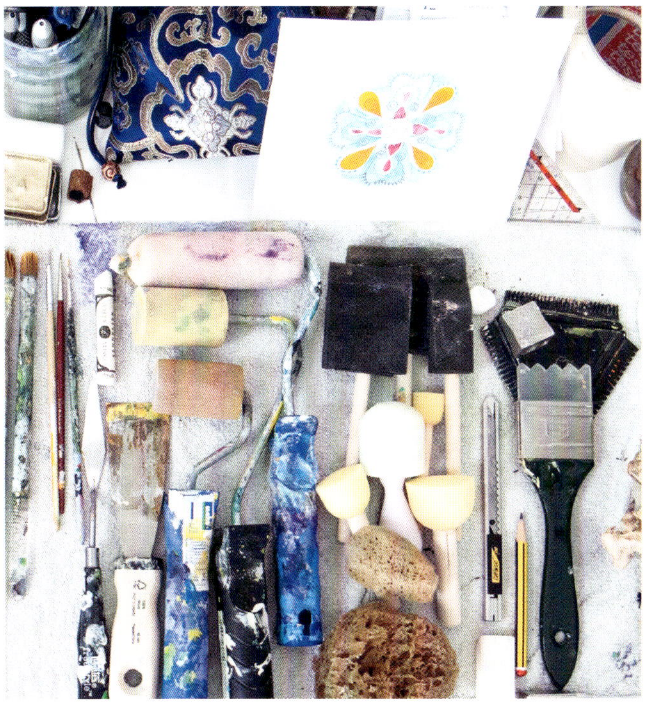

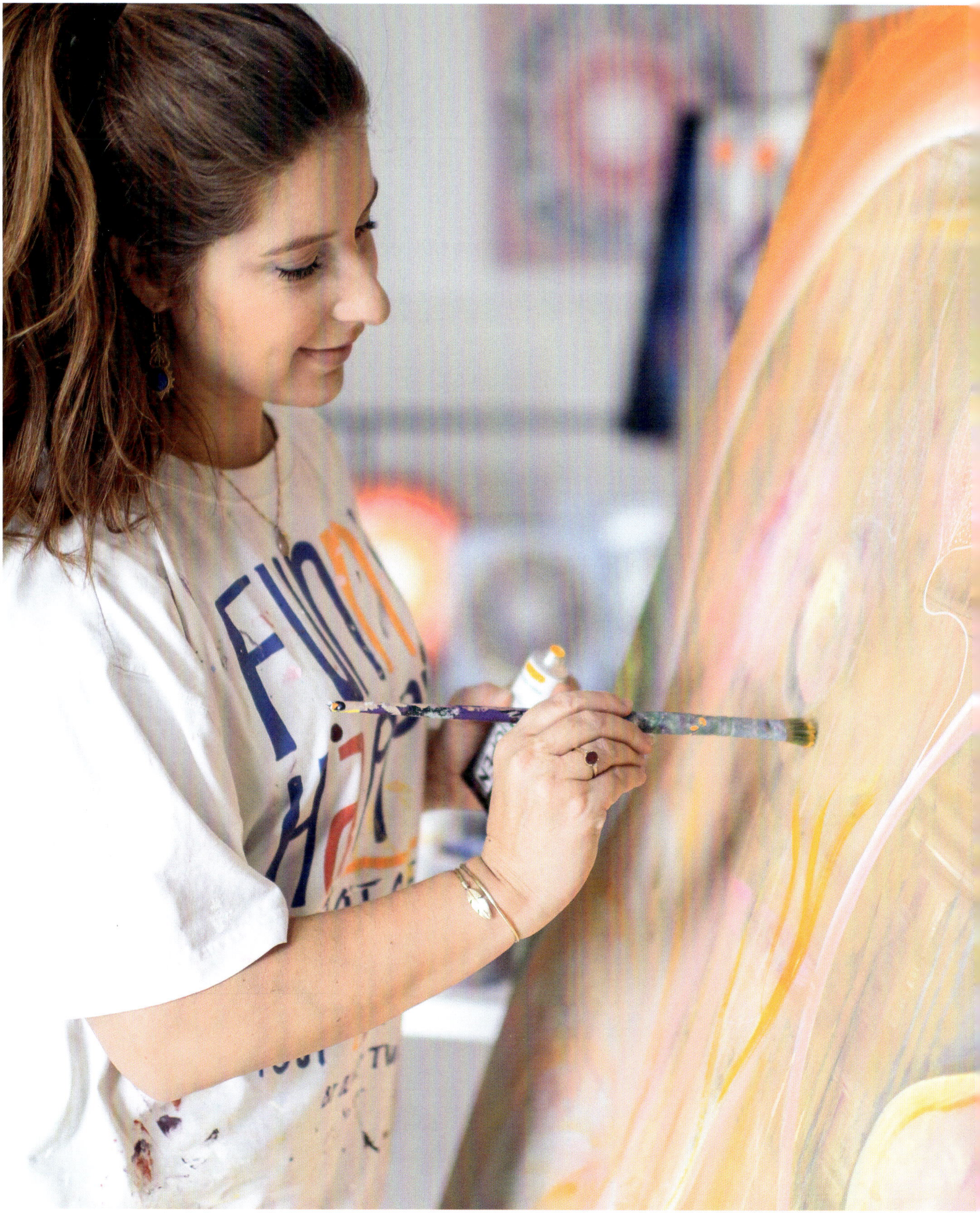

Techniken

Techniken

INTUITIVES MALEN

Hier findest du alle Techniken, die in dem Buch vorkommen, und noch ein paar zusätzliche, die du auch ausprobieren kannst. Die verschiedensten Effekte erreicht man oftmals durch unterschiedliche Materialien. Zusätzlich findest du auch schöne Affirmationen zu den Techniken. Damit möchte ich dich positiv, freudvoll und mit Leichtigkeit an die Techniken heranführen.

TANZENDE PINSEL

Tag und Nacht, Sonne und Mond, Yin und Yang, Pinsel und Leinwand. Es ist einfach eine magische Symbiose zwischen dem Pinsel und der Leinwand. Du kannst die verschiedensten Pinsel auf eine vielfältige Art und Weise einsetzen und somit Formen oder Strukturen auf der Leinwand kreieren. Egal welche Größe und Form: Spiele auch mit der Farbmasse, die du mit dem Pinsel aufnimmst und auf die Leinwand aufbringst.

Die schönsten Formen entstehen, wenn du den Pinsel auf der Leinwand tanzen lässt. Je lockerer du ihn in deiner Hand hältst und auf die Leinwand schwingst, desto interessanter und authentischer wird dein Pinselstrich.

TIPP: *Sollte dich beim Malen dein Perfektionismus packen und du zu akribisch und akkurat sein möchtest, dann besinne dich zurück auf die Leichtigkeit und Freude im Leben. Gerade eine nicht perfekte Linie oder Form macht das Bild interessant und ehrlich.*

„Ich lasse jeden Strich tanzen."

TRÖPFELNDE AKZENTE

Wenn die Farben auf deiner Leinwand noch nass sind, hast du die Möglichkeit, mit einer Sprühflasche auf bestimmte Stellen intuitiv Wasser zu spritzen. Dadurch, dass die Farbe verflüssigt wird, macht sie sich auf deiner Leinwand selbstständig und beginnt zu fließen. Wenn du die Leinwand in die Hand nimmst und sie hin und her bewegst, bekommst du auch lustige Kurven in die noch fließenden Farben. Drehe deine Leinwand auch einfach mal ganz auf den Kopf, oder sprühe von der Seite. Spannend ist es, wenn zwei oder mehrere Farben ineinander verlaufen. Hierzu habe ich einfach eine alte Sprühflasche recycelt und sie mit Wasser gefüllt.

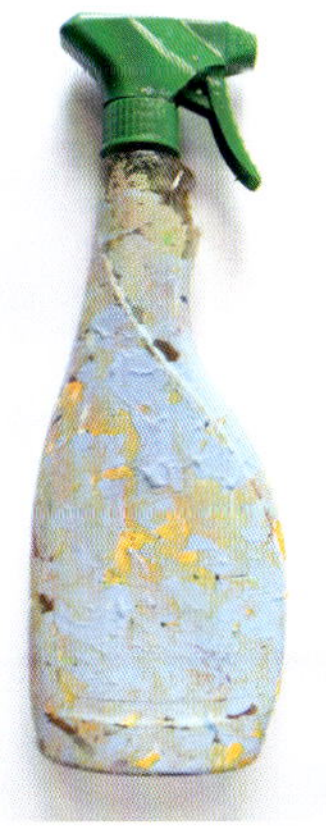

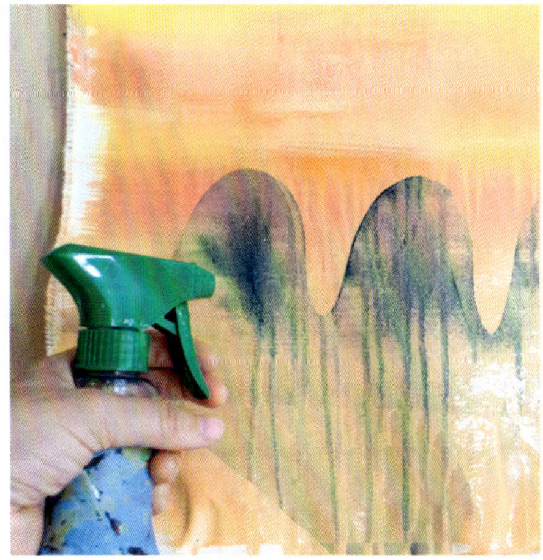

„Ich überlasse alles dem Zufall und vertraue."

PASTELLKREIDE MIT LINKS

Nimm die Pastellkreide in die ***linke Hand*** (sofern du Rechtshänder/in bist – ansonsten umgekehrt). Denn die Hand, mit der du gewöhnlich nicht schreibst, ist viel intuitiver in der Bewegung, weil sie weniger trainiert ist. Male also locker aus der Hüfte mit der linken Hand. Es kann auch ganz lustig werden, wenn du deine Augen schließt und dich einfach von Musik oder einem Gefühl führen lässt.

Diese Technik ist sehr hilfreich, um Formen und Ideen für weitere Farbebenen zu finden. Wenn dir spontan eines dieser Muster gefällt und deine Fantasie anregt, kannst du daraus eine Form gestalten, indem du sie mit einem Pinsel ausmalst oder nachzeichnest.

Wichtig: Bei dieser Technik sollte die Leinwand ganz trocken sein. Sonst kann die Kreide nicht auf der Leinwand haften.

TIPP: *Wenn dir deine spontane Kritzelei mit der Pastellkreide nicht gefallen sollte, kannst du sie einfach mit einem Lappen wegwischen. Wenn der Lappen etwas angefeuchtet ist, geht's noch schneller ab und du kannst einen zweiten Versuch starten.*

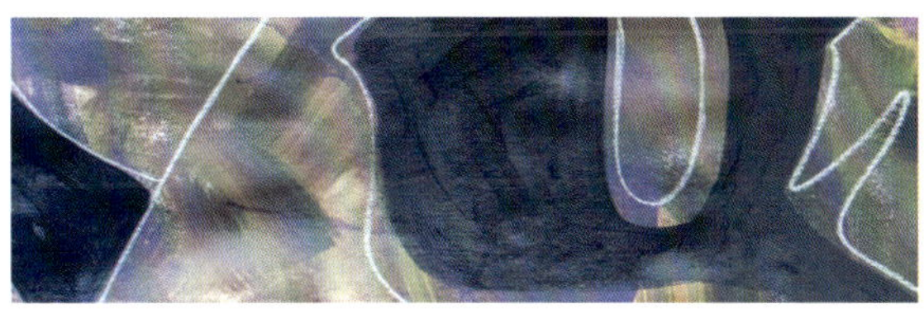

„Das mach ich doch mit links und vertraue dem intuitiven Gefühl in meiner Hand."

LASIEREN

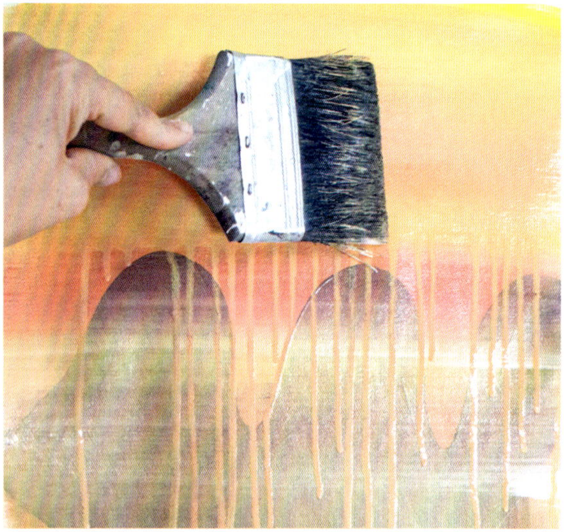

Du kannst einen schönen Effekt erzielen, wenn du eine Farbe nimmst, sie mit ganz viel Wasser verdünnst und mit einem breiten Pinsel (XL/L) auf die Leinwand bringst. Wie durch einen Schleier erkennst du noch die zuvor gemalte Ebene. Dadurch wird eine interessante Tiefe erzeugt. Wenn du zu viel Wasser im Pinsel hast, fängt deine Farbe zu fließen an. Das kann ein schöner Nebeneffekt sein. Wenn du das nicht möchtest, dann streiche zart mit dem großen Pinsel über die fließende Farbe und verteile sie auf der Leinwand. Beim Lasieren spiele ich immer mit Kontrasten. Sind meine vorherigen Farben dunkel, nehme ich Weiß oder eine andere helle Farbe für die Lasur und umgekehrt. Diese Technik verwende ich auch mal, wenn mir etwas im Bild zu bunt oder zu überladen scheint.

„Ich bin gelassen und lasse los."

SPACHTELN

Mit dieser Technik erzeugst du eine Dreidimensionalität und Tiefe, die deinem Bild geniale Lebendigkeit schenkt. Du kannst natürlich mit den Acrylfarben spachteln oder aber du nimmst auch eine Paste hinzu. Die verschiedenen Pasten sind in ihrer Masse sehr fest und eignen sich gut zum Spachteln.

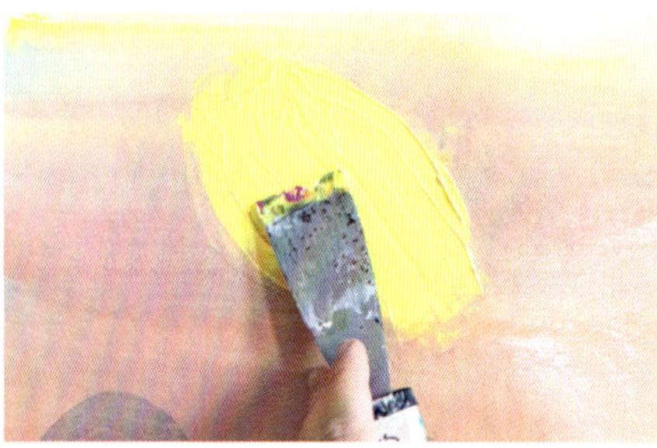

Farbe mit dem Spachtel auftragen.

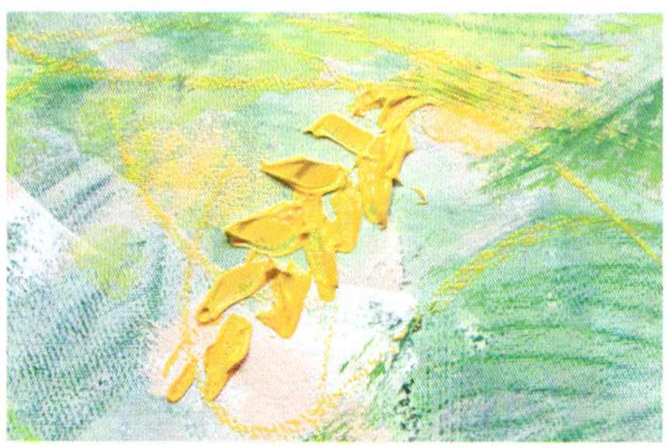

Farbe mit dem Spachtel strukturieren.

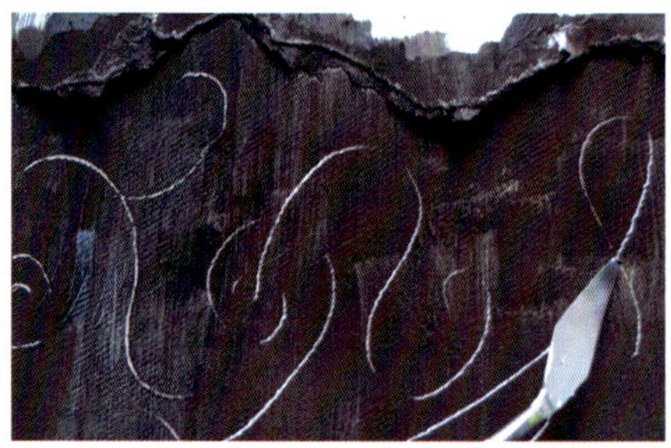

Mit dem Spachtel in die noch nasse Farbe ritzen.

„Ich lade Lebendigkeit in mein Leben ein."

TIPPELITIPP

Diese Übung macht immer gute Laune, denn du malst mit den Fingern! Wähle eine oder mehrere Farben aus und mach dir kleine Kleckse davon auf deine Palette. Dippe mit den Fingern kurz hinein und lass deine Finger tanzen, indem du die Farbe auf die Leinwand drauftippst. Je nachdem, wie zart oder fest du auf die Leinwand tippst, entstehen kleine und große Pünktchen. Wenn du mehrere Farben ausgewählt hast, kannst du die Farbe auf verschiedene Fingerkuppen verteilen. Tippe deine Fingerspitzen wild, als ob du Klavier spielen würdest, abwechselnd und kleckse somit kleine Pünktchen auf dein Leinwandbild.

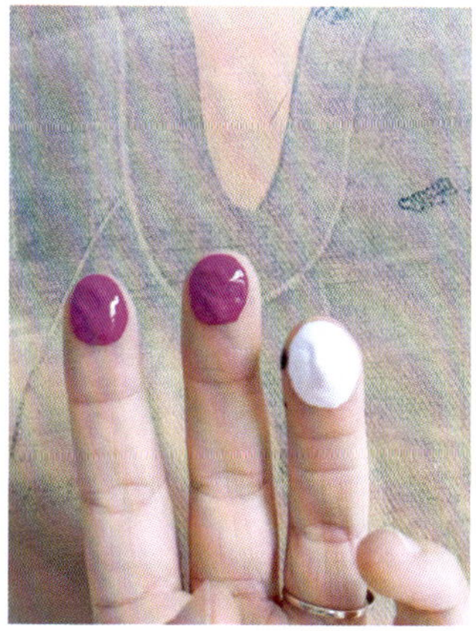

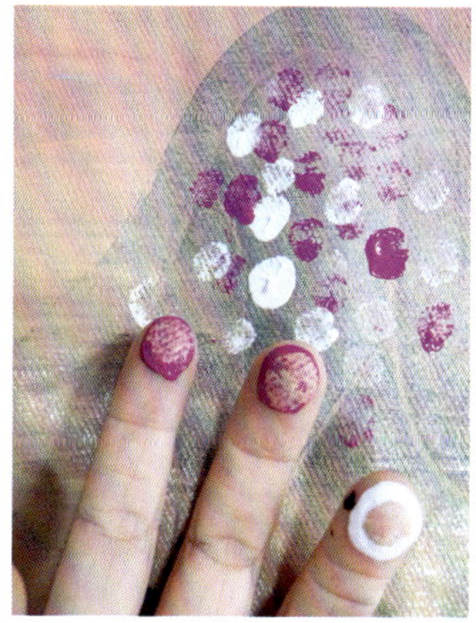

„Ich bin beweglich und habe Mut."

FARBEN FRISIEREN

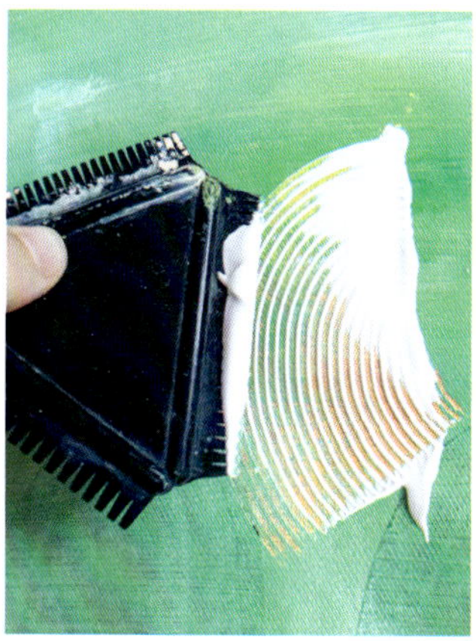

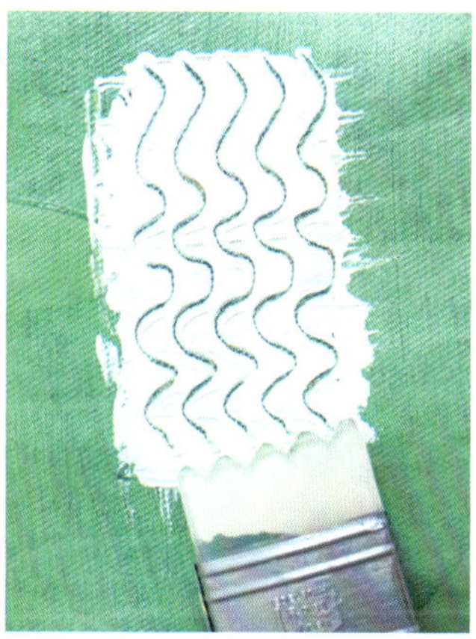

Du wolltest schon immer einmal deinen Farben eine fesche Frisur verpassen? Dann kann dir dieses Werkzeug große Freude bereiten. Nimm dir die Farben deiner Wahl auf deine Palette. Tunke den Kamm hinein und schon gehts los. Streife ihn nach Belieben über die Leinwand und bewege deine Hand locker, egal ob zur Musik oder mit einem schönen Gedanken im Kopf. Du kannst auch Farben in Farben kämmen. Ein Karo-Muster entsteht, wenn du einmal von rechts nach links und dann von oben nach unten kämmst. Spiele mit dieser Technik und kreiere viele Strukturen.

„Ich öffne mich für die Schönheit des Lebens."

NASS-IN-NASS-TECHNIK

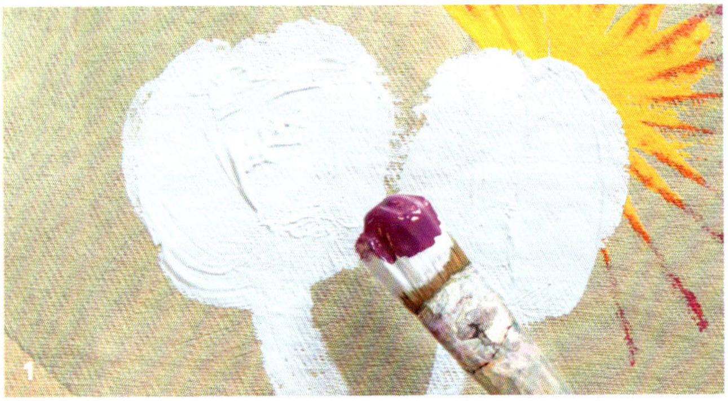

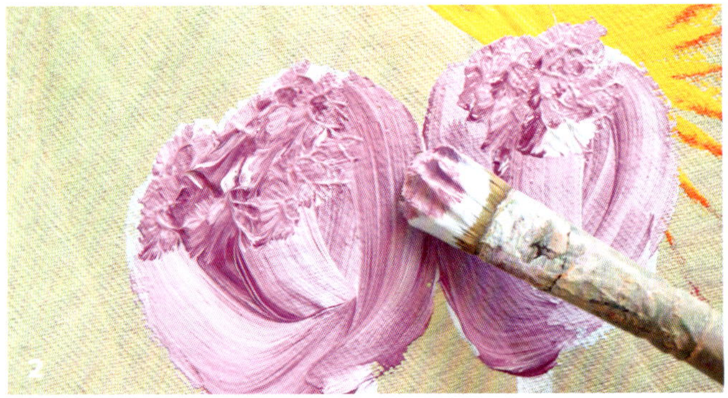

Auf die noch feuchte Farbe trägst du eine weitere Farbe auf. Somit nimmt der Pinsel (oder deine Hand, der Spachtel, Schwamm etc.) die vorherige Farbe noch einmal mit auf …

… und die beiden Farben vermischen sich dabei.

„Ich bin Liebe in Aktion."

SCHAUMSTOFFROLLER

Der Schaumstoffroller überrascht immer wieder aufs Neue und schafft mit seiner Struktur ein schönes visuelles Ergebnis. Man kann auch gleich mehrere Farben auf den Roller auftragen. Durch das Rollen auf der Leinwand entsteht ein Abdruck in gleichen Abständen und erschafft ein gleichmäßiges Muster. Deine Fantasie kann sich von diesen Mustern zu neuen Ideen inspirieren lassen.

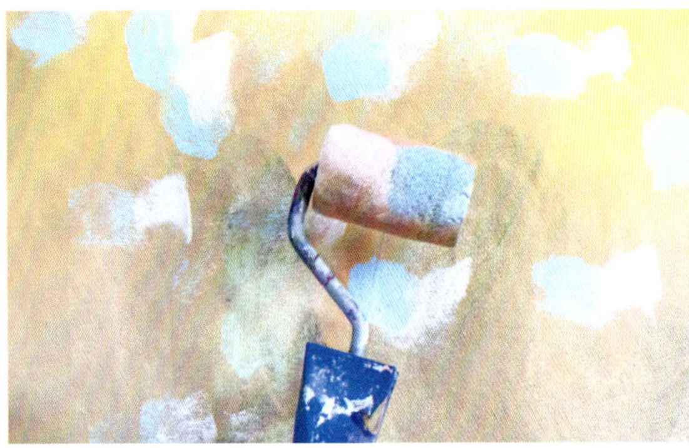

„Ich bin immer zur richtigen Zeit am richtigen Ort."

SCHWÄMME

Bei dieser Technik gibt es viel zu entdecken. Es gibt eine Vielzahl verschiedener Schwämme, die die verschiedensten Strukturen und Muster kreieren können. Wann immer dir die Farbe auf der Leinwand zu brav oder zu glatt vorkommt und du etwas mehr Spannung in deine Bilder bringen möchtest, nimm dir einen Schwamm und tupfe ihn in die noch nasse Farbe. Ich benutze die Schwämme meist sehr schnell und impulsiv. Brauchst du den Schwamm nicht mehr, wasche ihn gleich aus, da sonst die Farbe eintrocknet.

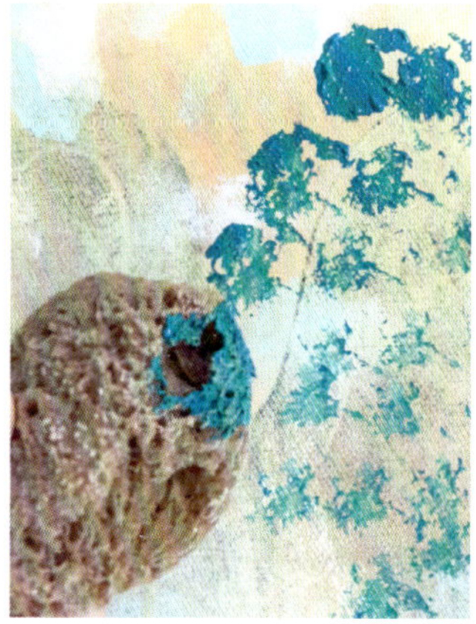

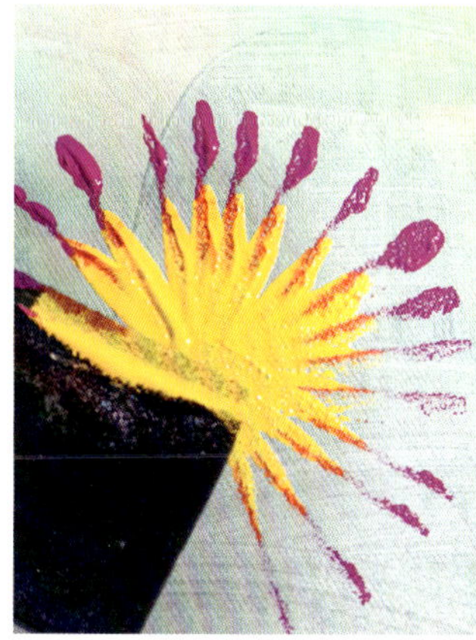

Hier zeige ich dir ein paar Methoden, die du bei den verschiedenen Schwämmen anwenden kannst.

„Ich genieße es, hier zu sein."

SCHABLONEN

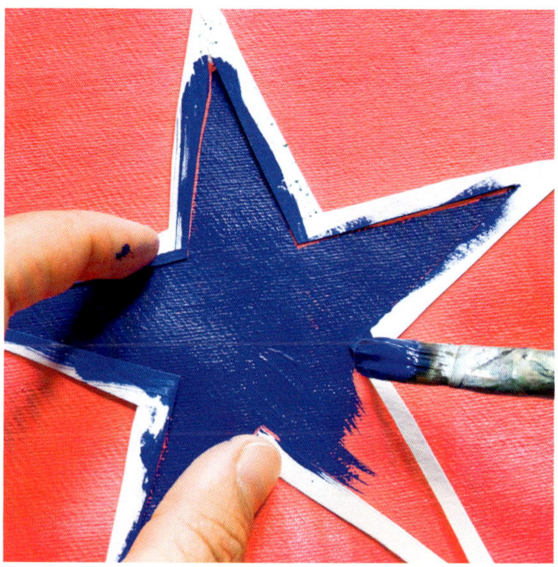

Eine Schablone ist immer sehr praktisch, wenn du einen akkuraten Rand möchtest. Du kannst dir jegliche Formen und Muster als Schablone auf einem kräftigeren Papier (Karton) vorbereiten und dann auf die Leinwand mit z.B. einem Bleistift übertragen, indem du die Form umrandest. Du kannst die Schablone aber auch so gestalten, dass du mit dem Pinsel nur noch die Form ausmalen musst. So ergibt sich auch ein scharfer Rand. Oder aber du klebst bestimmte Stellen auf der Leinwand mit einem Malerband ab. Hier erhältst du auch saubere Kanten und ein schönes Muster.

Wenn du keinen akkuraten Rand möchtest

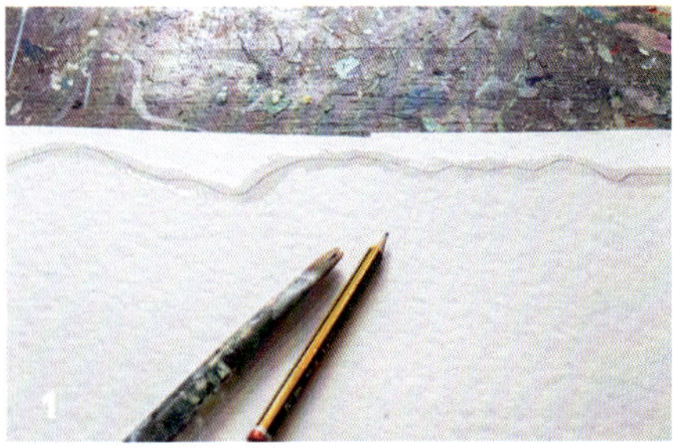

Zeichne eine Linie auf festeres Papier (Karton) und befeuchte es an dieser Stelle.

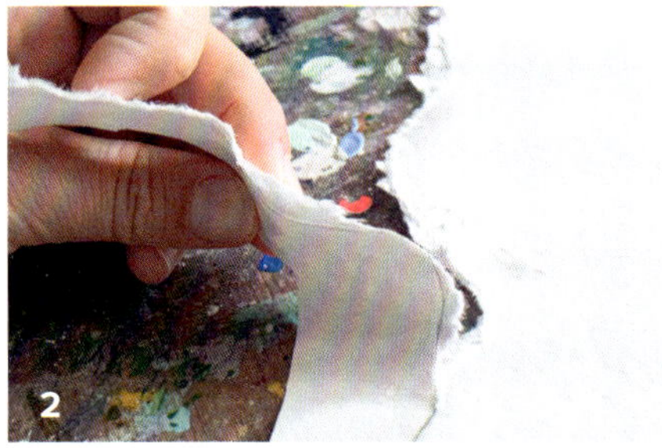

Reiße es an genau dieser Stelle ab. So entsteht ein interessanter Rand.

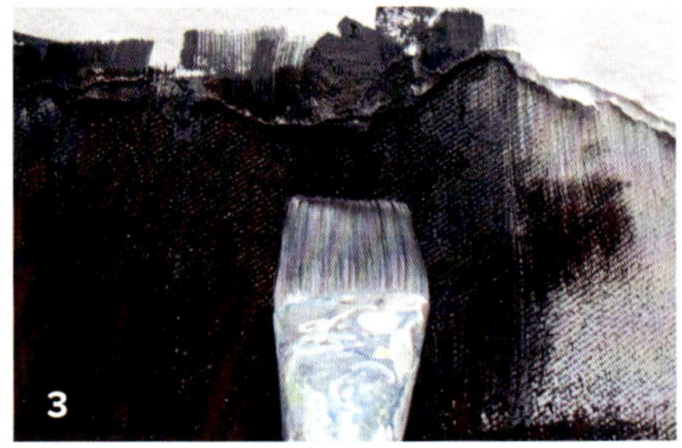

Nun kannst du mit dem Pinsel von oben nach unten die Farbe ziehen. Bitte beachte hier, dass du von der Schablone aus beginnst.

„Allem was mir begegnet, begegne ich mit Liebe.“

PASTEN

Du kannst die Pasten nach deinen Vorstellungen modellieren und in Form bringen. Hinweis: Die Pasten brauchen ca. zwei Stunden, bis sie trocken sind und du weitermalen kannst. Pasten können ganz unterschiedliche Strukturen bilden. Je nachdem, welche Paste du verwendest, können raue oder auch glatte Oberflächen entstehen. Nach der Trocknung kannst du mit Acrylfarbe und weiterem Werkzeug die Oberfläche nach deinen Wünschen gestalten.

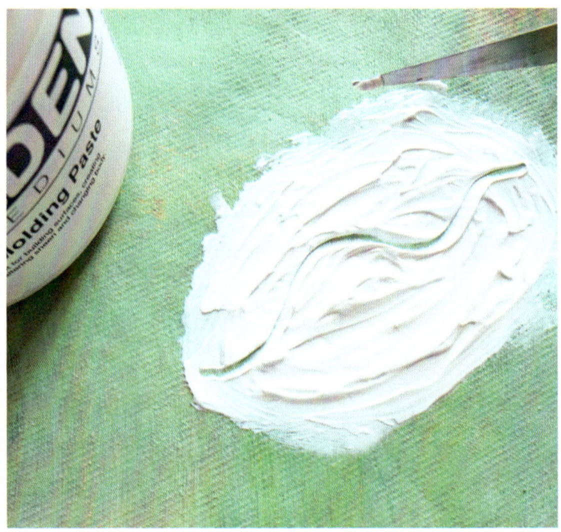

FIBER PASTE

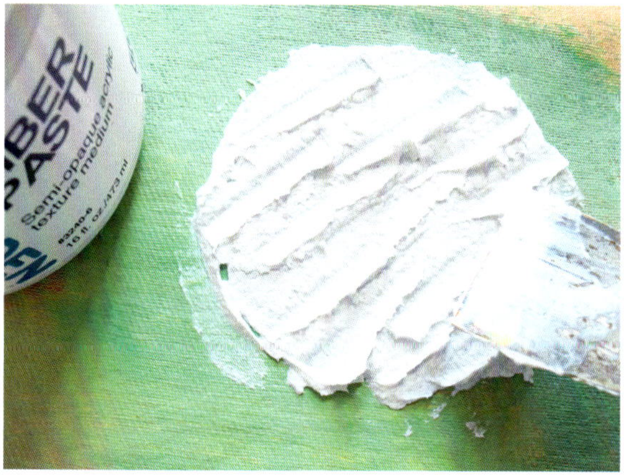

Diese Paste sieht nach dem Trocknen etwas sandig oder wie handgemachtes Papier aus. Sie kann z.B. mit einem nassen Palettenmesser, Spachtel oder auch einfach mit der Hand aufgetragen werden. Die trockene, gebrochen weiße Farbe ist saugfähig, was sie ideal für den Gebrauch mit Acryl-Nasstechniken macht.

„Ich bin Ausdruck endloser Freiheit."

WACHSMALBLÖCKE

Beginne schöne Strukturen zu sammeln. Gut eignen sich z.B. Blätter aus der Natur. Lege sie unter deine Leinwand. Sollte deine Leinwand auf einen Keilrahmen aufgespannt sein, kannst du dir Bücher drunterlegen, damit dein Blatt direkt unter der Leinwand liegt. Positioniere dein Blatt dort, wo du den Abdruck haben möchtest. Wähle eine Farbe der Wachsmalblöcke aus. Ertaste, bevor du den Wachsmalblock benutzt, wo dein Blatt unter der Leinwand liegt und wo ungefähr die Umrandung des Blatts ist. Nun kannst du an dieser Stelle mit dem Wachsmalblock über die Leinwand fahren. Drücke gerne etwas kräftiger auf, dann wird der Abdruck intensiver. Probiere gerne jede Art von Textur aus. Trau dich, etwas mit dieser Technik zu experimentieren, und halte deine Augen offen für neue schöne Muster auf deiner Leinwand.

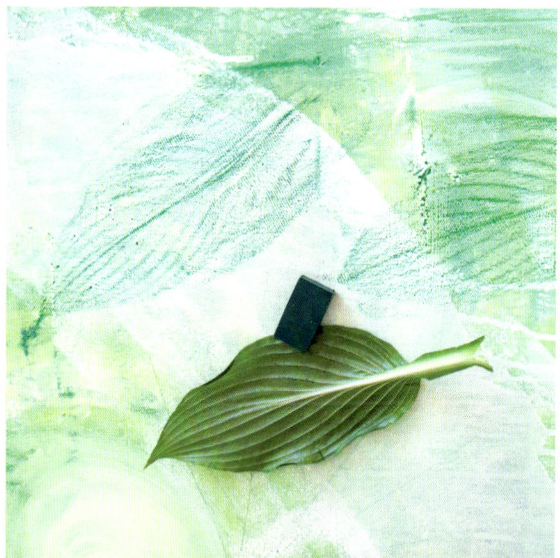

„Die Gegenwart erfüllt mich in jedem Augenblick."

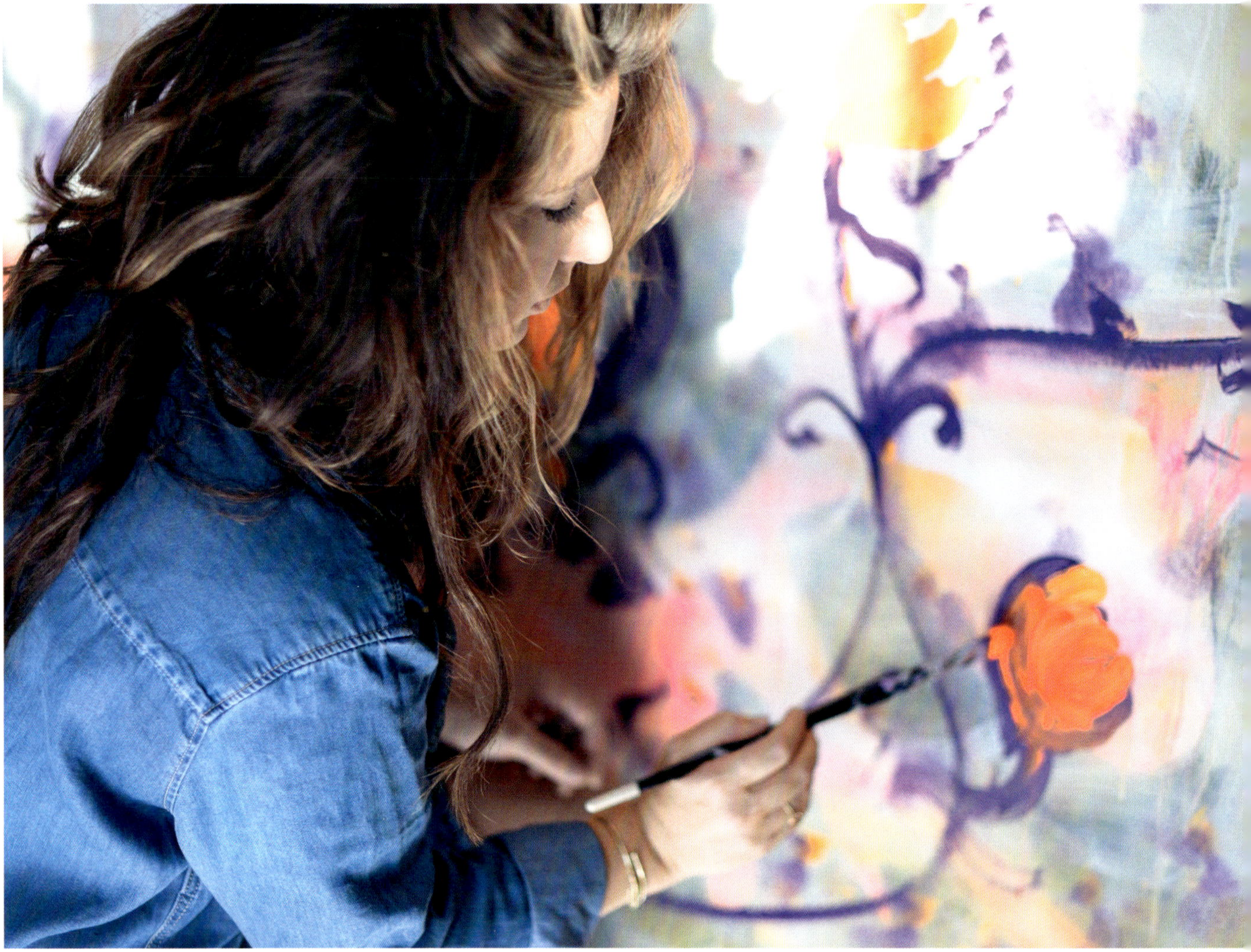

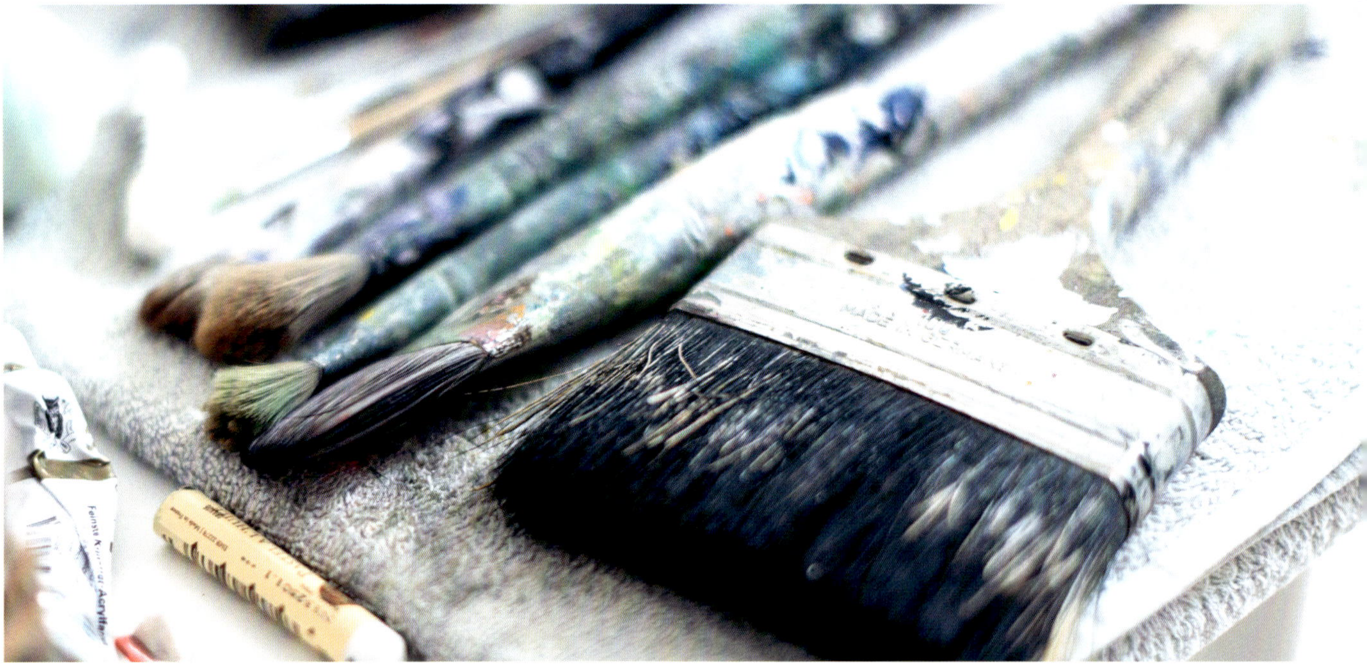

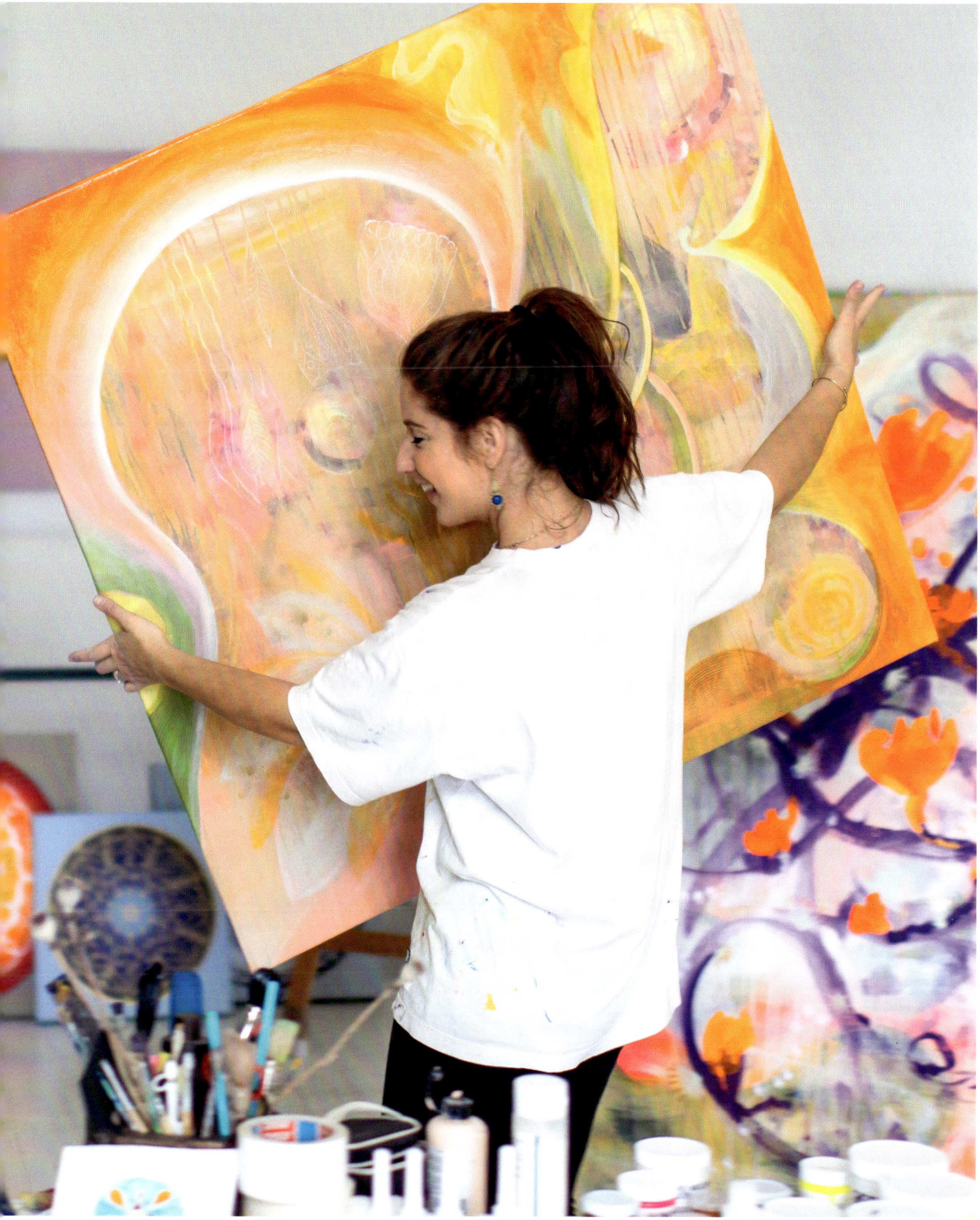

Techniken
MANDALAS

Hier findest du alle Techniken, die du für das Aquarellmalen von Mandalas benötigst. Du kannst sie alle auch miteinander kombinieren.

ABKLEBEN MIT MALERBAND

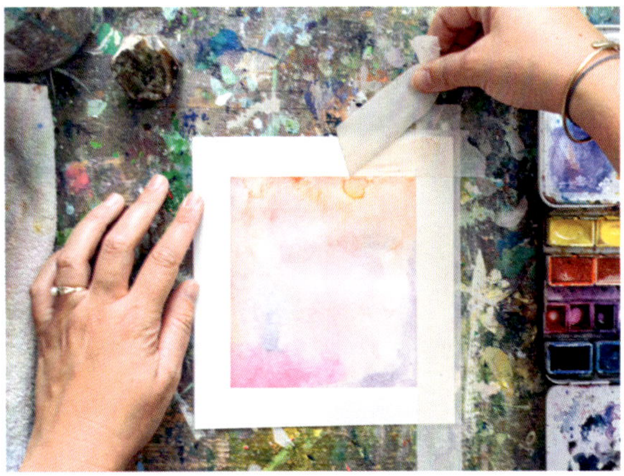

Wenn du einen schönen, geraden weißen Rand haben möchtest, wie eine Art Passepartout, kannst du dein Aquarellpapier vorher abkleben. Hier ist wichtig, dass du das richtige Klebeband nimmst. Denn einige kleben zu stark, sodass sie beim Abziehen das Papier beschädigen. Ich nehme am liebsten ein Malerkrepp, das nicht so stark klebend ist. Bevor ich das Malerband ganz zum Schluss abziehe, föhne ich es noch einmal etwas an und ziehe es ganz vorsichtig und langsam ab. Dadurch, dass der Kleber des Bands angewärmt wird, kannst du das Band vorsichtig abziehen, ohne dass dein Papier reißt.

MASKIERFLÜSSIGKEIT

Wie im Materialkapitel erklärt, kannst du mit der Maskierflüssigkeit auf Papier malen und überall dort, wo die Paste drauf ist, bleibt es später weiß. Erst wenn dein Bild ganz trocken ist, kannst du die Masse vorsichtig abrubbeln. Achtung: Es gibt leider auch Aquarellpapier, das beim Abrubbeln reißt. Bitte teste diese Technik einmal vorher auf deinem Aquarellpapier aus.

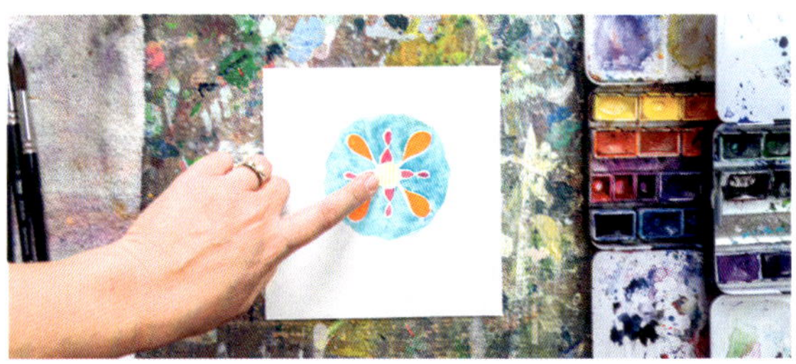

LASIEREN

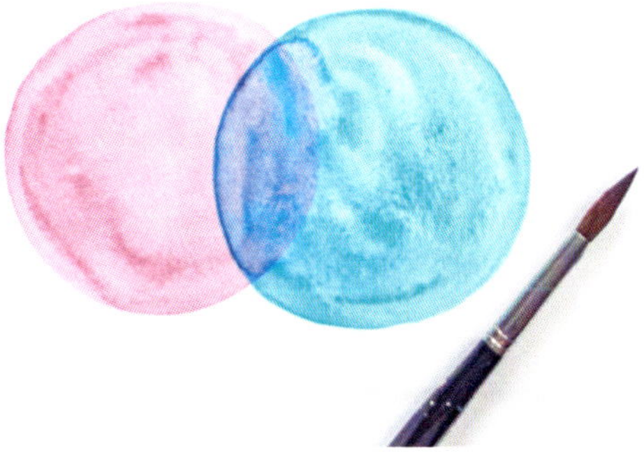

Das Lasieren bei der Aquarellmalerei ergibt einen schönen Effekt. Du kannst eine Farbe auftragen, sie trocknen lassen und dann noch einmal mit einer anderen Farben darübermalen. Dadurch ergibt sich eine optische Mischung aus den beiden Farben. Beim Lasieren ist das Verhältnis von Farbe und Wasser wichtig. Nimm mehr Wasser (ca. 20% Farbe; 80% Wasser), damit die beiden Farben durchscheinen können. Durch das Lasieren von Rosa und Türkis ergibt sich so ein schöner Fliederton.

HELL-DUNKEL-VERLAUF

Du kannst einen schönen, lebendigen Kontrast erzielen, wenn du am Rand viel Farbe und wenig Wasser mit dem Pinsel auf das Papier malst. Wasche nun den Pinsel leicht aus, nimm nur Wasser mit ihm auf und verbinde die Farbe mit dem Wasser. So kannst du die kräftige Farbe vom Rand aufnehmen und weiter in deine Form ziehen. Es ergibt sich ein schöner Verlauf von dunkel nach hell.

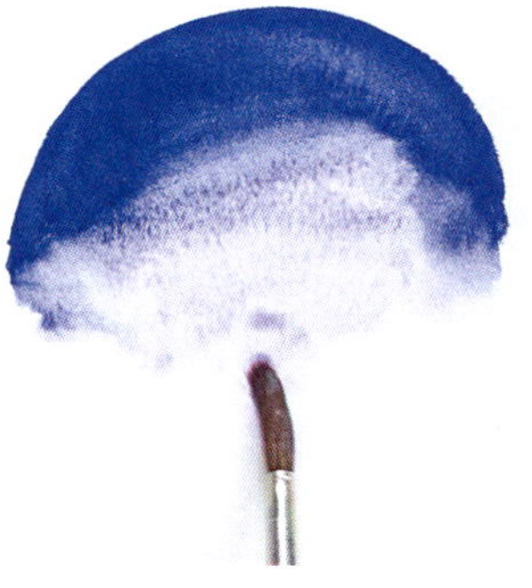

AQUARELLFARBEN MISCHEN

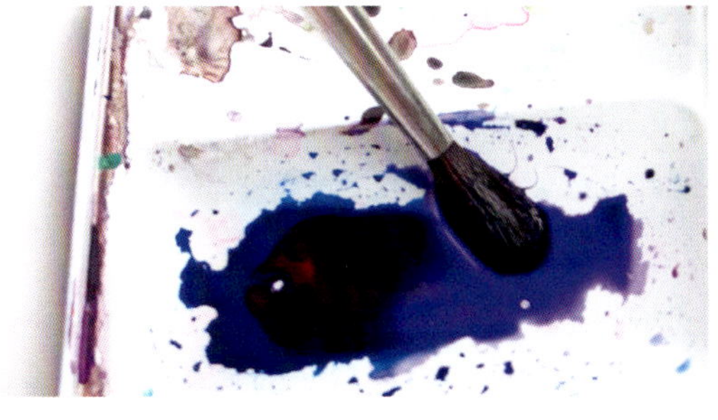

Du kannst alle Farben miteinander mischen, die du magst. Hast du beispielsweise nur ein kaltes Grün in deinem Aquarellkasten und du möchtest es wärmer haben, mische einfach etwas Gelb hinzu und schon wird dein Grün saftig und frühlingshaft. Du hast ein Dunkelblau und möchtest es etwas mehr violett haben? Dann nimm einfach etwas Rot dazu und schon ändert dein Blau die Farbe. Probiere einfach aus!

FARBKLÄNGE

Bevor du mit dem Malen beginnst, kannst du einen Farbklang erstellen, um eine Idee oder ein Gefühl für eine Farbkomposition zu bekommen. Du kannst einem Mandala auch ein bestimmtes Thema widmen, wie z.B. „Zuversicht". Dann fühle in dich und die Thematik hinein und spüre, welche Farben dich unterstützen und dir guttun könnten. Gestalte in einem Kreis 2–5 Farbtöne (siehe S.16).

VERSCHNÖRKELN

Wenn dein Mandala fertig ausgemalt ist, kannst du auf die getrocknete Farbe mit dem Bleistift aus der Mitte heraus beginnen, eine Symbolik zu zeichnen. Die Mandala-Symbolik beinhaltet immer eine gleichbleibende Gesetzmäßigkeit. Um die Mitte herum wiederholen sich Muster immer von Ebene zu Ebene. Deiner Kreativität sind keine Grenzen gesetzt. Auch hier mache ich dir immer ein Angebot und zeige dir in den Schritt-für-Schritt-Übungen schöne Muster. Jedoch kannst du gerne davon abweichen.

Du kannst jegliche Art von Stiften verwenden, ob Buntstifte, Gelstifte oder einen schwarzen Fineliner. Wenn du dir Extrastifte kaufen möchtest, empfehle ich dir, eine kleine Papierprobe, bemalt mit Aquarellfarben, mit in den Kunsthandel zu nehmen. Dort kannst du die Stifte direkt darauf ausprobieren. Denn nicht jeder Stift schreibt gleich gut auf bemaltem Aquarellpapier.

TIPP: *Gehe auch im Alltag mit deinem Künstlerauge immer wieder auf die Suche nach schönen Formen, Mustern und Symbolen, die dir gefallen, und notiere sie auch gerne in deinem Maltagebuch.*

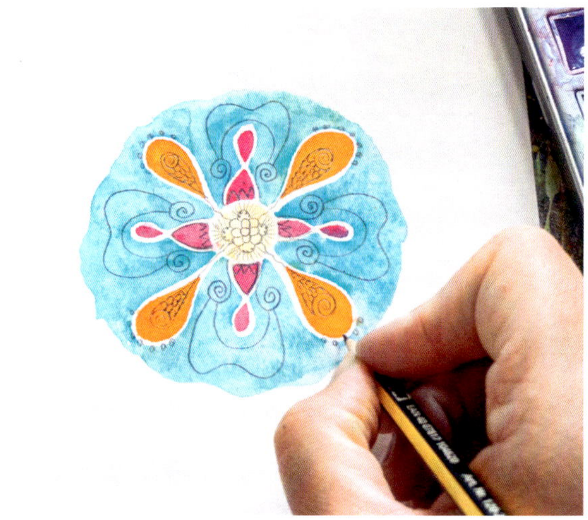

PRÄGUNG

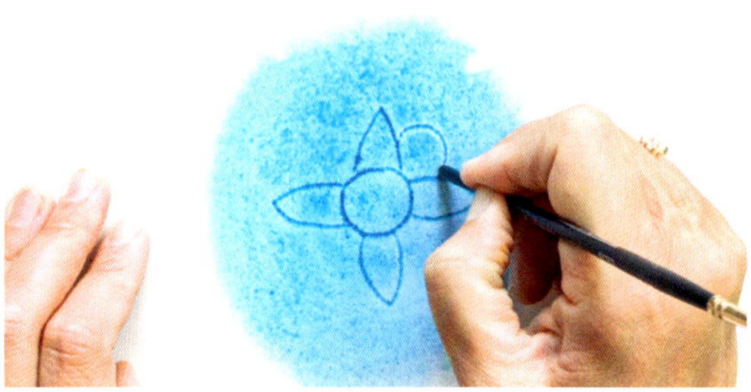

Trage eine Farbe auf und präge nun mit der Rückseite eines Pinselstiels (oder einem anderen spitzen Gegenstand) ein Muster hinein. Übe etwas Druck auf den Stiel aus. Dadurch, dass sich das Papier nach unten drückt, fließt die noch flüssige Farbe in die Rille und sammelt sich dort. Das Ergebnis: Dein eingeprägtes Muster ist in kräftiger Farbe deutlich zu sehen.

VEREDELN

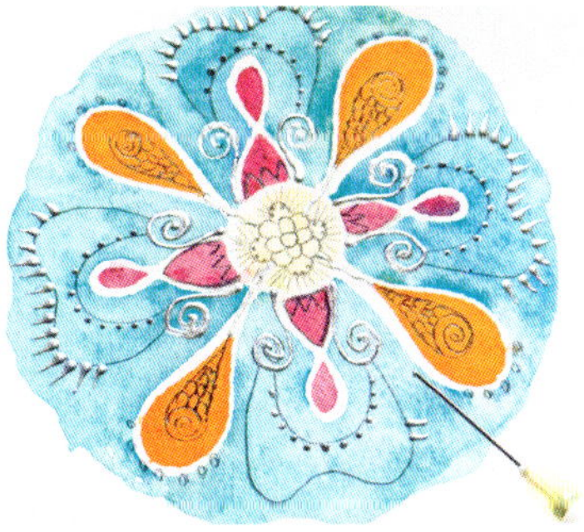

Du kannst dein Mandala noch zusätzlich veredeln, indem du Gold-, Silber- oder Kupferakzente setzt. Das geht z.B. mit Silber- oder Goldstiften (z.B. von edding) Ich arbeite auch gerne mit flüssigen Acrylfarben (z.B. Fluid Acrylics von Golden) und trage sie mithilfe eines Aufsatzes auf das Papier. Mir gefällt die erhabene Struktur und das Mandala bekommt dadurch eine dreidimensionale schimmernde Optik.

GLÜCKLICHE SPRENKLER

Feine Sprenkler

Für diese Technik musst du nur eine alte Zahnbürste recyceln. Nimm Farbe mit ihr auf, indem du die Zahnbürste in die Farbe tunkst oder sie mit einem Pinsel aufträgst. Streiche mit dem Finger über die Borsten und lass die kleinen Pünktchen über das Papier fliegen und ihren Platz finden.

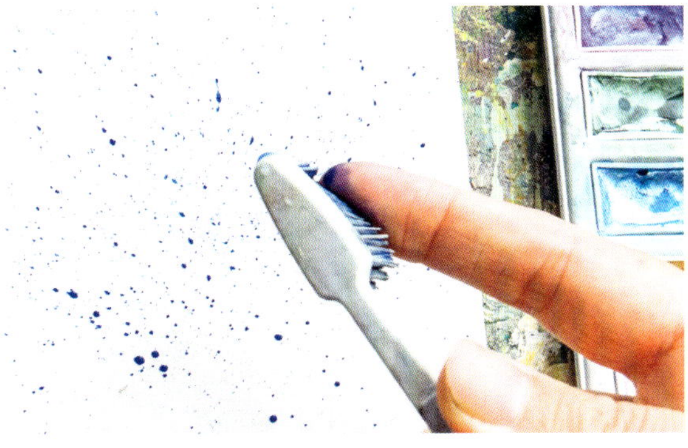

Dicke Sprenkler

Nimm zwei Pinsel: Einen davon tauchst du in die Farbe und hältst ihn über die Stellen, auf denen du gerne dicke Punkte haben möchtest. Mit dem anderen Pinsel klopfst du nun auf den in Farbe getunkten Pinsel. Somit lockst die farbenfrohen Sprenkler aus dem Pinsel direkt aufs Papier.

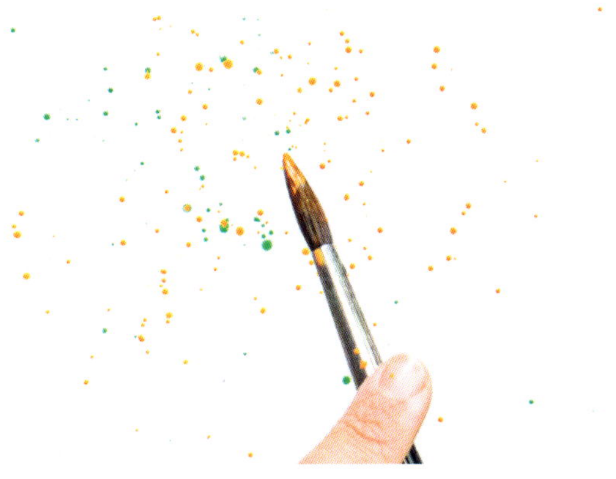

WICHTIG: *Diese Sprenkel-Technik wende ich bei den Mandalas zum Schluss an. Daher ist es gut, wenn du Papier und Schere hast, um eine Schablone auszuschneiden, die du auf dein Mandala legst. Dies soll verhindern, dass die Sprenkler auf dem Mandala landen.*

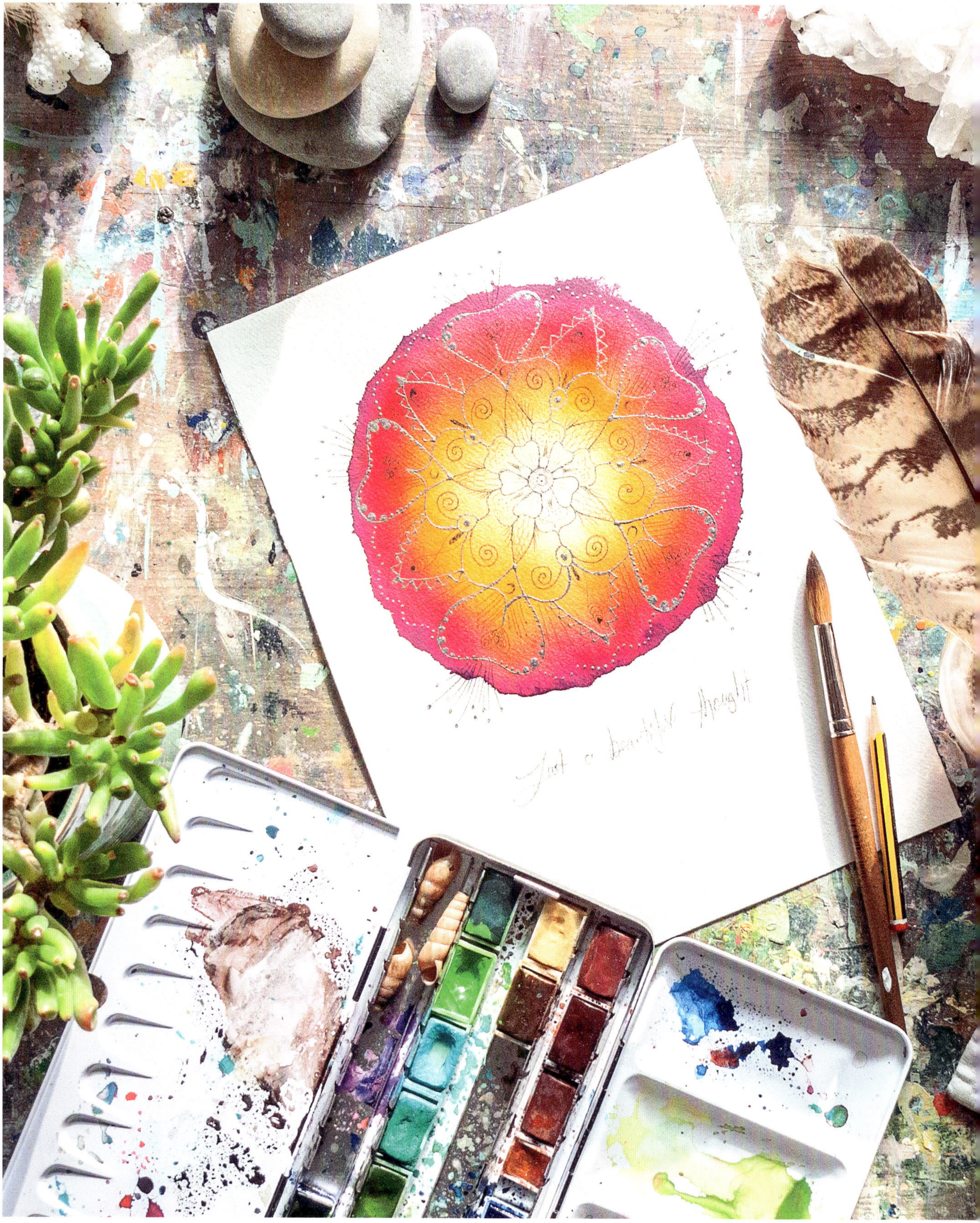
Just a beautiful thought

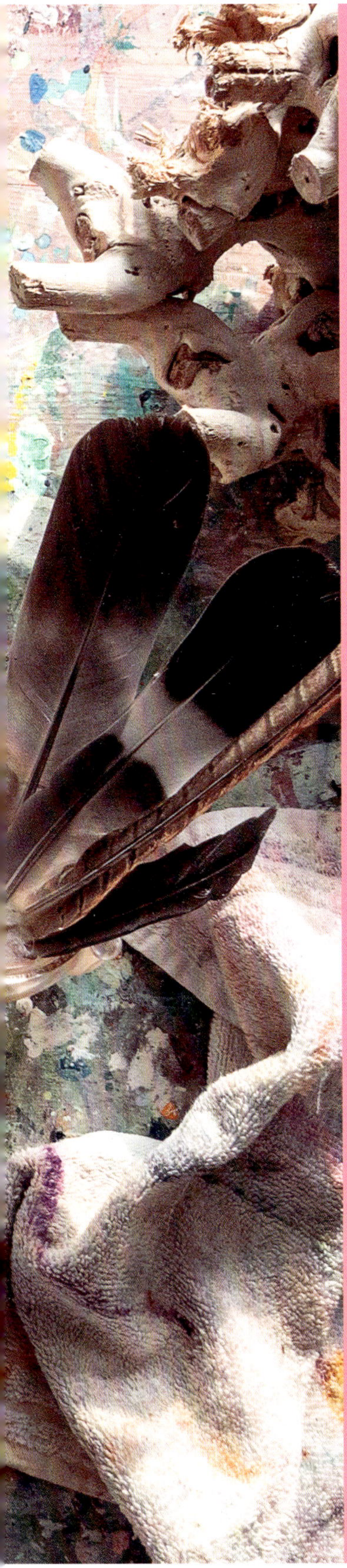

ARBEITSPLATZ-vorbereitung

OASE DER

Kreativität

Bevor du mit dem Malen beginnst, erschaffe dir eine Oase der Kreativität. Finde einen Ort bei dir zu Hause, wo du gerne sitzt und malen kannst. Befreie diese Ecke von allem, was deine Kreativität aufhalten oder ablenken kann. Wie zum Beispiel einem Fernseher oder alltägliche Post und Papierkram bis hin zu Gegenständen, die dich an deine Arbeit erinnern.

1. Tageslicht

Achte auf der Suche nach dem besten Plätzchen zum Malen vor allem darauf, dass du gutes Licht zum Malen hast. Nicht umsonst sind einige Künstler in die Provence gezogen, weil sie dort ein klares, helles und extrem gutes Licht hatten. Du musst jetzt deswegen natürlich nicht auswandern, aber ich will dir nur noch einmal in Erinnerung rufen, dass das Licht beim Malen tatsächlich eine ganz wichtige Rolle spielt. Denn dein Auge erkennt Farben und Kontraste besser. Direkte Sonneneinstrahlung ist auch nicht optimal, weil du dann oft einen Schatten auf deiner Leinwand oder dem Aquarellpapier hast. Solltest du nicht die optimalsten Voraussetzungen haben, dann mach dich bitte nicht verrückt. Man kann im Prinzip überall malen. In den dunkleren Jahreszeiten (oder auch dunkleren Mal-Ecken) arbeite ich oft auch mit Tageslichtlampen, die du günstig im Internet erwerben kannst.

2. Inspirationen

Gestalte deine Oase der Kreativität mit allem, was dich inspiriert. Hierbei ist es schön, wenn du Dinge aufstellst oder in der Nähe deines Mal-Ortes aufhängst, die dir und deinem Künstlerauge Freude bereiten und auch – ganz wichtig – Emotionen hervorrufen. Die schönsten Bilder malt man emotional und mit dem Herzen. Daher umringe dich mit all diesen schönen Dingen. Da sammeln sich bei mir z.B. verschnörkelte schöne Äste, gesammelte Muscheln oder auch hübsche Steine, Fotos, Federn, getrocknete Blumen und Blätter. Ein schöner frischer Blumenstrauß kann beim Malen auch viel Freude bereiten.

3. Duft

Ein wohlriechender Duft kann deine Sinne positiv berauschen. Ich persönlich liebe Düfte beim Malen. Bevor ich ein neues Bild male, lüfte ich immer gerne einmal durch und dann wähle ich einen schönen Duft aus, der mir gerade guttut.

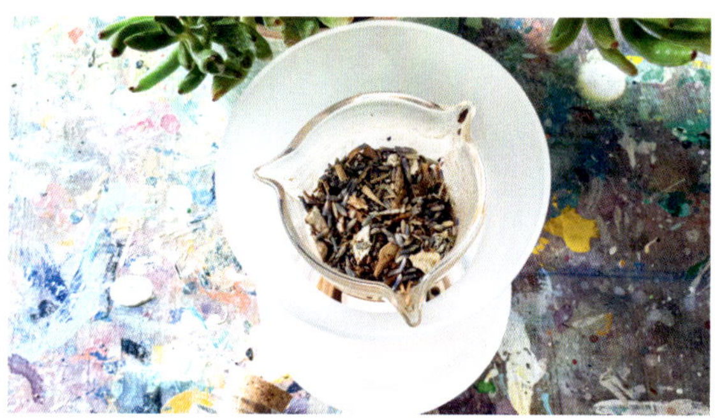

4. Musik

Die Symbiose zwischen Musik und Malen ist einfach phänomenal! Wenn du Musik, wie ich, liebst und dich auch damit super in Stimmung versetzen kannst, gestalte dir deine „Lieblings-Mal-Playlist“. Du kannst sie sogar nach Themen sortieren (z.B. impulsives Malen, sentimentales Malen, verträumtes Malen, glückliches Malen etc.). Musik ist einfach so wundervoll und kann dir gerade in der Kombination mit dem Malen zauberhafte inspirierende Momente schenken. Es verstärkt deinen Ausdruck im kreativen Prozess, aktiviert Emotionen und lädt dich ein, dich ein Stück weit mehr fallen zu lassen und den Alltag loszulassen.

TIPP: *Du möchtest wissen, was ich so beim Malen höre? Folge meinen Musik-Playlisten unter: buch.yvonnelamberty.com*

5. Kleidung

Lege dir ein gemütliches Outfit zum Malen zu. Bei mir ist es ein viel zu großes XL-Shirt aus meinen Kindheitstagen, welches ich einmal von irgendwem zum Geburtstag bekommen habe. Ich habe es schon damals zum Malen und Kreativsein genutzt und es ist über all die Jahre mitgewachsen. Dieses Shirt (ich hoffe, es hält noch lange) zaubert mir jedes Mal ein Lächeln ins Gesicht, wenn ich mit dem Malen beginne. Ein viel zu großes Jeanshemd, welches du mit großer Freude bekleckern kannst, ist auch ganz praktisch. Denn weißt du was? Eines der besten Dinge beim Malen ist, wenn man sich die bunten Farbfinger einfach am Hemd abputzen kann.

6. Abdecken des Arbeitsplatzes

Wenn du deinen Boden oder Tisch nicht bunt haben möchtest, lege mehrere Schichten Zeitungspapier, Malerfolie oder auch einen Karton unter die Leinwand. Acrylfarbe kann man gut abwischen, wenn sie noch nass ist. Später aber ist es mühsam, die getrockneten Acrylkleckse vom Boden zu kratzen. Und das Abschrubben kann auch, wenn du z.B. Holzfußboden hast, die Oberfläche angreifen.

7. Handy ausschalten

Mache deine Oase der Kreativität zur handyfreien Zone! Wir werden tagtäglich mit Bildern aus dem Internet überflutet. Daher kann ich dir nur raten, einfach dein Handy während des Malens wegzulegen und keine Nachricht mal eben so zwischendurch zu verschicken. Das kann alles bis nach dem Malen warten. Wir sind so abhängig (und damit meine ich auch einschließlich mich) von unserem Telefon. Lass es Teil deines Künstlerrituals sein, dass dein Handy es beim Malen nicht schafft, deine Aufmerksamkeit zu gewinnen.

Und dann: Lege all deine Materialen zum Malen in deine Nähe, damit du sie griffbereit hast. Hierzu rate ich dir zu einem Tisch mit einem alten Handtuch darauf, auf dem du deine Pinsel ausbreiten kannst. Denn wenn du nach dem Malen fertig bist und deine Pinsel sorgfältig ausgewaschen hast, kannst du sie zum Trocknen wieder auf dieses Handtuch legen.

Auf diesem Tisch oder der Ablage kannst du auch die Farben und restlichen Malmaterialien abstellen.

Maltagebuch

Jetzt darfst du dein Maltagebuch aufschlagen und es kann losgehen!
Ich wünsche dir wunderschöne Stunden der Kreativität.

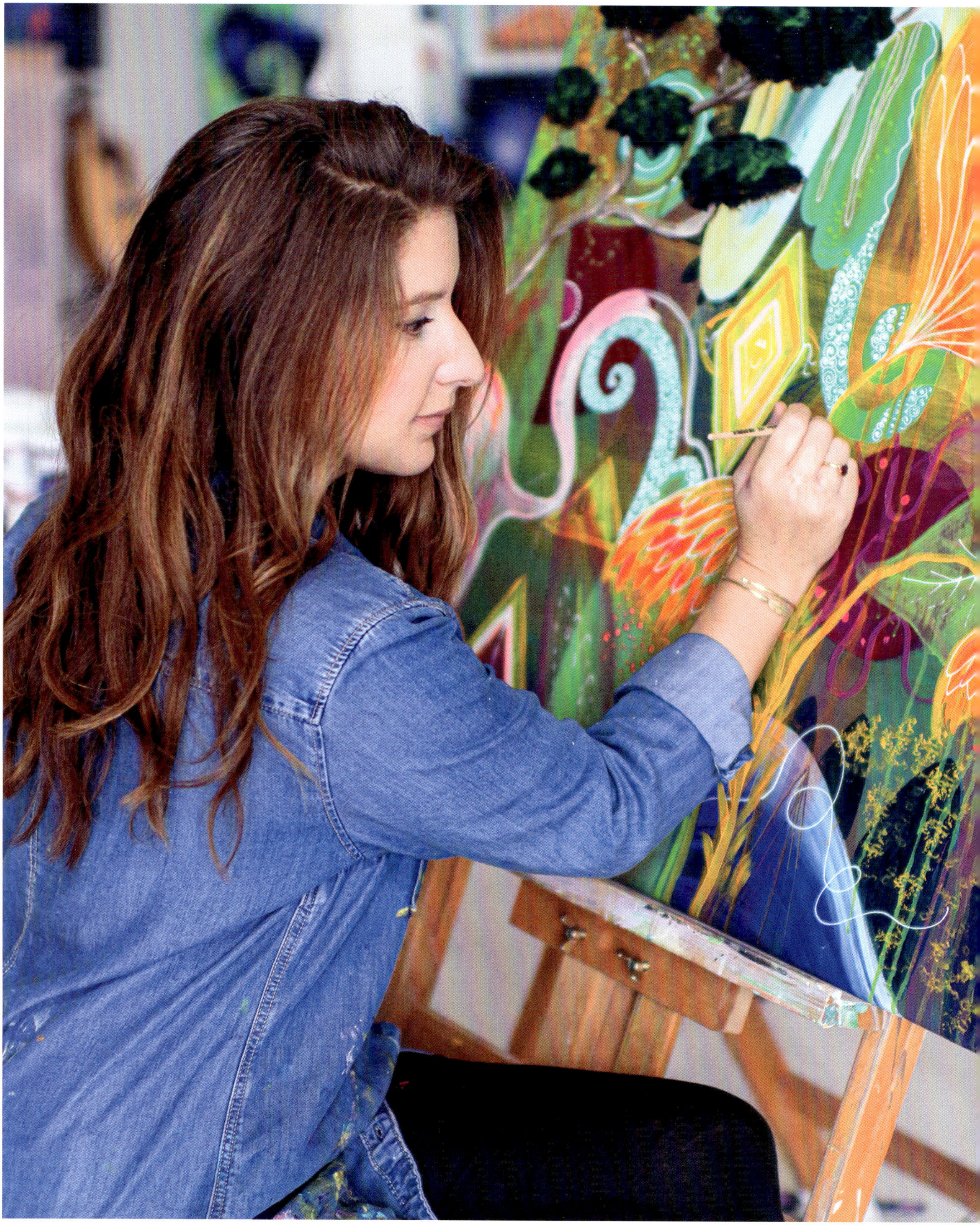

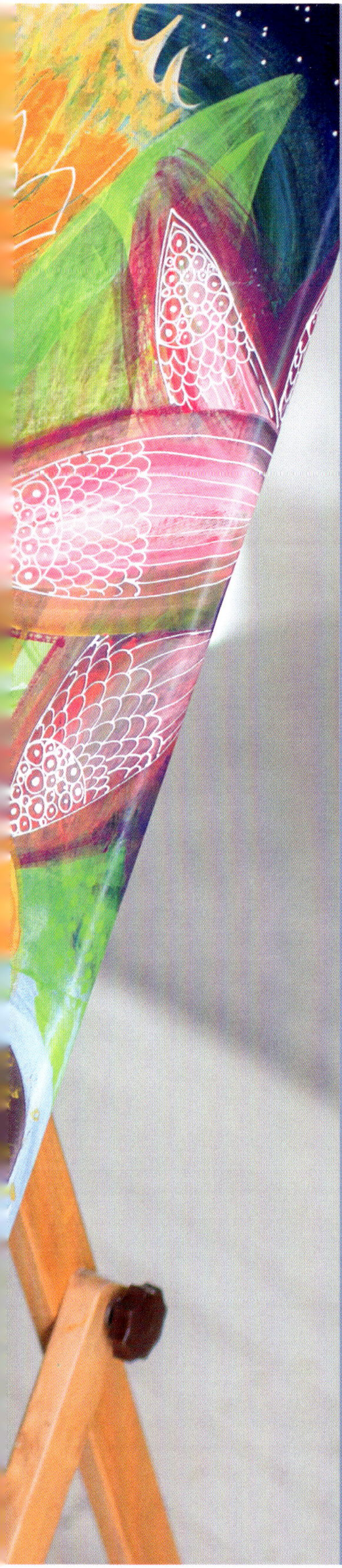

INTUITIVES Malen

INTUITIV *malen*

Schicke nun deinen inneren Kritiker in Urlaub und los geht's mit deiner Mal-Heldenreise! Was passiert bei dir innerlich, wenn du gleich damit beginnst, eine ganz große Leinwand alleine in ein Kunstwerk zu verwandeln? Bist du euphorisch oder hast du ein bisschen Bammel? Beides sind gute Voraussetzungen und ich kann dich beruhigen: Beim intuitiven Malen geht es nicht um Perfektion.

Was beim intuitiven Malen entsteht, ist viel mehr als nur ein Bild. Das Malen ist ein Erlebnis und eine Reise zu dir selbst. Hier kannst du in deine Welt der Lieblingsfarben und Formen abtauchen und eine wunderschöne Zeit mit dir selbst verbringen. Wenn du ein intuitives Bild malst, kannst du zaubern. Hier ist alles möglich und in deiner Fantasiewelt können neonpinke Laubblätter am Baum hängen, Fische in der Luft fliegen und Einhörner können auch zwei Hörner haben. Du bist der Künstler. Nimm dich nicht ernst und albere auf der Leinwand herum, lass dein inneres Kind aus dir raus. So entstehen die besten Ideen ganz intuitiv.

Immer wenn du denkst, dass du nicht malen kannst, möchte ich dich daran erinnern, dass in deinem Herzen der Ort sitzt, an dem du deine Angst verlierst. Vertraue dem intuitiven Gefühl in deinen Händen. Das Malen eignet sich perfekt, um zu lernen, nicht perfekt sein zu müssen. Hier bist du frei. Ohne Bewertung. Hier gibt es kein Richtig und kein Falsch. Blockaden, die beim Malen auftauchen, gibt es auch im täglichen Leben. Der große Unterschied ist, dass sie beim Malen sehr bewusst und präsent wahrnehmbar sind, und genau hier kannst du lernen und üben, diese Blockaden loszulassen.

„Der Ort, an dem du deine Angst verlierst, sitzt in deinem Herzen."

Maltagebuch

Immer wenn du dieses Zeichen entdeckst, erinnere ich dich liebevoll daran, deine Gedanken und Emotionen in deinem Maltagebuch zu notieren. Glaube mir, es macht einen riesigen Unterschied, ob du nur denkst oder dir einen Moment gönnst und deine Gefühle aufschreibst. Wann immer sich dein innerer Kritiker einschleicht und meint, dir etwas Falsches erzählen zu müssen: Schnapp ihn dir, höre ihm zu, trage es in deinem Maltagebuch ein und erzähle ihm eine andere Geschichte.

Das intuitive Malen ist eine Momentaufnahme deiner Gefühle, Stimmungen, Farb- und Formempfindungen: Keine Farbe, die du für dein Bild auswählst, ist Zufall. Sondern sie transportiert eine innere Stimmung von dir nach außen. Und so ist es auch mit den Formen und Mustern, die du auf die Leinwand malst. Oftmals vergessen oder unterdrücken wir unsere Gefühle und Emotionen. Lass alles raus und nimm alles an, was intuitiv aus dir herausfließt. Falls du zu den Farben oder Mustern spontan Assoziationen hast, notiere sie dir ebenfalls in dein Maltagebuch. Der malerische Prozess öffnet den Zugang zu deinem Unbewussten und dort sind alle Erinnerungen gespeichert. Nimm es als Geschenk an, wenn dadurch etwas an die Oberfläche gebracht wird. Das kann dir schöne heilsame Momente schenken. Je ehrlicher und authentischer du beim Malen mit dir bist, umso mehr wird dein Bild dich und andere Menschen berühren.

„HÖHER, WEITER, SCHNELLER, BESSER, MEHR, …“

Wenn du dich dabei ertappst, dass du irgendwann beginnst, zu viel von deinem Bild zu wollen, dann lass los. Eins kann ich dir verraten: Durch Loslassen entstehen Wunder! So ist es oft im Leben. Genau das beim Malen zu üben ist einer der genialsten Nebeneffekte überhaupt. Befreie dich von zu hohen inneren Ansprüchen. Somit kommst du automatisch wieder in den Fluss der Freude und Leichtigkeit. Denn Malen darf einfach sein! Öffne dein Herz für diese intuitiven Impulse. Lass das „wollen“ los und finde zurück zu dir. Du wirst sehen, dieser Tipp wird dir beim Malen jede Menge Druck nehmen. Und by the way: Du brauchst kein Talent, um zu malen. Gebe dich auf der weißen Leinwand einfach deiner Fantasie und den freudigen Farben hin und nimm deinen Pinsel mit auf einen wunderschönen Spaziergang.

„Die Geburt deines Vertrauens liegt im Sprung ins Ungewisse.“

ZU MEINEN BILDERN IM BUCH

Alle meine Bilder im Buch sind intuitiv entstanden. Ich hatte bei keinem Bild vorher irgendeine Ahnung, wie es am Ende aussehen wird. Ich bin einfach nur Schritt für Schritt herangegangen und habe nach Gefühl Farben gewählt. Diese Farben haben mich wiederum inspiriert, eine Form zu gestalten, und in diesen Formen hat meine Fantasie etwas gesehen, was ich dann malerisch herausgeformt habe.

Sei bitte nicht frustriert, wenn deine Bilder vielleicht nicht genauso aussehen wie meine im Buch. Ich würde kein Bild davon auch wieder genau so hinbekommen. Das macht aber auch den Reiz und das Besondere beim intuitiven Malen aus. An erster Stelle steht die Freude, den Moment des Malens bewusst zu leben und ihr Ausdruck zu verleihen.

Lass dich von meinen Bildern, Farben, Formen und den verschiedenen Stilen der Techniken inspirieren. Du kannst an jeder Ecke deines Bildes aber auch anders abbiegen als ich. Schaue dir vorher alle Techniken an und entscheide intuitiv, worauf du Lust hast.

WAS SIND EBENEN BEIM INTUITIVEN MALEN?

Wenn ich von einer Ebene spreche, meine ich eine neue Fläche, die durch eine weitere Technik auf die Leinwand gemalt wird. Dadurch wird die vorherige Ebene zum Untergrund der neuen Ebene. Dieser Aufbau macht das Bild interessant, lebendig und erzeugt verschiedene Tiefen. Denn durch das Übermalen ergibt sich eine Optik, in der die Ebene zuvor an manchen Stellen noch durchscheint. So wirkt es, als verberge sich noch mehr im Bild.

DEINE GANZ PERSÖNLICHE MAL-HELDENREISE

Als Heldenreise bezeichnet man eigentlich den Aufbau eines Grundmusters in Romanen, Mythen und Filmen. Ich empfinde den Akt des Malens, vom Beginn bis zur Fertigstellung des Bildes, als Künstlerin sehr ähnlich. Das Modell der Heldenreise (von Joseph Campbell) habe ich auf den malerischen Prozess in drei Akte umgewandelt:

1. Akt: Lass den Alltag los

Dies ist die Phase der Trennung vom Alltag. Hier kommst du bei dir an, lässt alles hinter dir, schnappst dir deinen Pinsel und beginnst dich mit Musik einzustimmen und zu malen.

2. Akt: Auf ins Abenteuer

In dieser Phase gewinnst du Erfahrungen, weil du Neues ausprobierst und beginnst auf dein Herz zu hören. Du bist im Dialog mit dir, der Leinwand und dein innerer Kritiker kann hier dein größter Gegner werden. Sei mutig, spontan und intuitiv. So meisterst du dieses Abenteuer am besten und gewinnst viele Momente der Selbsterkenntnis.

3. Akt: Hingabe und Ankommen

Dies ist die Phase der Ankunft in deinem Bild. Hier gestaltest du noch Kleinigkeiten, die deinem Bild den letzten Schliff geben. Je weniger du dich bewertest, lernst die Kontrolle abzugeben und deiner wahren inneren Stimme beim Malen zu folgen, desto mehr Freude wirst du während des Malens haben. Diese Leichtigkeit wird sich auch in deinem Bild ausdrücken. Wie heißt es so schön: Es ist noch kein Meister vom Himmel gefallen und auch hier beim Malen gilt: Der Weg ist das Ziel.

EIN BILD IST NIE WIRKLICH FERTIG!

Wenn du das Gefühl hast, dein Bild ist noch nicht fertig, dann male weiter – jedoch nicht aus dem „Höher-Weiter-Besser-Impuls“, sondern aus dem Herzen heraus. Wenn du das Gefühl hast, dass dein Bild fertig ist, dann lass es los.
Es kann aber auch sein, dass dein Bild gefühlt noch nicht fertig ist und du überhaupt nicht mehr weiterweißt. Du spürst, dass alles, was du jetzt malen würdest, aus einem Druck und keinem klaren Impuls der Freude am Malen entstehen würde. Dann höre auch hier auf. Denn verkrampft weiterzumachen und zu verbissen das Bild fertig zu malen bringt gar nichts. Lass es doch erst einmal drei Tage oder noch länger stehen und auf dich wirken. Und dann kann es, wie in der Heldenreise, auch eine Fortsetzung oder einen zweiten Teil geben.

Nun genug zur Theorie, jetzt geht's an die Praxis!

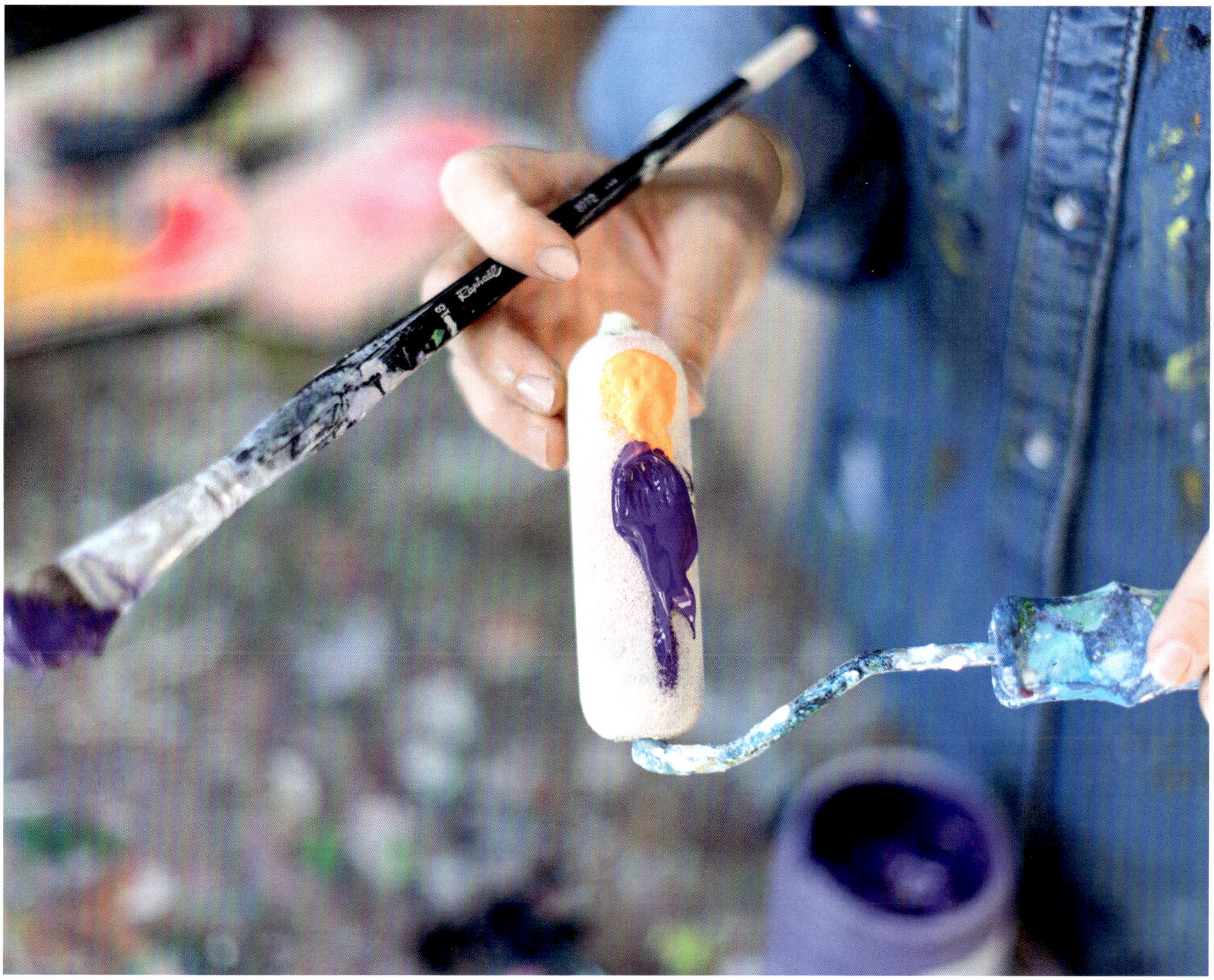

8 TIPPS ZUM INTUITIVEN *Malen*

1 Wichtigster Tipp überhaupt: Male mit Emotionen! Wenn du nichts fühlst beim Malen und beobachtest, dass du zu sehr nachdenkst und das Gestalten analytisch betrachtest, dann führe deine Mal-Rituale wieder aus und finde zurück in dein Herz und so zurück zu deinen Gefühlen.

2 Betrachte dein Bild immer wieder mit Abstand. Die Wirkung ist unglaublich! Du wirst ein ganz neues Gefühl bekommen, wo noch etwas in deinem Bild fehlt oder wo du noch einen Akzent setzen solltest.

3 Was ist dein Mal-Rhythmus? Achte ganz bewusst, wie lange du freudig und voller Konzentration an deinem Bild malen kannst und wann es am besten ist aufzuhören. Das ist sehr unterschiedlich, daher beobachte dich beim Malen und finde deinen Rhythmus. Mach Pause, wenn du eine brauchst, und gestalte sie dir selbst. Ob Yoga, die Küche aufräumen oder einen Spaziergang – integriere deine Pause so, wie es zu deinem aktuellen Alltag passt. Gerade der Abstand zum Bild schenkt dir dann wieder neue Ideen.

4 Wenn du einen großen Spiegel hast, dann stelle dich mit deinem Bild davor und du wirst sehen und spüren, was dein Bild noch braucht. Die seitenverkehrte Optik und räumliche Entfernung schenken dir ein Aha-Erlebnis.

5 Wenn du beim Malen nicht mehr weiterweißt, dann drehe dein Bild auf der Staffelei und vielleicht malst du ja auf dem Kopf weiter?

6 Du kennst das: Druck ist Gift! Daher setze dich beim Malen nicht unter Druck! Bedenke, dein Bild ist deine Interpretation von etwas. Es muss also keine Fotokopie sein, sondern du bist die Interpretin oder der Interpret! Deine Augen werden von deiner Fantasie gelenkt.

7 Durch Unschärfe entsteht Räumlichkeit. Wenn du den gleichen Gegenstand mehrmals malst, jedoch mal scharf und mal unscharf, erschaffst du eine Räumlichkeit in deinem Bild, es entstehen verschiedene Ebenen (z.B. wie bei einer Blumenwiese).

8 Kneife einfach mal ein Auge zu! Geh ein paar Schritte zurück. Nimm deine Finger wie ein Fernrohr – oder ein Dreieck und scanne dein Bild peu à peu, von Stelle zu Stelle, ganz intensiv ab.

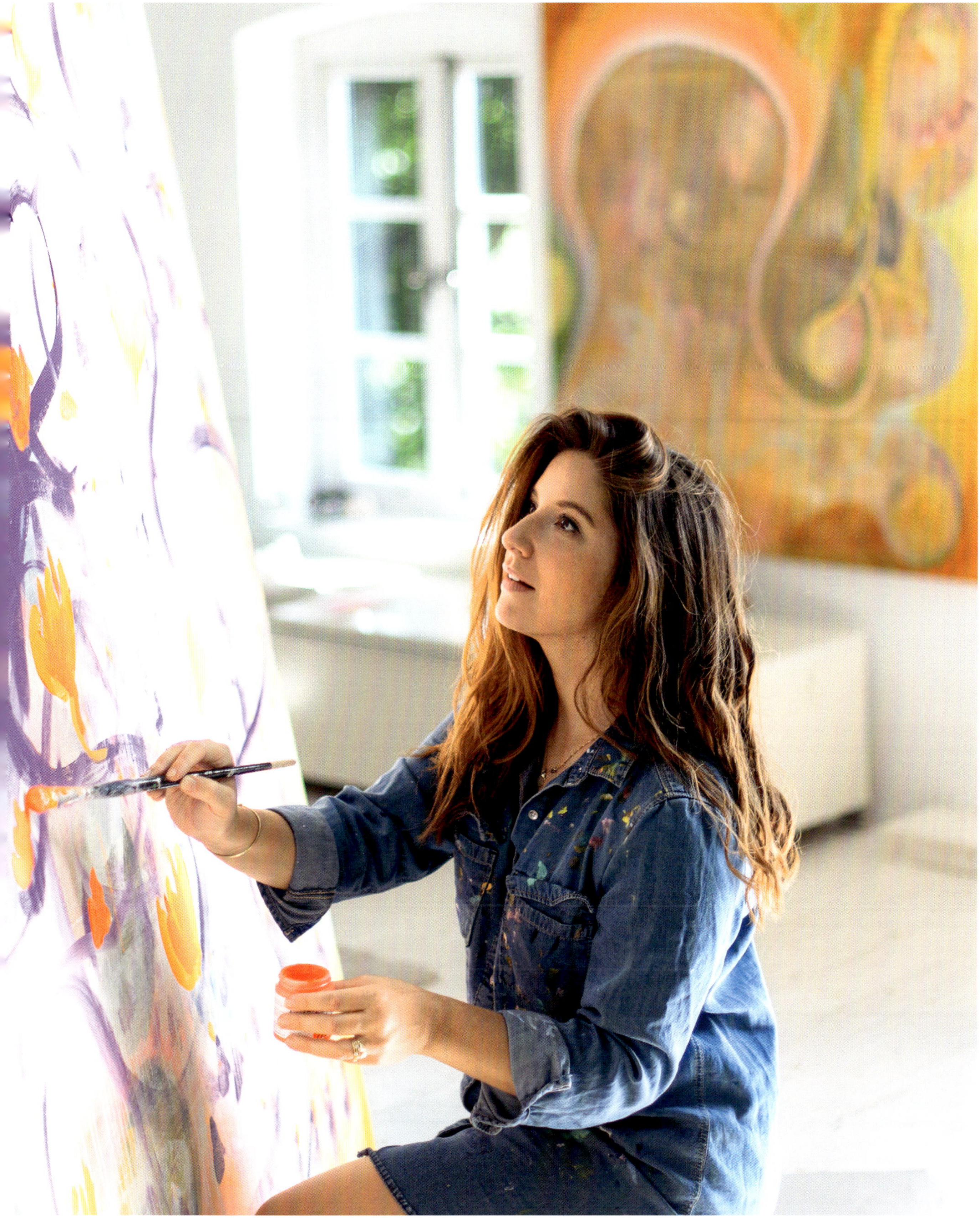

EIN MOMENT DER *Muße*

„Müßiggang ist aller Ideen Anfang", heißt es so schön. Von daher starten wir mit dem ersten intuitiven Bild aus einem Mix von ruhigen erdigen Farbtönen mit einem Hauch von Pink, Gelb und Türkis. Das Bild ist luftig leicht und lässt viel Platz zum Träumen und Fantasieren. Von mir bekommst du die ersten hilfreichen Techniken an die Hand, wie du dein erstes intuitives Bild entstehen lassen kannst. Dies ist deine Zeit, die du dir nun schenkst. Stimme dich für ein paar Minuten ein. Schließe die Augen und fühle in dich hinein. Was bedeutet für dich Muße? Schreibe gerne dazu ein paar Zeilen in dein Maltagebuch. Ich wünsche dir viel Freude!

MATERIAL

- **Leinwand 90 x 90cm**
- **Pinsel XL/M**
- **Kleiner Spachtel**
- **Sprühflasche**
- **Pastellkreide (Weiß)**
- **Acrylfarben (Braun, Gelb, Violett, Schwarz, Weiß, Pink, Türkis)**

EINSTIMMUNG

Lass los und trenne dich von all den alltäglichen Gedanken. Mach dir deine Lieblingsmusik an, die gerade zu deiner Stimmung passt und dich beflügelt. Genieße deine Künstlerrituale wie z.B. einen guten Duft und andere Inspirationen um dich herum. Tanze ein bisschen oder bewege dazu locker deinen Körper. Durchs Tanzen und Bewegen kann dein Körper seine Lebensfreude oder jegliche Emotionen ausdrücken und du lockerst dich dadurch auch etwas auf.

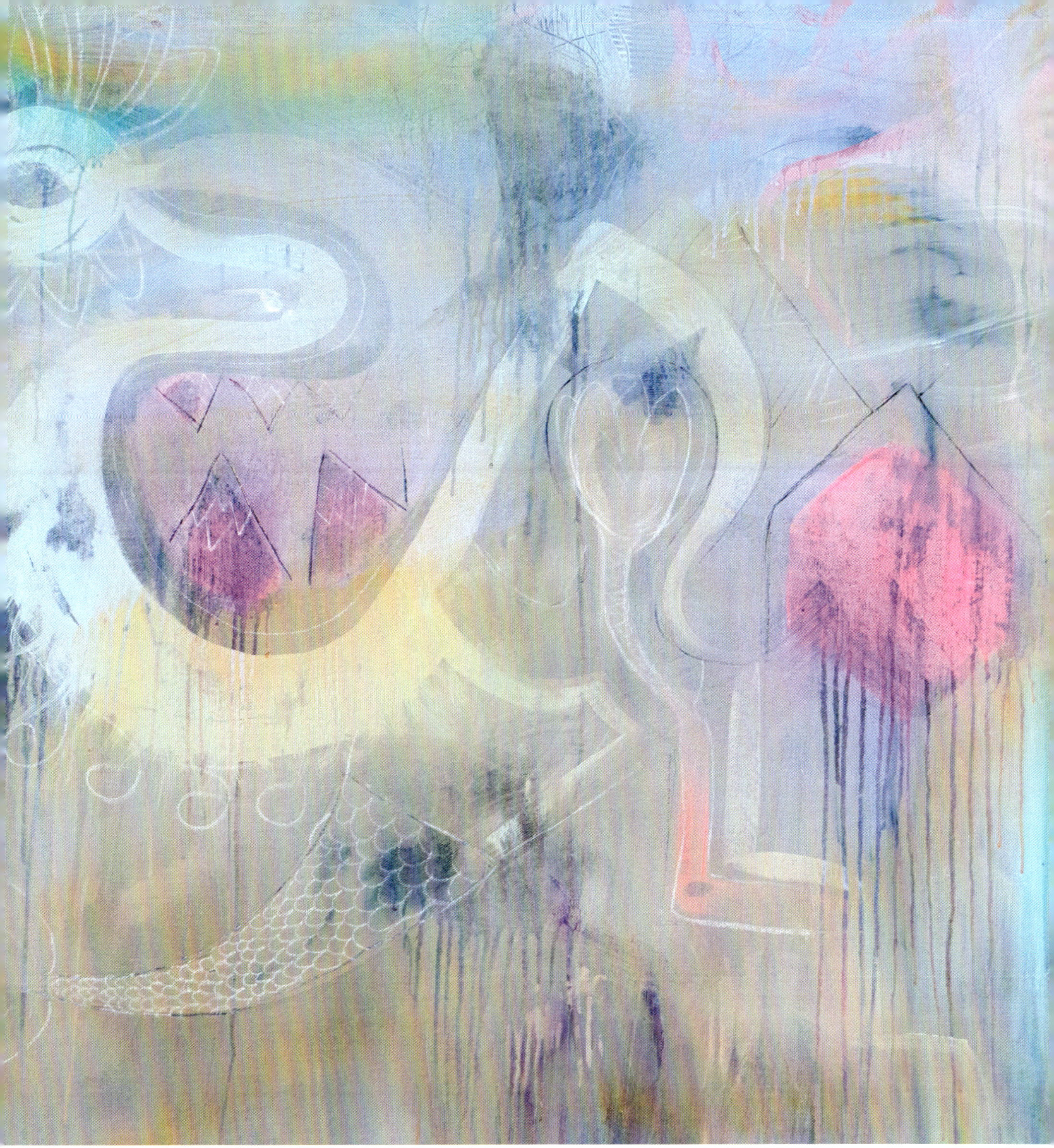

Auf dieser Website findest du passende Musik zum Bild „Ein Moment der Muße“:
buch.yvonnelamberty.com

SO GEHT'S

1

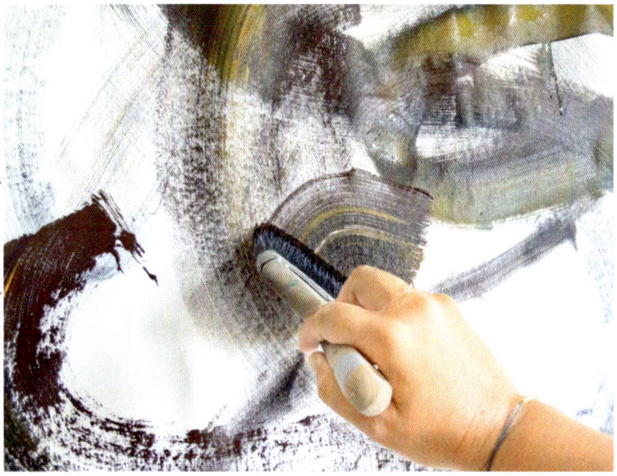

2

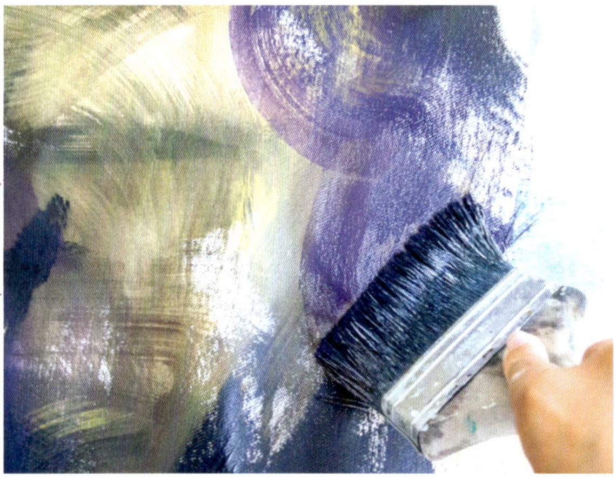

3

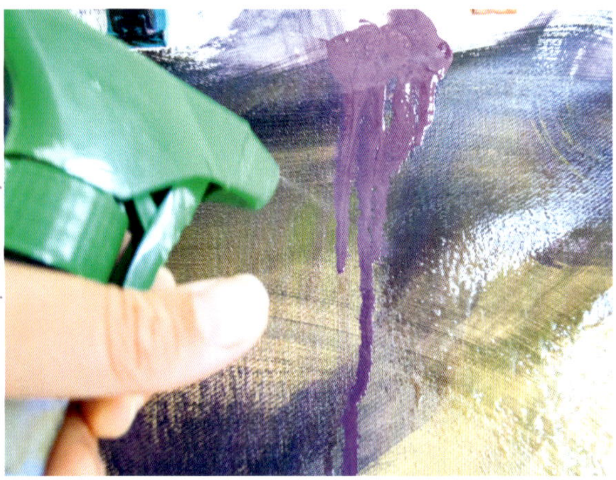

Lass den Alltag los

1 GRUNDIERUNG: Wähle eine Farbe aus, die dich am meisten anlächelt. Nimm den dicksten Pinsel, den du hast, tauche ihn ins Wasser, nimm Farbe auf und los geht's. Hab keine Scheu und denke nicht nach. Lass den Pinsel einfach nach Gefühl über die Leinwand streichen und gestalte durch deine intuitive Bewegung Formen. Vielleicht bewegst du dich auch im Rhythmus zur Musik? Male großflächig und verdünne die Farbe mit viel Wasser. Es dürfen weiße Stellen frei bleiben.

2 FARBAUSWAHL: Wähle eine zweite und vielleicht auch eine dritte Farbe aus. Spüre, welche Farben für dich gerade gut zusammenpassen. Verbinde die Farben, lass sie auf der Leinwand spielen. Du kannst auch deine Hände benutzen, Tupfen machen oder zart mit dem Pinsel auf die Leinwand klopfen.

3 TRÖPFELNDE AKZENTE: Jetzt, wo die Farben noch nass sind, hast du die Möglichkeit mit einer Sprühflasche auf bestimmte Stellen intuitiv mit Wasser zu sprühen. Dadurch, dass die Farbe verflüssigt wird, macht sie sich auf deiner Leinwand selbstständig und beginnt zu fließen.

Maltagebuch

Wenn du das Gefühl hast mit dieser Ebene fertig zu sein, dann lass die Farben trocknen und nimm dir Zeit für dein Maltagebuch. Fragen zur Anregung:

- *Wie waren die ersten 10 Sekunden, als du die weiße Leinwand mit Farbe geschmückt hast?*
- *Hast du eine Idee oder ein Gefühl, warum du diese Farben ausgewählt hast?*

4

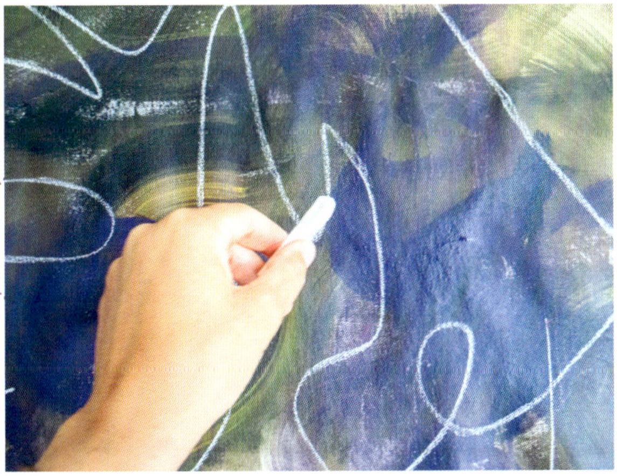

4.1.

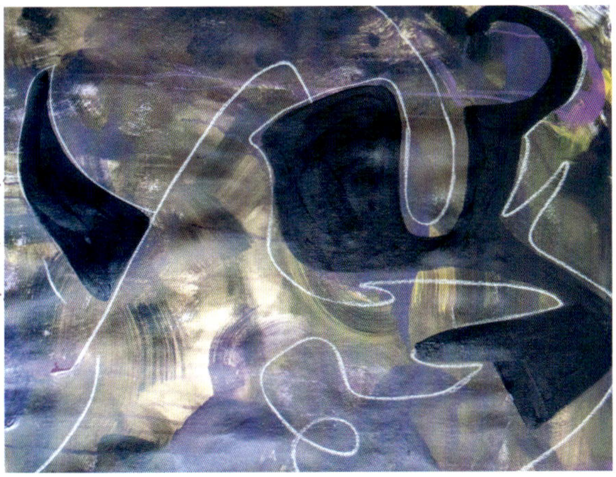

5

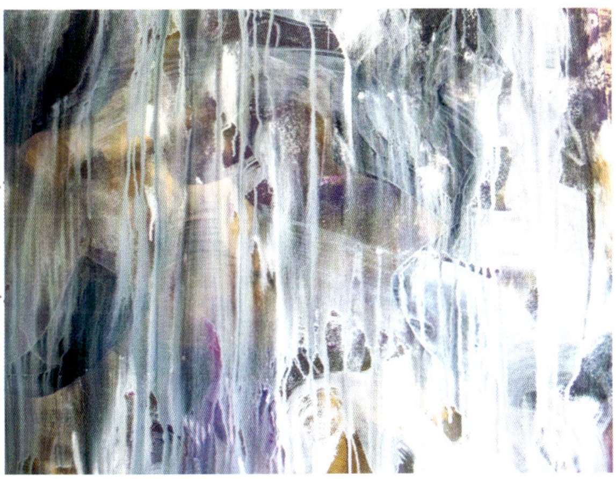

Auf ins Abenteuer

Hier ist jetzt alles möglich! Das ist ein tolles Gefühl, aber es kann einen auch an dieser Stelle überfordern. Daher ist es jetzt Zeit, dich selbst zu überraschen. Du kannst das!

TIPP: *Sammle zukünftig in deinem Maltagebuch Skizzen, Zeichnungen und Inspirationen, auf die du dann immer zugreifen und aus diesen Ideen schöpfen kannst.*

4 PASTELLKREIDE: Nimm die Pastellkreide in die linke Hand (sofern du Rechtshänder/in bist – ansonsten umgekehrt). Denn die Hand, mit der du gewöhnlich nicht schreibst, ist weniger trainiert und daher intuitiver. Male also lockere Linien und Formen mit deiner linken Hand.

4.1. FORMEN NACHMALEN: Du hast hier die Möglichkeit, wenn eine interessante Form entstanden ist, diese mit einem Pinsel nachzufahren. Wenn es dir nicht gefällt, was du mit der weißen Pastellkreide gemalt hast, dann kannst du die Linien mit einem feuchten Tuch wegwischen.

5 WEISS LASIEREN: Deine ersten beiden Ebenen gefallen dir, sind aber etwas zu bunt geworden oder zu dunkel? Du kannst sie aufhellen und einen schönen Effekt erzielen, wenn du die Farbe Weiß nimmst, sie mit viel Wasser verdünnst und mit einem breiten Pinsel oder sogar umgefüllt in eine Sprühflasche auf die Leinwand bringst. Du kannst dadurch die ersten beiden Ebenen noch sehen.

WEITER GEHT'S

6

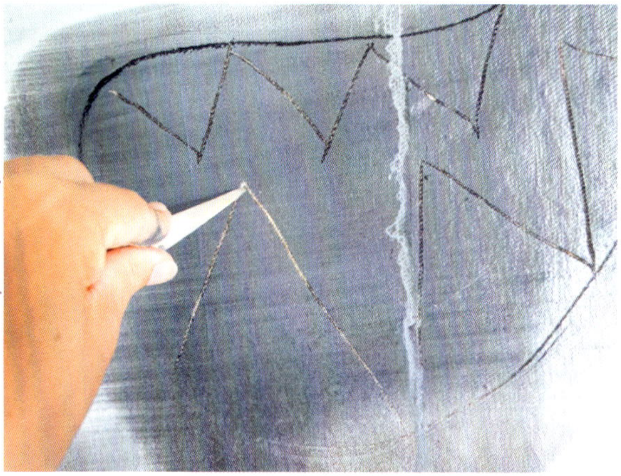

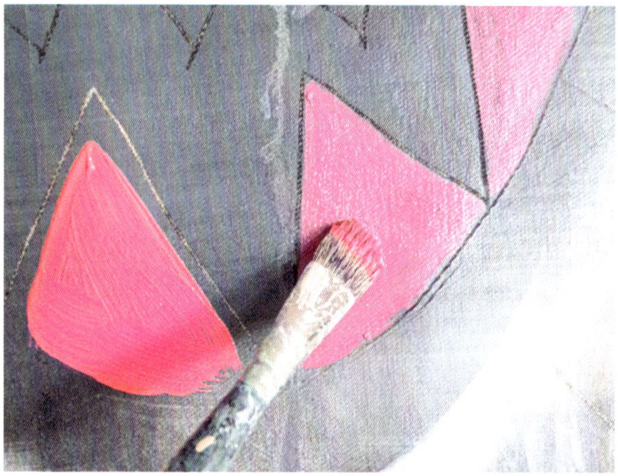

7

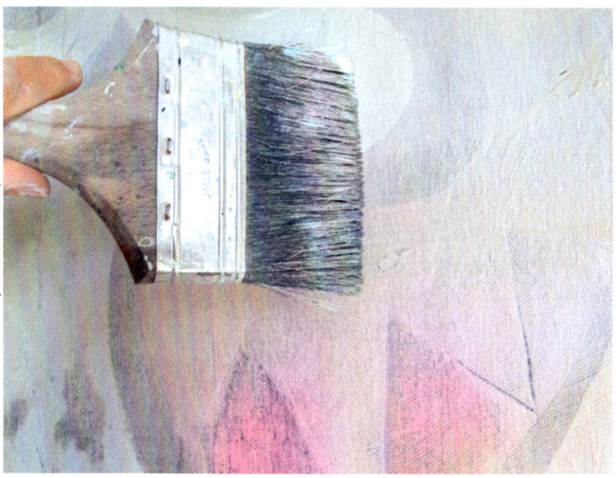

6 NACHZIEHEN MIT KLEINEM PINSEL ODER SPACHTEL: Deine Fantasie hat dich zu deinen Formen geführt und nun fährst du die Linien und Flächen einfach nach, die du aus den ersten beiden Ebenen verstärkt herausbringen möchtest. Wenn du einen Spachtel hast oder einen anderen spitzen Gegenstand (der aber die Leinwand nicht verletzt), kannst du einen tollen Effekt erzielen, wenn du die Farbe wegkratzt. Danach kannst du die Formen ausmalen.

Maltagebuch

Wenn du mit diesem Schritt fertig bist, dann lass die Farben trocknen und nimm dir Zeit für dein Maltagebuch. Fragen zur Anregung:

- *Wie hat sich das Malen angefühlt?*
- *Hat dir deine Fantasie etwas zugeflüstert?*

Du befindest dich mitten im Entstehungsprozess deines Bildes. Ich empfehle dir an dieser Stelle auch alle weiteren Techniken im Buch anzuschauen und in dich hineinzufühlen, welche Technik aktuell zu deinem Bild passt. Vielleicht bekommst du durch das Anschauen der weiteren Techniken eine Idee, die jetzt genau in diesem Moment für dich stimmig ist und dich inspiriert! Du kannst auch zu jeder Phase deines Bildes eine Technik wiederholen.

Hingabe und Ankommen

7 FARBIG LASIEREN: Ich habe auf diesem entstandenen Bild noch einmal mit Hellrosa, Hellblau und einem zarten Gelbton eine Misch-Lasur über mein ganzes Bild mit einem dicken Pinsel gemalt.

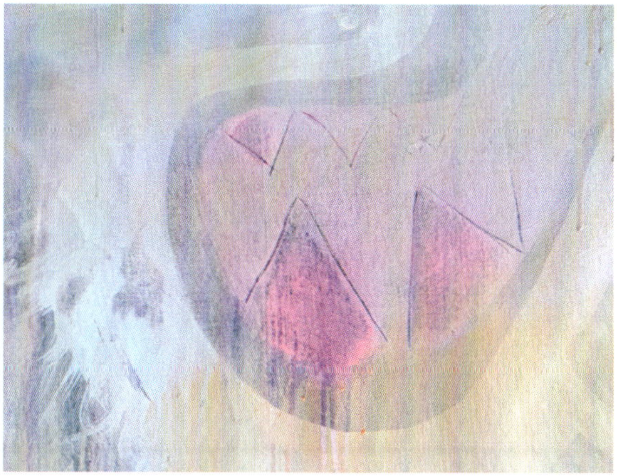

8

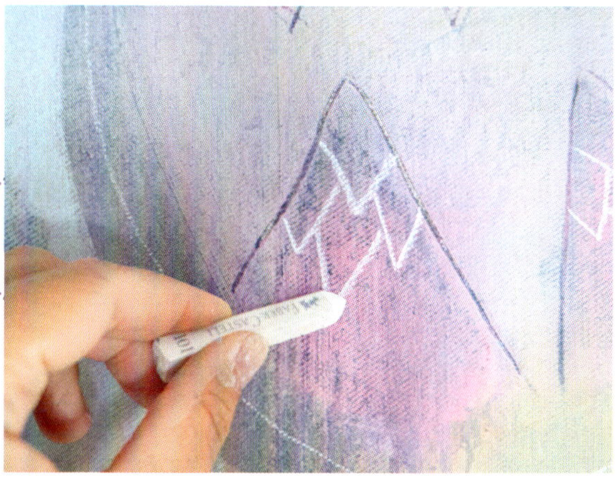

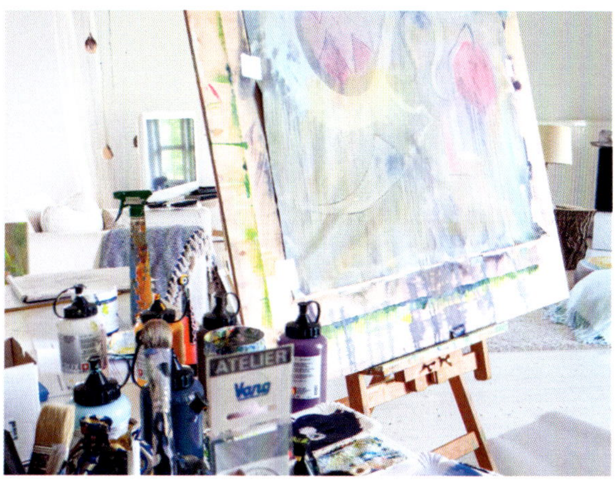

Nimm dir Zeit für dein Bild. Mach eine kleine Pause, um auch einmal Abstand zu bekommen. Vielleicht magst du ja einen kleinen Spaziergang machen. Es ist gut, wenn deine Augen einmal den Fokus abwenden und du abgelenkt bist. Danach fallen einem die Ideen leichter und du spürst wieder besser, was dein Bild braucht.

8 WEISSE PASTELLKREIDE: Bei diesem Bild habe ich mich an dieser Stelle erneut für die weiße Pastellkreide entschieden. Durch die gezeichneten weißen Linien und Muster habe ich dem Bild einen stärkeren Ausdruck geschenkt. Du kannst diese Linien auch mit einem weißen zarten Stift (z.B. von Posca) nachziehen oder die Pastellkreide mit dem passenden Fixativ ansprühen, damit sie nicht verwischt.

Wenn du, wie ich, beschließt, an diesem Punkt deines Bildes fertig zu sein, dann darfst du dich einmal kräftig loben und über diesen kreativen Ausbruch freuen. Du hast es geschafft. Genieße den Moment und notiere dir, was du in deinem Muße-Bild alles entdeckst oder empfindest. Verweile im Hier und Jetzt und lobe dich für den Mut und deine Heldenreise durch dein erstes intuitives Bild.

Maltagebuch

- *Was entdeckst du alles in deinem Bild?*
- *Welche versteckten Gefühle kamen zum Ausdruck?*
- *Gefällt dir eine Stelle deines Bildes besonders gut? Wenn ja, warum?*
- *Welche Farbkombinationen haben dir große Freude gemacht?*

ABSTRAKTE *Blütenformen*

Egal ob es im Bild gerade Abenddämmerung ist oder die Sonne im Morgentau aufgeht: Der Wind lässt den Blütenstaub verwehen und bestäubt die Natur mit Schönheit. Dieses Bild steht für die Leidenschaft, die aus dem tiefen Ursprung deines Seins entsteht. Wie die Natur ihrer natürlichen Bestimmung folgt, lädt dieses Bild auch dich ein, deiner lebendigen Leidenschaft sowohl auf der Leinwand als auch im Leben Ausdruck zu verleihen.

MATERIAL

- Leinwand 70 x 70cm
- Pinsel (XL/M)
- Kamm
- Pastellkreide (Weiß)
- Kegelschwamm, Naturschwamm
- Acrylfarben (Hellblau, Neonpink, Gelb, Dunkelblau, Grün, Weiß)

EINSTIMMUNG

Mach dir gerne für dieses lebendige Bild eine Playlist mit leidenschaftlichen, kraftvollen Songs. Um dich aufzuwärmen und etwas in Bewegung zu kommen, kannst du gerne wieder zum ersten Lied tanzen. Bewege deinen ganzen Körper, vergiss nicht, dabei deine Arme, Finger und Zehenspitzen im Rhythmus zu schwingen. Vielleicht magst du dir auch einen schönen Blumenstrauß in der Nähe aufstellen. Dies ist jetzt deine Zeit!

Am meisten Spaß beim Malen hast du, wenn du dich an meine Vorlage anlehnst, aber nicht zu hundert Prozent versucht, es genau so zu machen. Lass dich vom Bild inspirieren und fühle immer in dich hinein. Vielleicht wählst du ja auch andere Farben? Oder deine Blüten werden größer, kleiner, weniger oder mehr? Überrasche dich selbst!

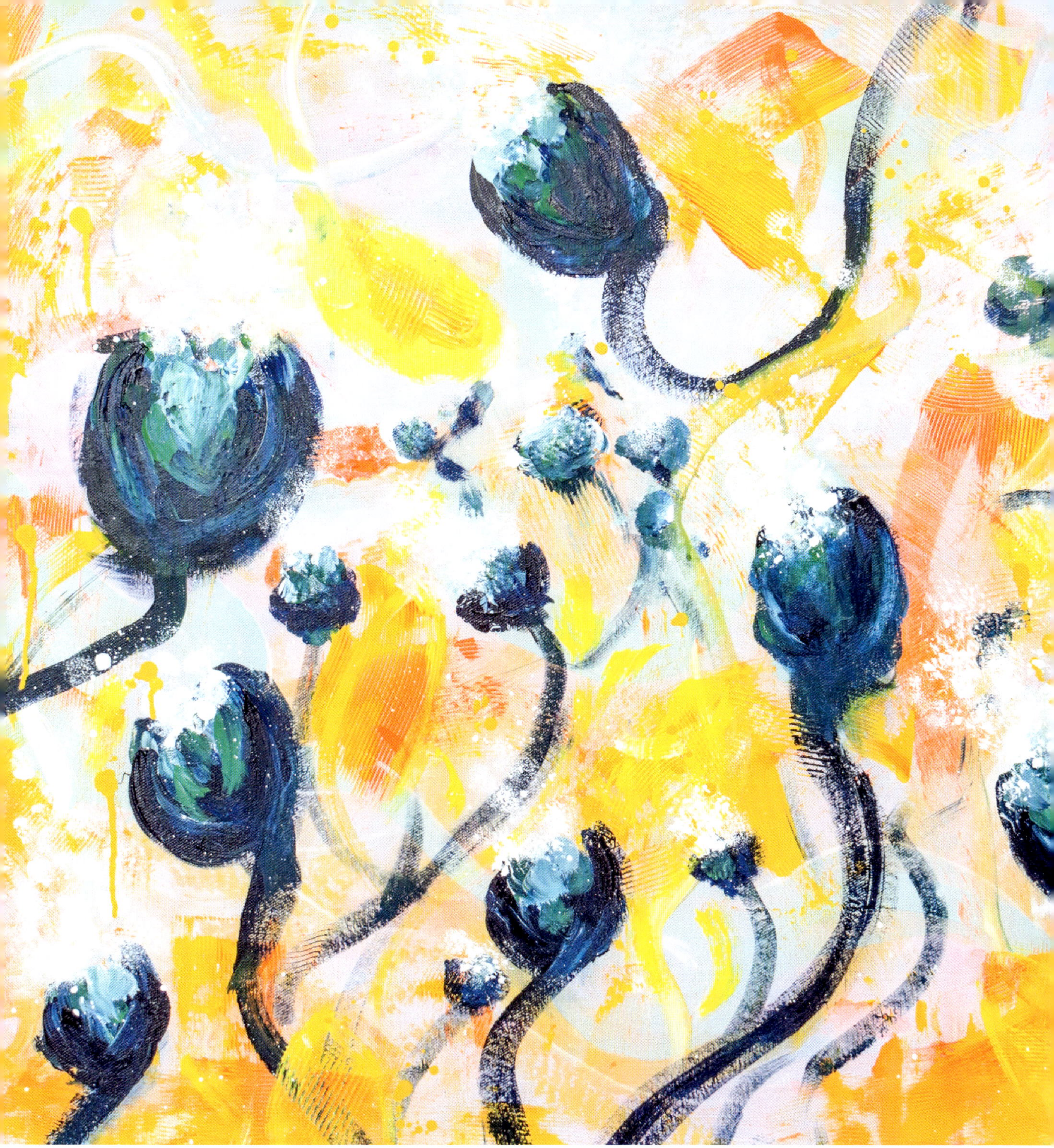

Auf dieser Website findest du passende Musik zum Bild „Abstrakte Blütenformen“:
buch.yvonnelamberty.com

SO GEHT'S

1

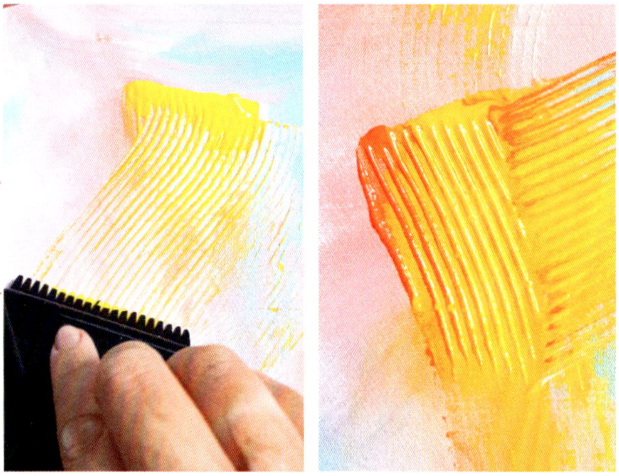

2

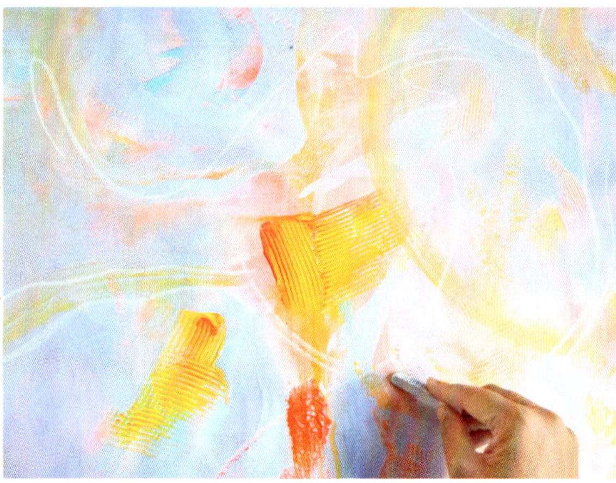

3

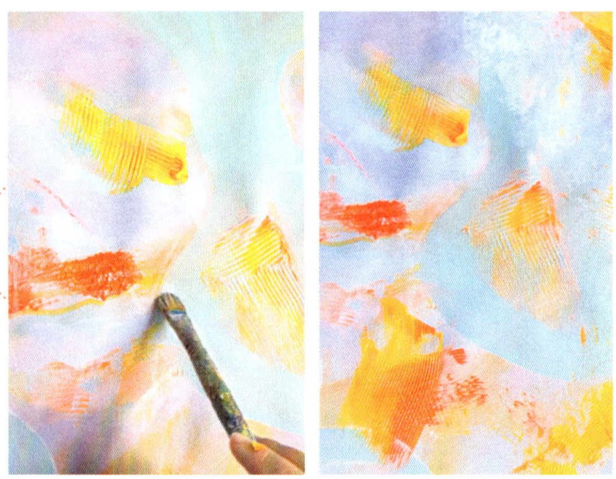

Lass den Alltag los

1 GRUNDFLÄCHE GESTALTEN: Für die erste Ebene des Bildes habe ich die Grundierung in hellblauer und neonpinker Acrylfarbe angelegt. Tauche einen großen Pinsel abwechselnd in diese beiden Farben und bringe sie locker aus dem Handgelenk auf die weiße Leinwand auf. Nun kannst du zusätzlich die Farben frisieren. Nimm den Kamm, streiche über die noch feuchte Farbe und verbinde Hellblau und Pink. Indem du die zusätzliche Farbe Gelb mit dem Kamm aufträgst, entsteht nicht nur ein interessanter Farbkontrast, sondern auch eine schöne Farbebene.

2 INTUITIV ZEICHNEN: Lass die Grundierung trocknen. Nimm die Pastellkreide und lass sie intuitiv und ohne nachzudenken, über die Leinwand schwingen. Falls dir die Form noch nicht so richtig zusagt, kannst du die Pastellkreide einfach mit einem feuchten Tuch wegwischen.

3 FORM AUSMALEN: Wenn dir die Form gefällt und deine Fantasie dir eine Idee aufzeigt, hast du die Möglichkeit, diese Form mit einer Farbe deiner Wahl auszumalen.

Maltagebuch

- *Was erzählen dir die Farben und Formen?*

4
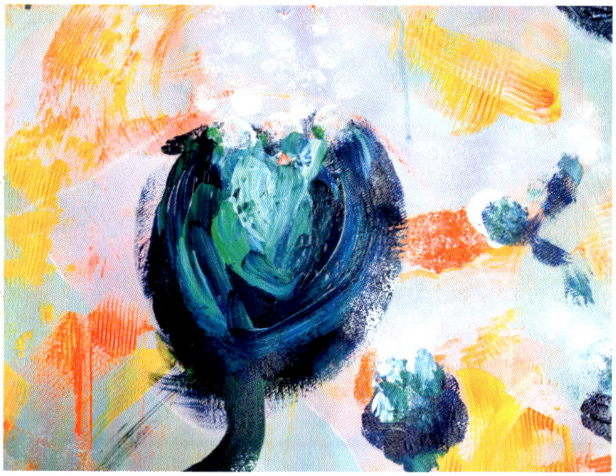

5
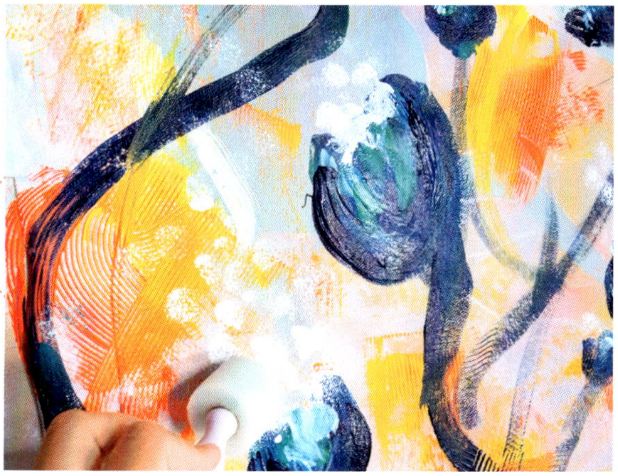

6
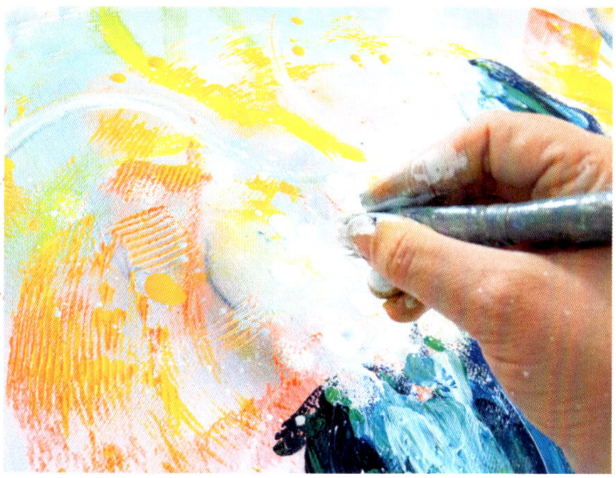

Auf ins Abenteuer

Hier ist jetzt alles möglich! Das ist ein tolles Gefühl, aber es kann einen auch an dieser Stelle überfordern. Daher ist es jetzt an der Zeit, dich selbst zu überraschen. Du kannst das!

4 ABSTRAKTE BLÜTEN GESTALTEN: Hierbei habe ich die Nass-in-Nass-Technik angewendet, damit bezeichne ich das Mischen der Acrylfarben direkt auf der Leinwand. Nimm einen Pinsel (Gr. M) und male ganz grob eine U-Form in Dunkelblau. Als Nächstes pinselst du Grün und dann Weiß in die noch nasse Farben hinzu. Bleib locker im Handgelenk und versuche nicht zu „ordentlich" sein zu wollen.

5 TUPFEN TUPFEN: Um ein bisschen Blütenstaub auf die Leinwand zu zaubern, nimm einfach den Kegelschwamm und tupfe weiße Farbe auf.

Hingabe und Ankommen

6 LETZTE PÜNKTCHEN: Zum Schluss können noch kleinere weiße Punkte auf die Leinwand fliegen. Dazu ist es am besten, wenn du die Leinwand auf den Boden legst und die beiden Sprenkel-Techniken (siehe S.39) anwendest.

Herzlichen Glückwunsch, dein Bild ist fertig! Erfreue dich und lobe dich einmal kräftig. Ich wünsche dir ganz viel Freude mit deinem Bild. Und wenn du magst, nimm dir nun fünf Minuten und schreibe deine Gedanken zu deinem Bild in dein Maltagebuch.

BIS ZUM MOND *und weiter*

Erschaffe dir eine Traumwelt, in die du abtauchen und wegfliegen kannst. Hier ist alles möglich und deiner Fantasie sind keine Grenzen gesetzt. Dieses Bild möchte dich auf eine Traumreise zur Entspannung und Ruhe einladen.

MATERIAL

- Leinwand 80 x 80cm
- Pinsel (XL/L/M)
- Papier
- Schaumstoffroller
- Pastellkreiden (Weiß, Dunkelrot, Violett, Apricot, Gelb)
- Acrylfarben (Weiß, Neapelorange, Neapelrosa, Hellblau, Türkisblau hell, Braun, Schwarz)

EINSTIMMUNG

Stimme dich ein, indem du dir schöne ruhige und entspannte Musik aussuchst. Auch Soundtracks von guten Filmen können dir tolle Mal-Impulse schenken und dir das Abtauchen ins Bild erleichtern. Schließe für einen Moment die Augen und fühle in dich hinein, in deine Traumwelt.

Wenn das Bild dich während des Malens ganz woanders hinführt, dann nimm das an, was sich dir zeigt. Auch hier möchte ich dir liebevoll auf den Weg mitgeben, dass es schön ist, wenn du dich inspirieren lässt, aber dir beim Malen erlaubst, von meinem Bild abzuweichen, wenn du etwas anderes in deiner Traumwelt entdeckst.

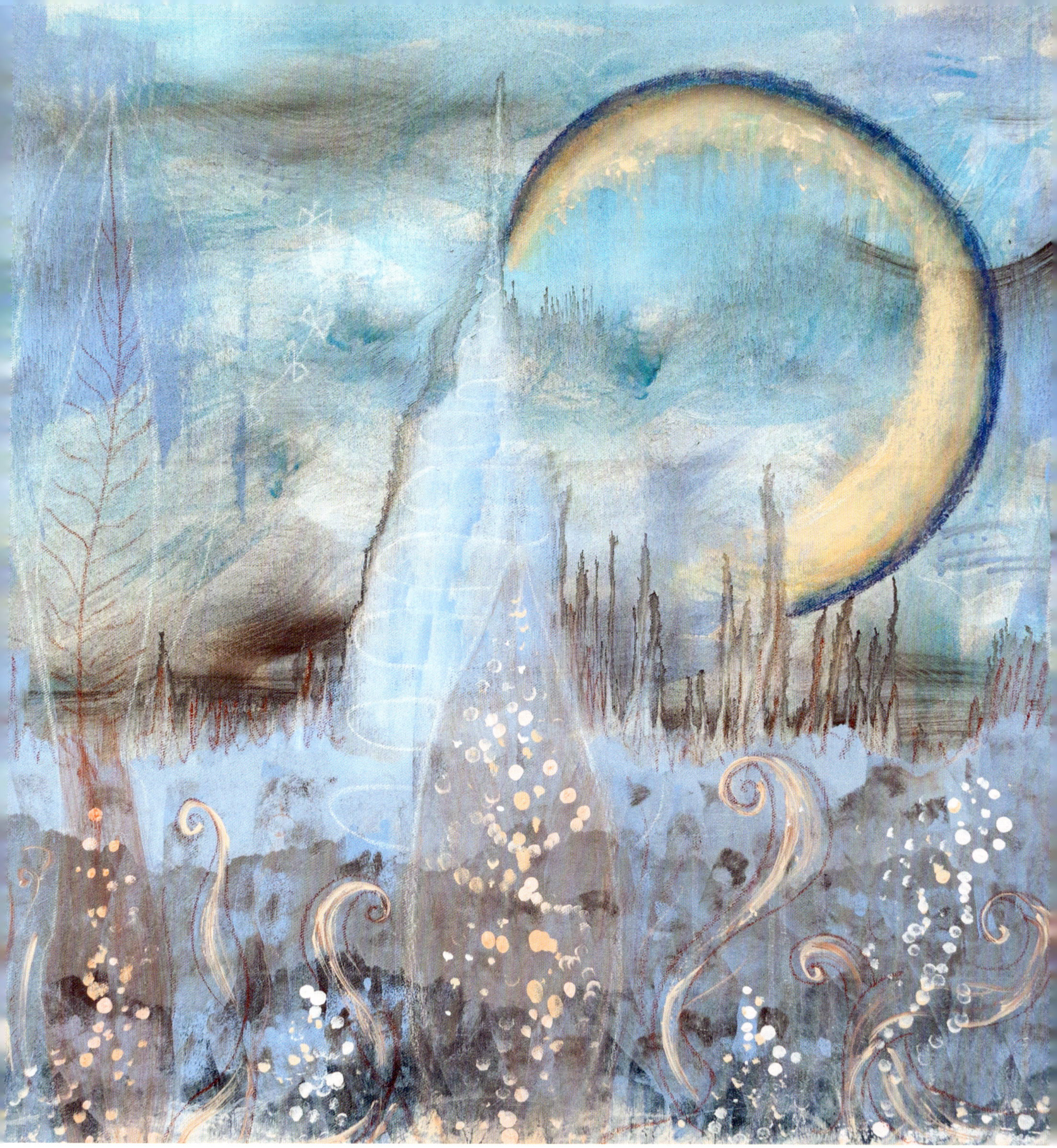

Auf dieser Website findest du passende Musik zum Bild „Bis zum Mond und weiter“:
buch.yvonnelamberty.com

SO GEHT'S

1
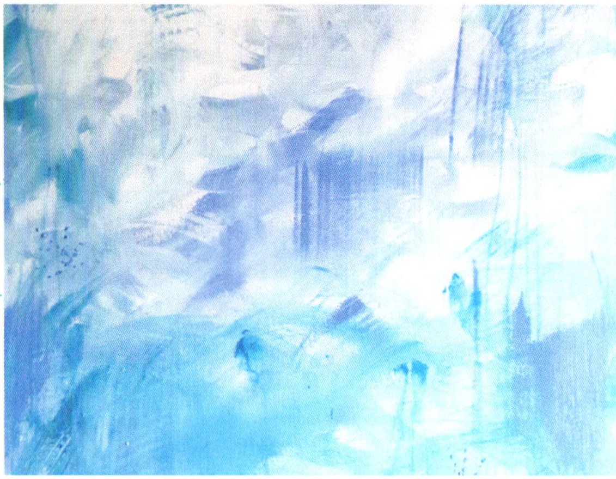

2
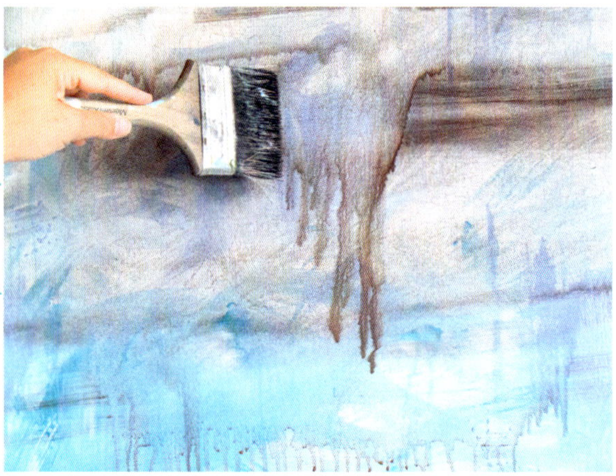

3
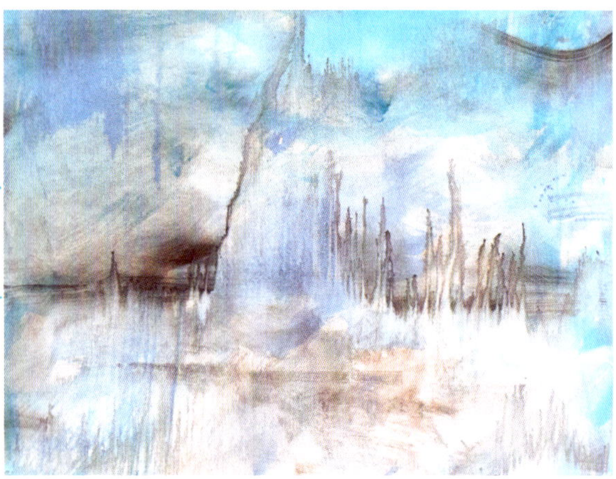

Lass den Alltag los

1 GRUNDFLÄCHE GESTALTEN: Führe die Farben Blau, Weiß und Türkis über der Leinwand mit einem XL Pinsel spazieren. Lass gerne auch weiße Lücken, und wenn dir danach ist, kann die ein oder andere Farbe mit der Sprühflasche zum Fließen gebracht werden. Nun können die Farben trocknen. Wenn du möchtest, kannst du auch die Leinwand trocken föhnen. Wasche deinen Pinsel sorgfältig aus.

2 BRAUNE LASUR: Hier benötigst du wieder den XL Pinsel. Für die Lasur brauchst du viel Wasser. Nimm im Verhältnis ca. 15% braune Farbe und 85% Wasser mit deinem Pinsel auf der Palette auf und streiche zart von rechts nach links über die Leinwand. Beginne von oben. Dadurch, dass der Pinsel sehr viel Wasser aufgenommen hat, fließt die Farbe die Leinwand hinunter. Je mehr Farbe du dazu nimmst, desto weniger tröpfelt die Farbe und umgekehrt. Aus der fließenden Farbe werden Konturen entstehen. Überstreiche die Konturen nicht erneut, sondern lass sie stehen.

3 UMDREHEN: Wenn deine Lasur getrocknet ist, drehe dein Bild auf den Kopf.

Maltagebuch

Fühle in deine Traumwelt hinein. Was entdeckst du? Wie fühlst du dich gerade? Welche Gedanken und Tagträume umringen dich?

4

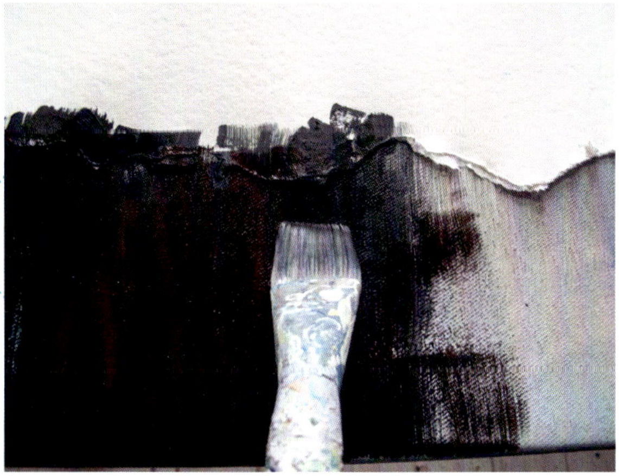

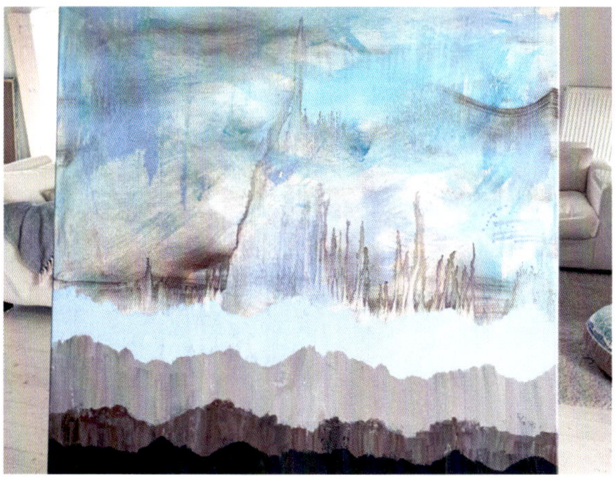

5

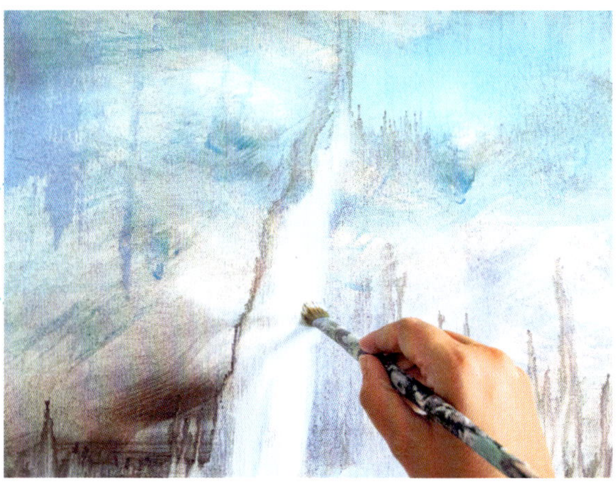

Auf ins Abenteuer

4 SCHABLONE AUS PAPIER: Fertige dir eine eingerissene Papierschablone an (siehe S.32). Mit der Schablone kannst du sehr schön verschiedene Ebenen und dadurch Tiefen erzeugen. Ich habe die Schablonen immer wieder verwendet und versetzt angeordnet, um Ebenen zu staffeln. Meine benutzten Farben: Schwarz, Braun, Hellbraun (Mix aus Weiß und Braun) und Hellblau. Wichtig: Male mit dem Pinsel (Gr. L) immer in eine Richtung, von der Schablone zur Leinwand.

5 AUSMALEN DER FORM: Mit einem Pinsel in der Größe M habe ich einen weißen/hellblauen Akzent gesetzt. Hierzu habe ich den Pinsel sehr trocken gelassen, nur ganz wenig Farbe aufgenommen und die Formen zart ausgemalt.

WEITER GEHT'S

6
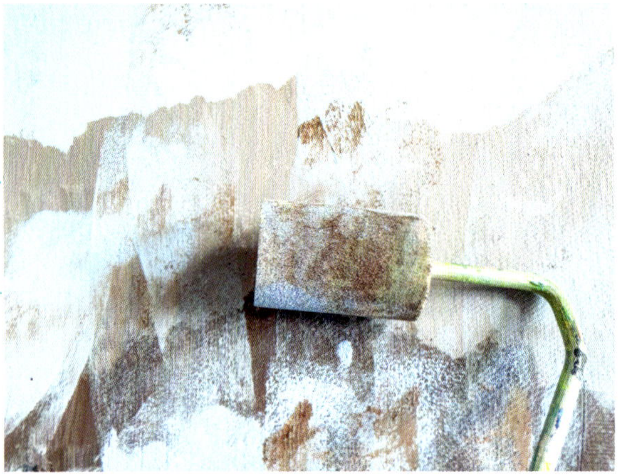

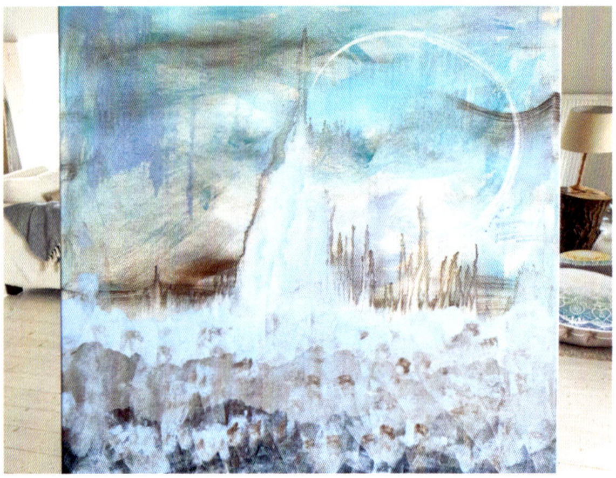

7
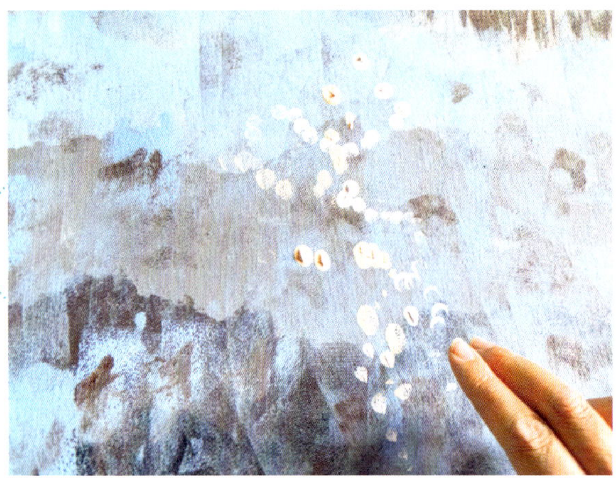

6 SCHAUMSTOFFROLLER: Setze mit deinem Schaumstoffroller Akzente in einem Mix aus Blau und Braun. So erhältst du eine schöne Struktur.

7 TIPPELITIPP: Jetzt kommt ein Fingerspitzen-Farbenspiel aus zartem Rosa und Apricot. Tippe deine farbigen Fingerspitzen abwechselnd auf die Leinwand und lass sie tanzen.

Maltagebuch

Halte gerne einmal deine Gedanken fest. Wie fühlt sich das Malen gerade an?

8
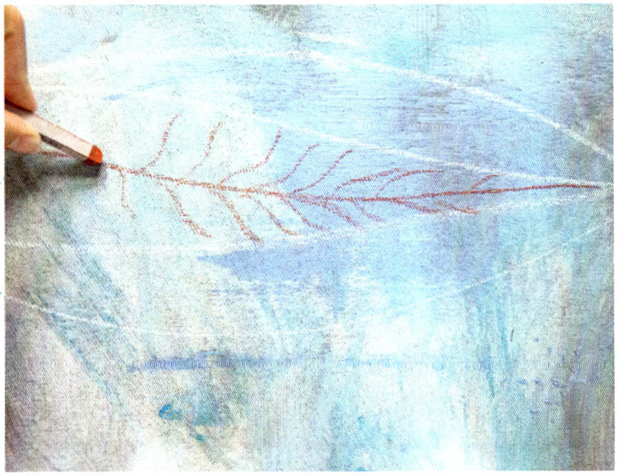

9
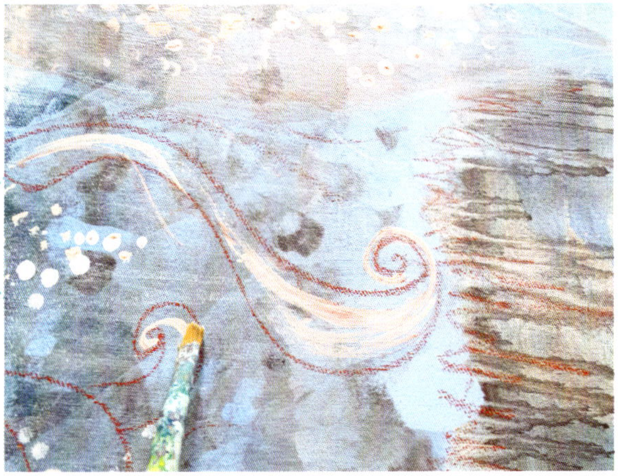

10
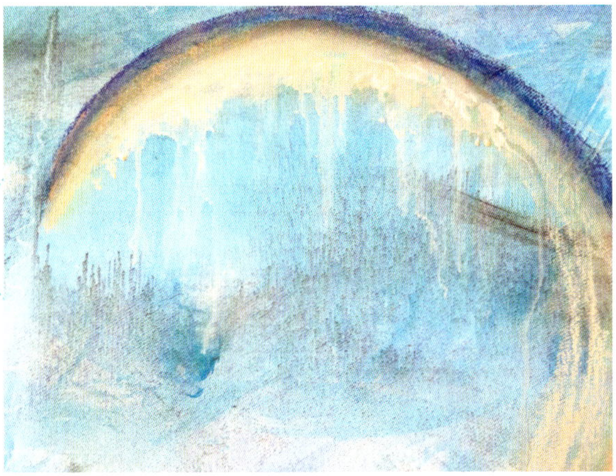

Hingabe und Ankommen

8 PASTELLKREIDE: Lass deiner Fantasie freien Lauf und betone Stellen auf deiner Leinwand, die du besonders anregend in deinem Bild findest. Verstärke diese Formen, indem du eventuell weitere Muster hineinmalst. Du kannst verschiedene Farben zum Einsatz kommen lassen.

TIPP: *Mit einem speziellen Pastell-Fixativ kannst du die Kreide auf der Leinwand haltbarer machen. Schüttel die Spraydose vorher und sprühe mit etwas Abstand auf die Leinwand. Am besten, du testest es vorher erst einmal aus.*

9 AUSMALEN DER FORM: Nun habe ich noch mit einem Pinsel (Gr. M) einige Formen etwas mit der rosa Farbe nachgezogen.

10 PASTELLKREIDE: Zum Schluss habe ich diese runde Form noch mit weiteren Pastellkreide-Farben herausgehoben und etwas rosa Acrylfarbe dazu aufgetragen. Mit der Sprühflasche habe ich die Farbe zum Fließen gebracht.

Voilà! Fertig ist deine Traumwelt. Fliege einmal gedanklich hinein und träume etwas vor dich hin.

IM DSCHUNGEL DEINER *Fantasie*

Im Dschungel deiner Fantasie ist alles möglich! Bei diesem Motiv möchte ich dich auf ein ganz besonders buntes Abenteuer einladen. Sei neugierig und probiere alles aus, was dir in den Sinn kommt. In dieser dschungelartigen Farbexplosion findest du Tiere, Symbole und Formen, die ganz intuitiv entstanden sind und ihren Charme in diesem Bild, teilweise versteckt, zum Ausdruck bringen. Entfache deine Abenteuerlust, sei neugierig und gespannt, wie der Dschungel deiner Fantasie sich auf der Leinwand zeigen wird.

MATERIAL

- Leinwand 70 x 70cm
- Abklebeband
- Pinsel XL/M/S
- Kleiner Spachtel
- Schwamm
- Sprühflasche
- Pastellkreide (Weiß)
- Tuch
- Weißer Stift (z.B. Posca PCF-350)
- Acrylfarben (Braun, Violett, Türkis, Gelb, Pink, Grün, Magenta, Blau, Weiß)

EINSTIMMUNG

Schließe für einen kurzen Moment die Augen und stelle dir einen schönen Ort vor. Bist du im Wald, im Dschungel oder auf einer schönen Wiese? Am Meer oder an einem Wasserfall? Fühle in den magischen Ort deiner Fantasie hinein und erfühle die Farben, die Ausdruck deiner Fröhlichkeit sind. Vielleicht kommen dir auch gerade ganz intuitiv Symbole oder Formen? Dann skizziere sie kurz in dein Maltagebuch. Deine grenzenlose Fantasie darf hier bei diesem Bild Ausdruck deiner Kreativität sein. Nimm ein Lieblingslied und stimme dich hier ein. Mach dich locker und begebe dich tanzend in dein Abenteuerland.

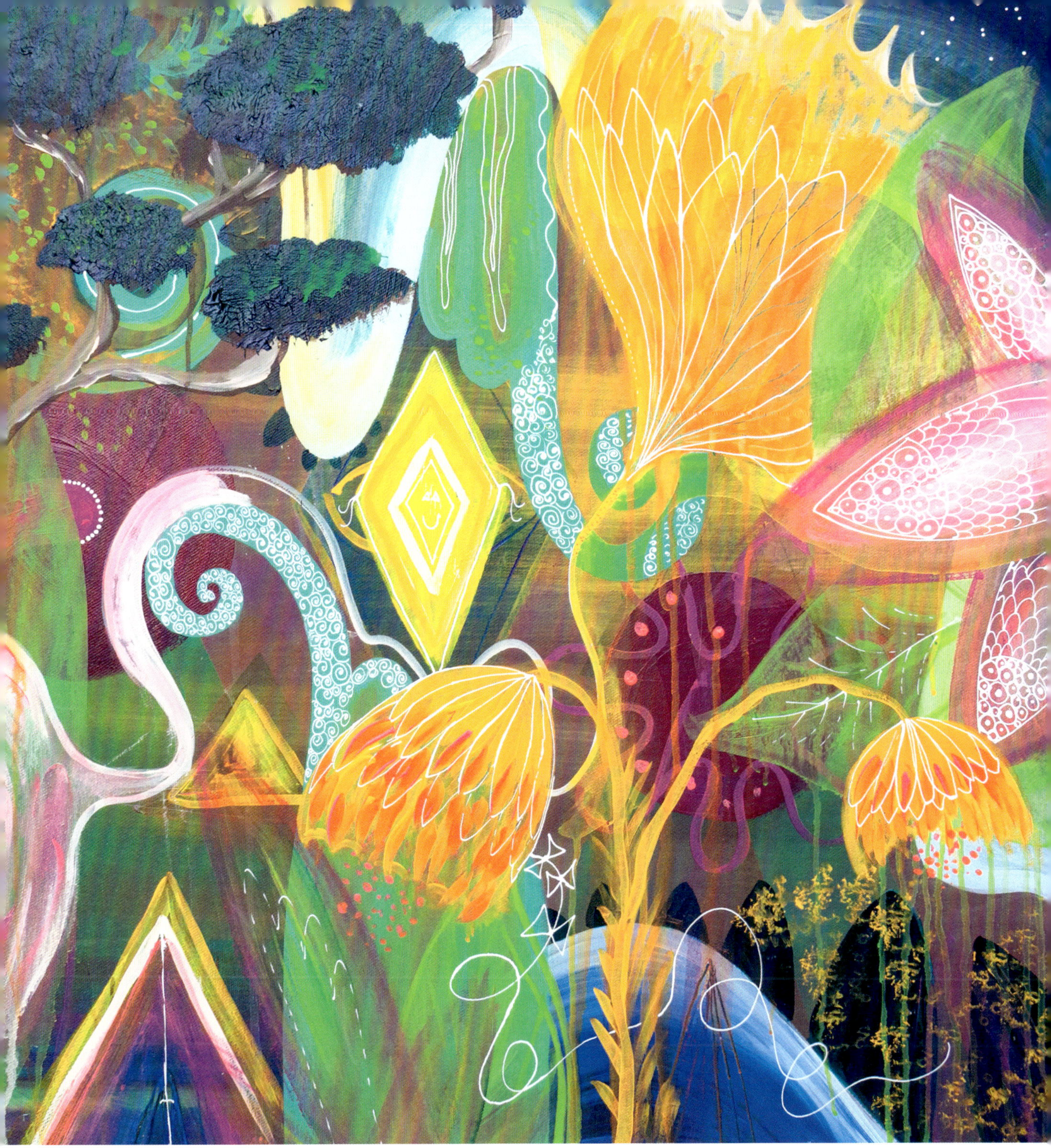

Auf dieser Website findest du passende Musik zum Bild „Im Dschungel deiner Fantasie“:
buch.yvonnelamberty.com

SO GEHT'S

1

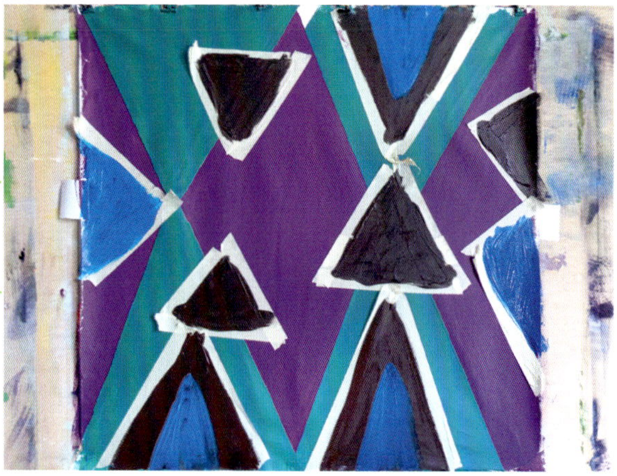

2

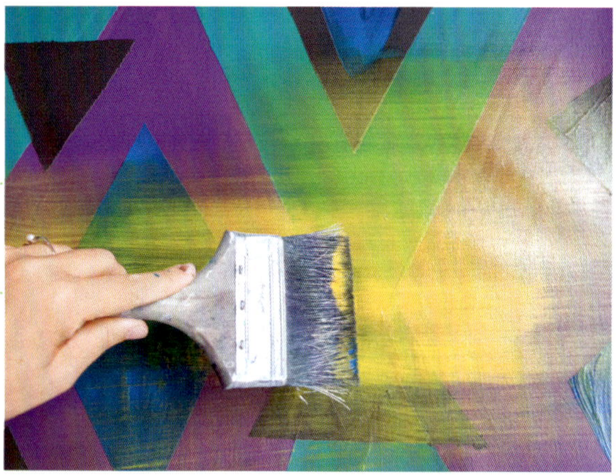

3

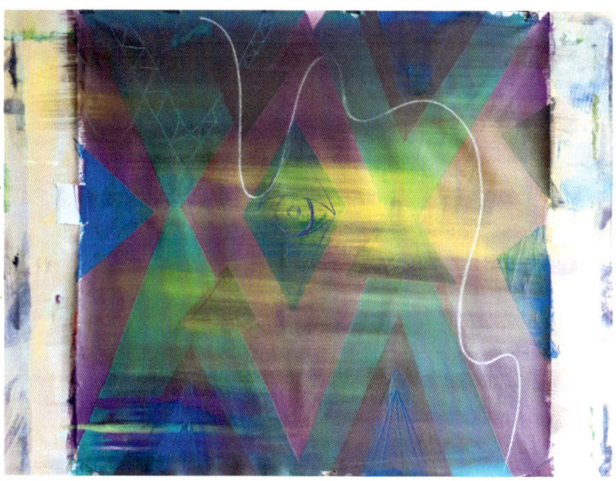

Lass den Alltag los

1 GRUNDIERUNG: Diesmal habe ich für das Bild eine ganz andere Grundierung gewählt als bei den Bildern zuvor. Nimm ein Abklebeband und klebe dir lauter Dreiecke und Rauten auf deine weiße Leinwand auf, die du dann ausmalen kannst. Wie du auf meinem Bild siehst, muss es gar nicht akkurat und ordentlich sein. Wichtig ist nur, dass du eine interessante Ebene schaffst. Hierzu habe ich vier verschiedenen Farben, Türkis, Violett, Braun und Blau, ausgewählt. Bitte fühle dich frei, deine Lieblingsfarben auszusuchen.

2 LASIEREN: Wenn du damit fertig bist und deine Farben getrocknet sind, nimm den großen XL Pinsel und trage an manchen Stellen mit der Farbe Gelb, Braun oder auch Violett eine Lasur auf. Die geometrischen Formen scheinen noch durch. Mit dem kleinen Spachtel habe ich kleine Muster in die noch nasse Farbe geritzt.

TIPP: *Man malt ein Bild immer „von hinten nach vorne". Daher starte mit dem Hintergrund, den groben Flächen und werde dann immer präziser und feiner in deinen Zeichnungen und Mustern.*

3 PASTELLKREIDE: Mit der weißen Pastellkreide habe ich intuitiv ein Muster entstehen lassen, welches ich später ausmalen werde.

4

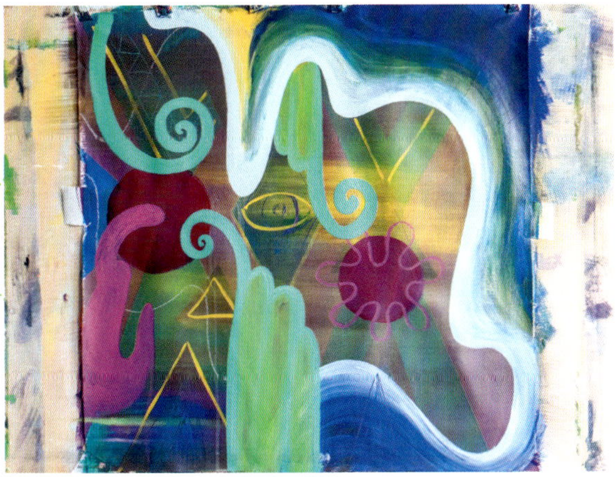

5

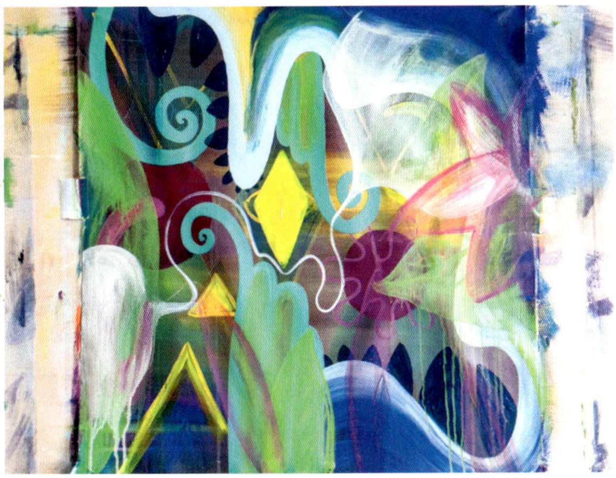

6

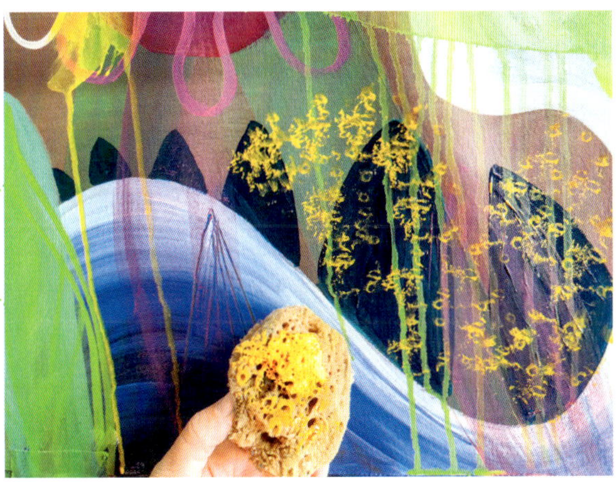

Auf ins Abenteuer

4 MUSTER AUSMALEN: Spielerisch sind hier intuitiv erfundene Muster entstanden, die ich in verschiedenen Farben mit einem Pinsel in Größe M ausgemalt habe.

5 WEITERE DETAILS: An manchen Stellen habe ich mit der Sprühflasche die noch nasse Farbe zum Fließen gebracht. Zudem sind noch weitere Muster und Elemente hinzugekommen, denen ich eine Farbe geschenkt habe.

Maltagebuch

Erkennst du schon den Flamingo, der durch Zufall auf der linken Seite unten entstanden ist? So erkennst du vielleicht auch in deinem Bild bereits Muster, denen du später noch mehr Ausdruck verleihen möchtest. Bleibe ganz bei deinem Bild und lass deine intuitiven Muster auf der Leinwand entstehen. Was erkennst du in deinem Bild?

6 AKZENTE SETZEN: Wie du siehst, werden wir von den groben, großen Formen nun immer detailverliebter. Hierzu habe ich einen Schwamm ausgewählt und mit Gelb ein paar kleine Tupfer als Akzente in meinem Bild gesetzt.

WEITER GEHT'S

7
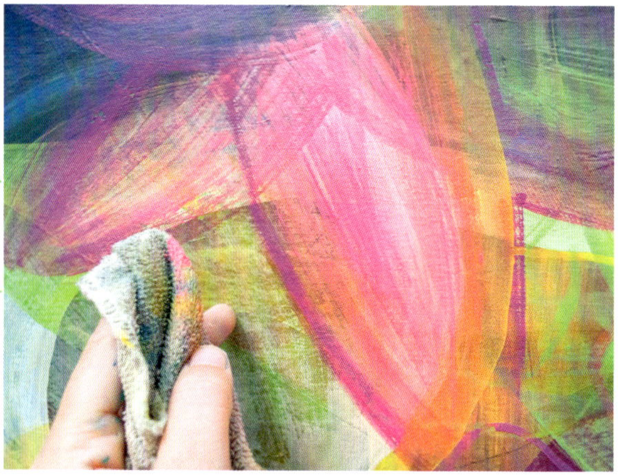

8
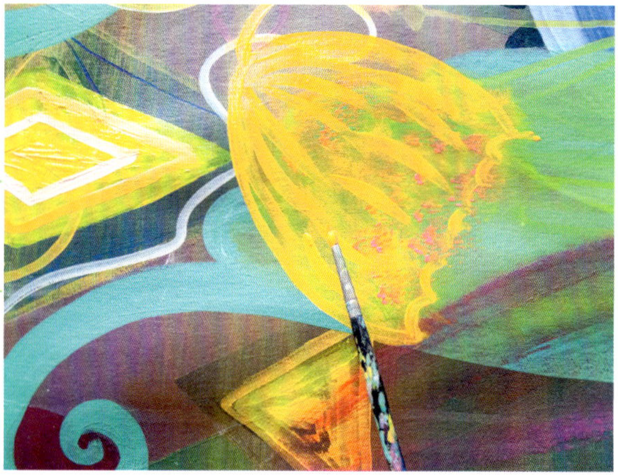

9
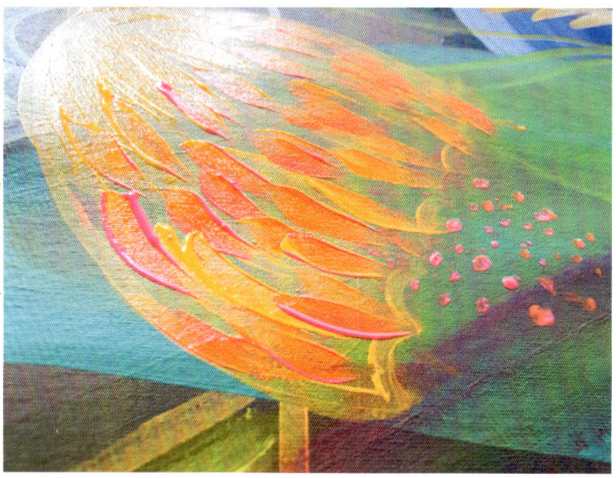

7 VERWISCHEN: Widme dich nun den einzelnen Formen und Elementen und hebe sie besonders hervor. Mit einem Tuch habe ich die Lasurfarbe einer Blütenform in den Farben Violett und Pink zart verwischt.

8 FARBIMPULSE: Ein Pinsel in Größe S hilft mir dabei, weitere kleine Striche in der Farbe Gelb zu malen, und irgendwie ergibt sich auch hier eine Blütenform.

9 WEITERE FARBIMPULSE: Auf die noch feuchte gelbe Farbe der Blüte habe ich die Farbe Pink dazugestrichelt und kleine Pünktchen gemalt.

10

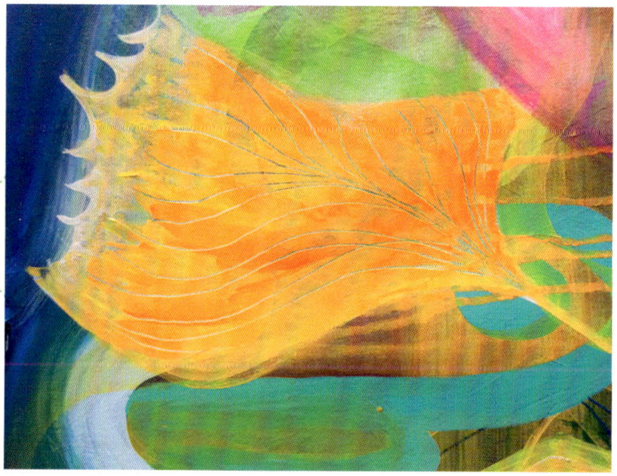

11

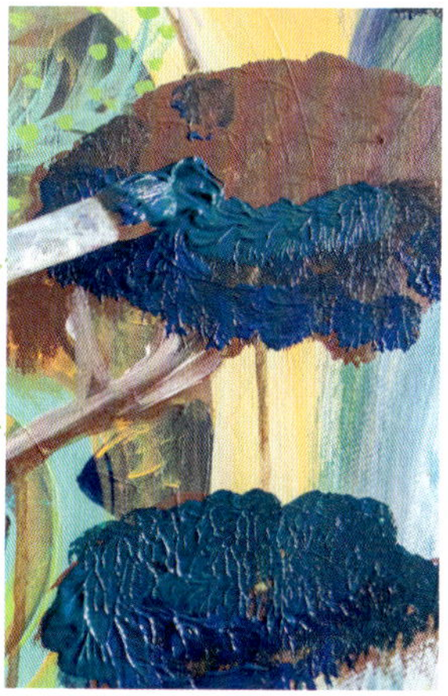

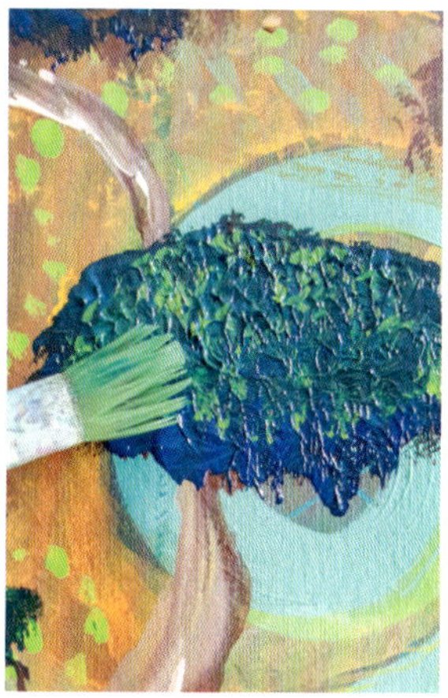

12

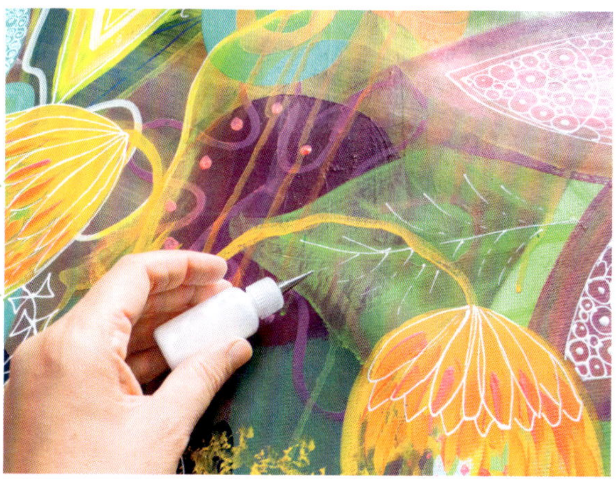

10 SPACHTELARBEIT: Mit der Spitze eines Spachtels habe ich die zuvor aufgetragene Farbe Gelb herausgeschabt. So entsteht eine wunderschöne, interessante Fläche. Die Farbe der darunterliegenden Ebene scheint schön durch.

11 WEITERE DETAILS: An dieser Stelle hatte ich den Impuls, einen Pinienbaum zu malen, der mich an meine letzte Südfrankreich-Reise erinnerte. So habe ich mit Braun ein paar Schattierungen gesetzt. Durch die Nass-in-Nass-Technik habe ich Dunkelblau und Türkis als Schattierung mit vermischt und etwas antrocknen lassen. Auf die noch etwas feuchte Farbe habe ich ein helles Grün getupft und den Baumstamm gezeichnet.

Hingabe und Ankommen

12 FEINHEITEN: Ganz zum Schluss habe ich mit Weiß feine Symbole in mein Bild hineingezeichnet. In ein Leergefäß mit Spitze habe ich etwas verdünnte weiße Acrylfarbe gefüllt. Aber du kannst hierzu auch einfach einen feinen weißen Stift nehmen, wie zum Beispiel den Posca PCF-350. Der eignet sich sehr gut dafür.

Maltagebuch

Was erzählt dir dein Bild? Welche Farben und Formen hast du gewählt und kannst du herausfühlen?

Ich hoffe, du hattest große Freude beim Malen und erfreust dich an einem weiteren schönen Kunstwerk von dir.

UNTERWASSER-*flora*

Leuchtende und pastellige, zarte Aqua-Farben laden dich auf eine Malreise in eine Unterwasserwelt ein. Das neonstrahlende Gelb schenkt der Fantasieblüte einen mutigen und lebendigen Ausdruck. Sie trägt im Inneren einen Schatz, der sich entfalten möchte. Es ist Zeit, sich zu öffnen, mutig die Blütenblätter auszubreiten und den Kristall zum Leuchten zu bringen.

MATERIAL

- Leinwand 70 x 70cm
- Pinsel XL/M/S
- Bleistift/Spitzer
- Spachtel
- Schwamm (flach, spitz)
- Pastellkreide (Weiß)
- Acrylfarben (Gelb, Neongelb, Türkisblau hell, Rosa, Orange, Weiß)
- Strukturpaste (z.B. Hard Molding Paste von Golden)

EINSTIMMUNG

Das Einzige, was dich am Malen hindern kann, ist deine Angst vor dem Versagen. So kann das auch in anderen Lebensbereichen sein. Öffne dich wie die Blüte im Bild für den Mut zur Entfaltung. Fühle einmal in deinen Körper hinein und atme mindestens drei Mal tief ein und aus. Lege dabei deine Hände auf dein Herz und fühle es schlagen. Was würdest du wagen, wenn du dem Mut in deinem Leben eine Chance geben würdest? Schreibe, bevor du malst, deine Gedanken dazu in dein Maltagebuch. Nun swing, sing, stimme dich mit deiner Lieblingsmusik ein, die dich befreit. Vielleicht gibt es Songs, die für dich nach Power und Mut klingen?

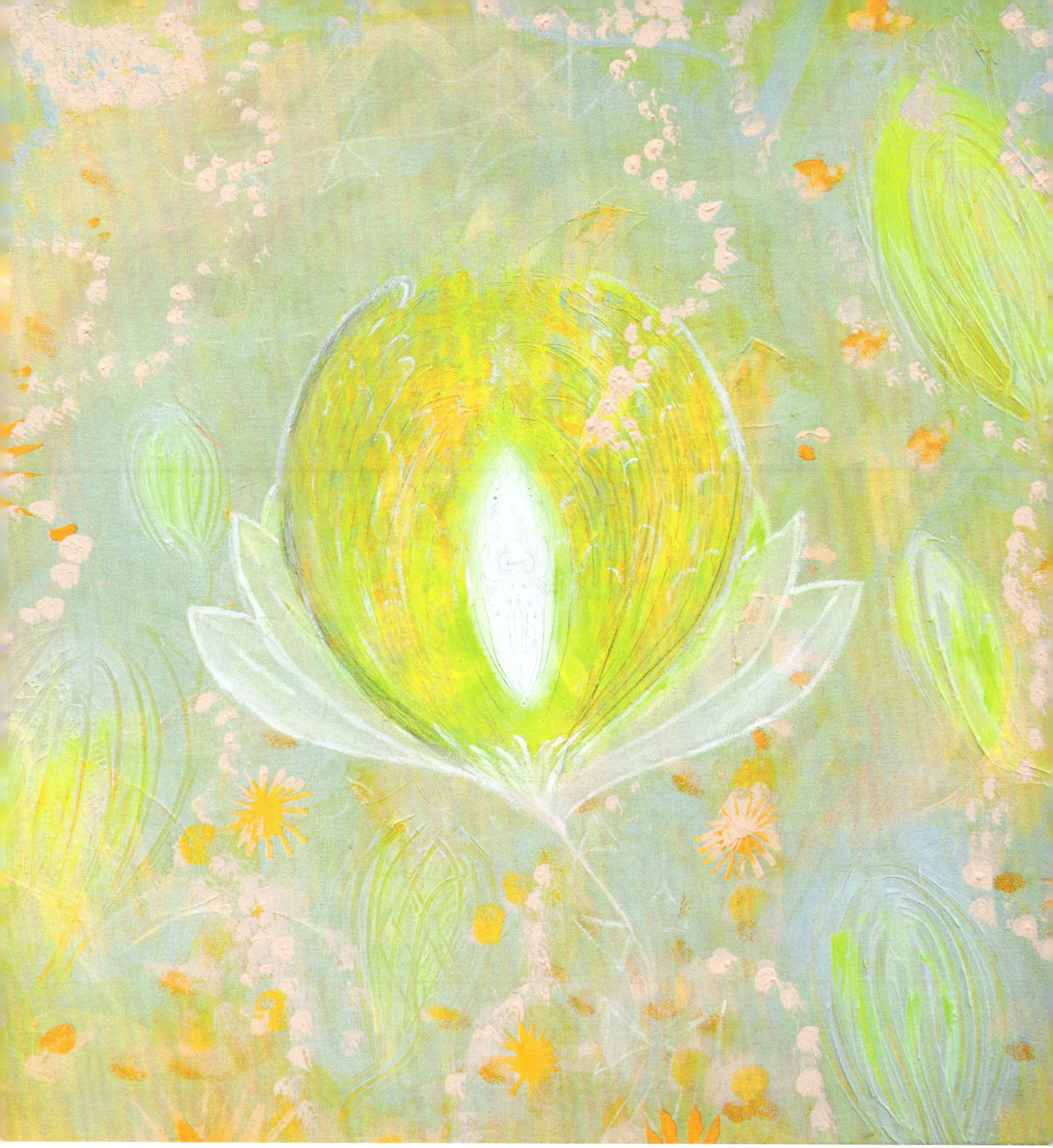

Auf dieser Website findest du passende Musik zum Bild „Unterwasserflora":
buch.yvonnelamberty.com

SO GEHT'S

1
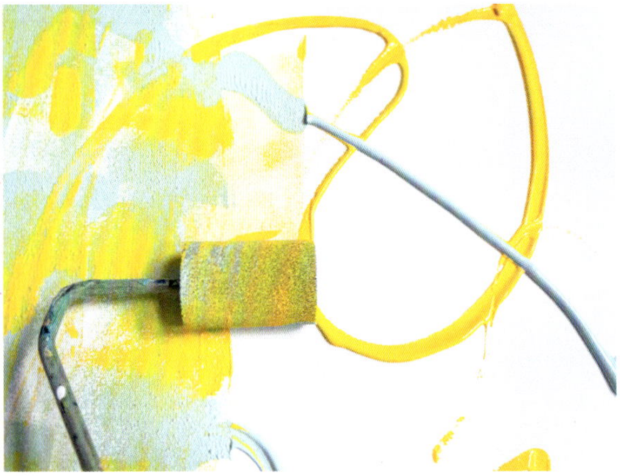

2
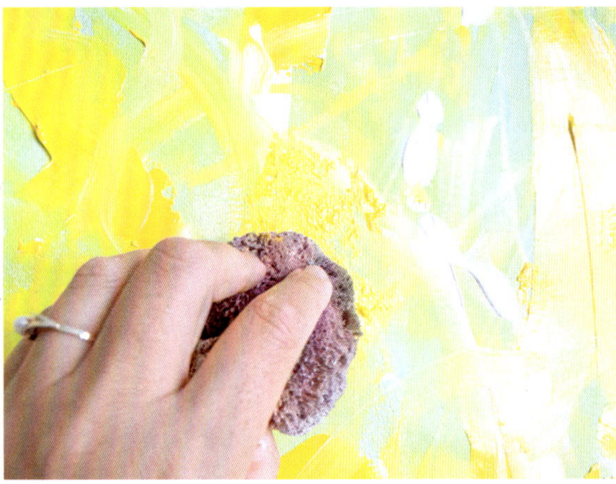

3
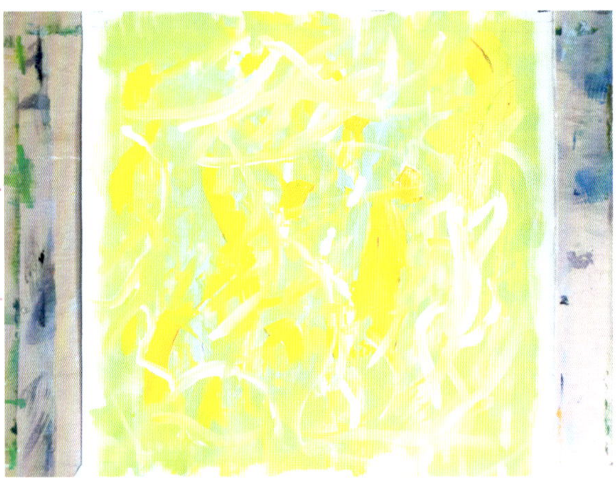

Lass den Alltag los

1 GRUNDIERUNG: Bringe die Farben Hellblau und Gelb direkt aus der Tube auf die Leinwand. Schnapp dir deinen Schaumstoffroller und vermische die beiden Farben durch das Rollen ineinander. Hierdurch entsteht eine dritte Farbe, nämlich Grün. Habe Spaß dabei und vielleicht bewegst du dich ja auch zur Musik.

2 TUPFEN: Mische noch etwas Weiß dazu und nimm dann deinen Schwamm. Durchs Tupfen entsteht ein schöner Effekt auf deiner Leinwand, den du ganz intuitiv auftragen kannst, wo es dir gerade gefällt.

3 FARBAKZENTE: Mit ein paar Pinselstrichen habe ich noch weiße Farbakzente gesetzt. Somit ist die erste Ebene fertig.

Maltagebuch

Wie fühlst du dich? Wie würde dein Leben aussehen, wenn du ein bisschen mehr Mut hättest? Sammle gerne, während deine Farben trocknen, ein paar weitere Gedanken, die dir gerade so kommen.

4

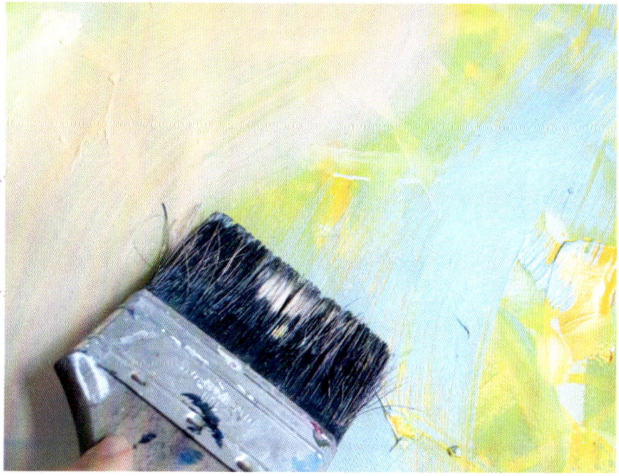

5

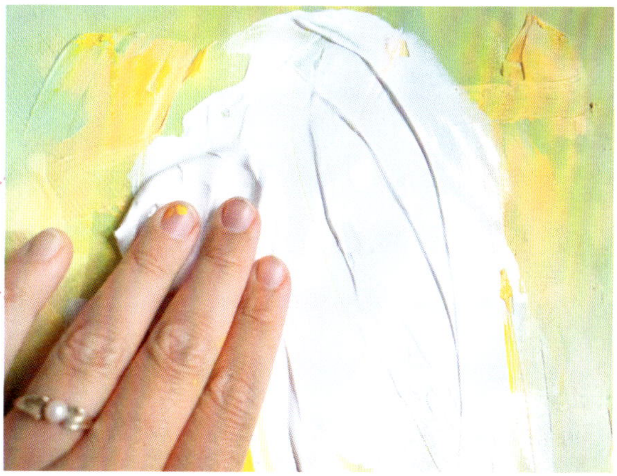

6

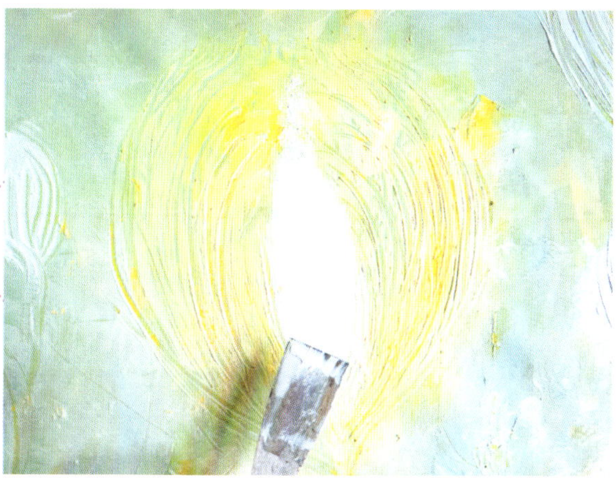

Auf ins Abenteuer

4 LASUR: Nachdem die erste Ebene getrocknet ist, lasiere ich mit rosa und hellblauer Acrylfarbe darüber.

5 PASTE: Jetzt verwende ich eine Paste (hier die Hard Molding Paste von Golden). Mit dieser Paste kann man wunderschöne Formen mit den Fingern gestalten. Für dieses Bild habe ich eine ovale Form ausgewählt.

TIPP: *Ich creme mir meine Finger vorher etwas ein, um die Haut zu schonen, und wasche die Paste, nachdem ich sie benutzt habe, auch gleich sorgfältig ab.*

6 PASTE FORMEN: Mit den Fingernägeln ritze ich Streifen bzw. Linien in die Paste. In der Mitte lasse ich die Fläche unberührt und gestalte mit einem Spachtel eine glatte Fläche. Nun muss alles gut trocknen.

Es kann ca. zwei Stunden dauern, bis die Paste getrocknet ist. Mach was Schönes in dieser Zeit.

WEITER GEHT'S

7
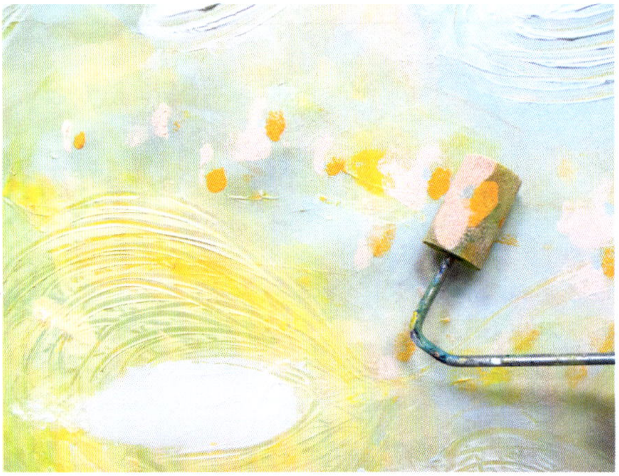

8
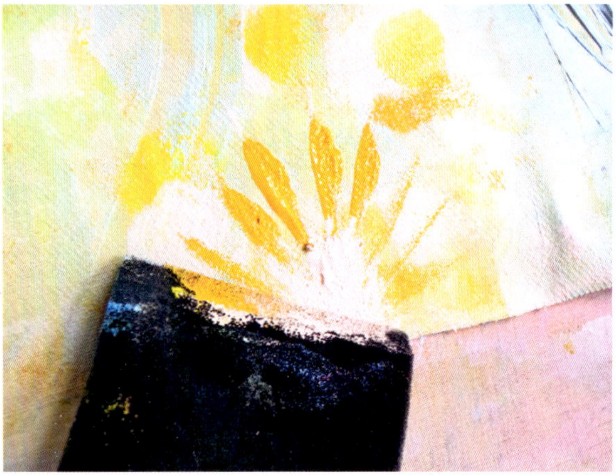

9
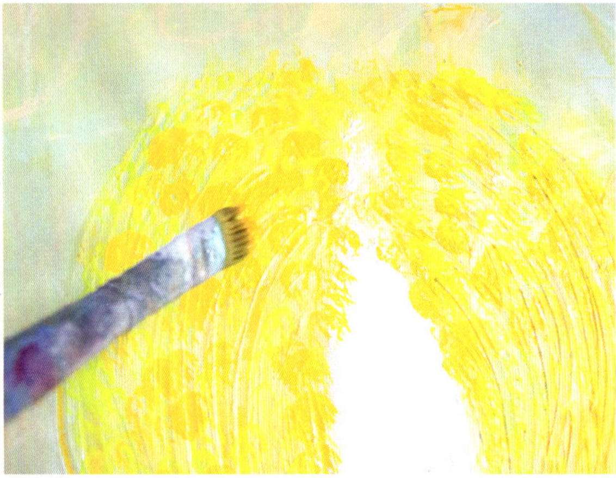

7 SCHAUMSTOFFROLLER: Der Schaumstoffroller setzt hier einen schönen Effekt, indem ich orange, blaue und rosa Tupfen auf den Roller aufgetragen und intuitiv auf die Leinwand gerollt habe.

8 SCHWAMM: Nimm einen flachen, schmalen Schwamm, tunke ihn in die Farbe Rosa und Orange (ohne die Farben miteinander zu mischen) und tippe ihn zart auf die Leinwand in gleichen Abständen. So kannst du schöne Muster entstehen lassen.

Maltagebuch

Was könntest du durch Mut in dir entfalten? Und was könntest du aktuell gebrauchen, um mutiger zu sein? Stell dir vor, du könntest etwas Tolles wagen und es würde funktionieren!

9 FARBE TUPFEN: Wenn deine Paste ganz trocken ist, tupfe gelbe und neongelbe Farbe mit dem Pinsel (Gr. M) auf das blumige Muster.

10
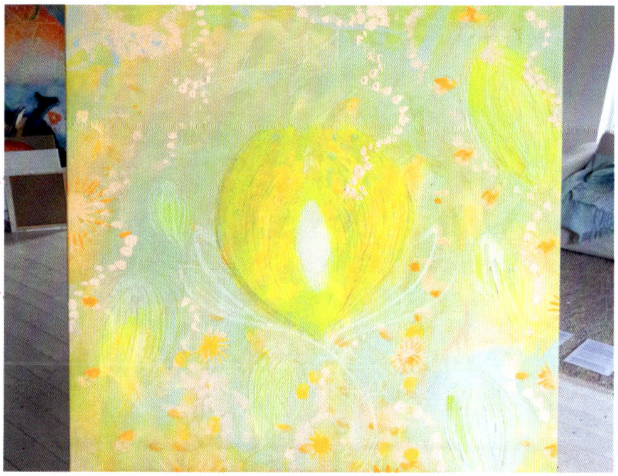

11
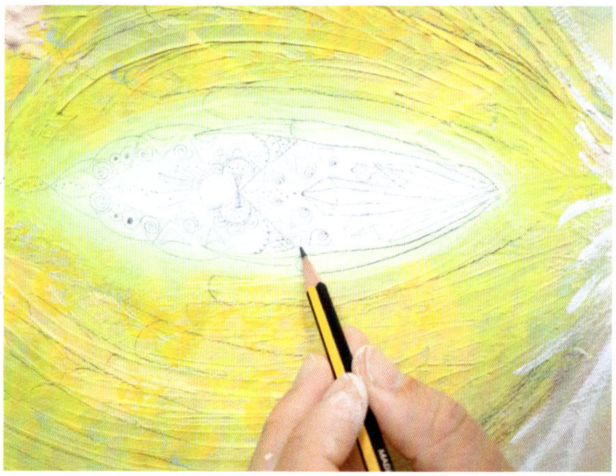

12
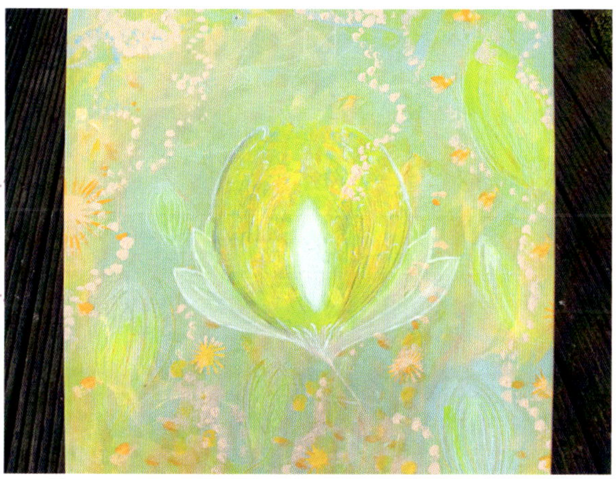

Hingabe und Ankommen

10 WEITERE ELEMENTE: Hier habe ich rosa Tupfen mit dem Pinsel in Größe M aufgemalt. Zudem sind ein paar Striche mit der weißen Pastellkreide intuitiv entstanden.

11 SYMBOLE: Im Inneren der Blüte habe ich über die Paste noch weiße Farbe aufgemalt, und als diese getrocknet ist, sind feine Symbole und Ornamente intuitiv mit dem gespitzten Bleistift entstanden.

12 FEINSCHLIFF: Mit einem feinen Pinsel habe ich zum Schluss noch die weißen Linien der Pastellkreide nachgezogen und die Blütenblätter weiß lasiert.

Fertig ist ein weiteres Bild. Vielleicht hast du so viel Mut in dir entfachen können, dass du schon einen kleinen ersten Schritt von deinen Gedankengängen im Maltagebuch umsetzen kannst?

DURCH ZEIT UND Raum

Wie die Federn mit Leichtigkeit durch diese Welten fliegen, lade ich dich zum Malen ein, um Zeit und Raum hinter dir zu lassen und dich in deiner Kreativität mit der Unendlichkeit zu verbinden. Öffne dein Herz und mache dich weit! Während des Malens kannst du so wunderschön die Zeit vergessen und in deine Welten abtauchen.

MATERIAL

- Leinwand 90 x 90cm
- Pinsel XL
- Malerfolie
- Paste (z.B. Fiber Paste von Golden)
- Spachtel (normale Größe)
- Schaumstoffroller
- Sprühflasche
- Pastellkreide (Weiß)
- Acrylfarben (Schwarz, Braun, Gelb, Magenta, Hellblau, Weiß)

EINSTIMMUNG

Für dieses zarte, ruhige und verträumte Bild empfehle ich dir, dich mit sanften Klängen zu umringen. Egal ob klassische oder meditative Musik, Hauptsache, sie unterstützt dich positiv in deinem Malprozess. Wenn du magst, kannst du auch vorher eine kleine Meditation machen oder etwas Yoga. Kreise deine Arme, dehne deine Handflächen und deinen Brustkorb, indem du deine Arme nach hinten ausstreckst. So wie es dir angenehm ist. Atme tief in dieser Haltung ein und aus und öffne dein Herz weit. Umgib dich mit Dingen, die dir wie eine Feder Leichtigkeit schenken. Bereite deinen kreativen Ort so vor, dass die Farbe nicht auf den Boden kleckern kann, denn wir lassen auch in diesem Bild wieder viel fließen.

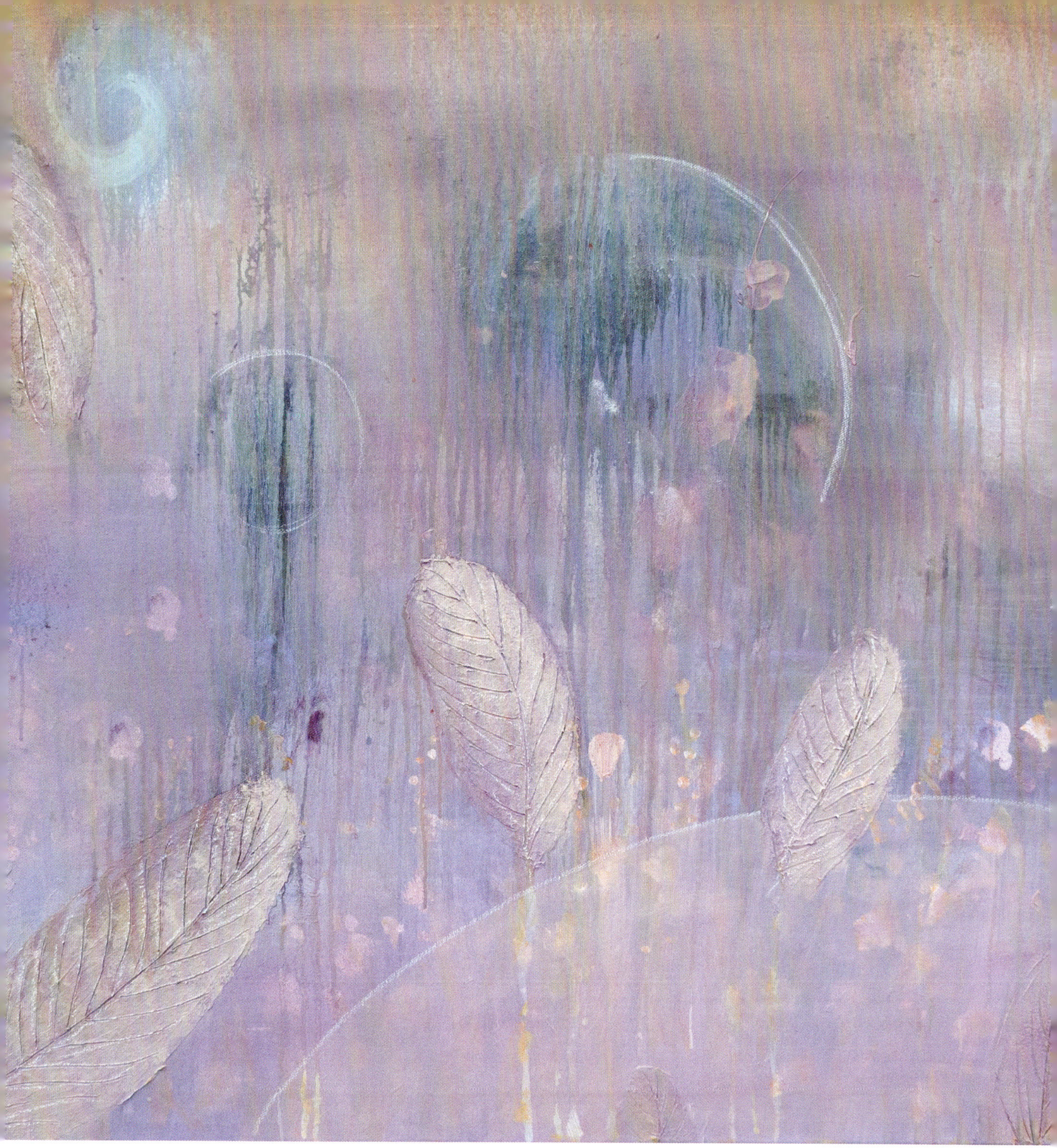

Auf dieser Website findest du passende Musik zum Bild „Durch Zeit und Raum“:
buch.yvonnelamberty.com

SO GEHT'S

1
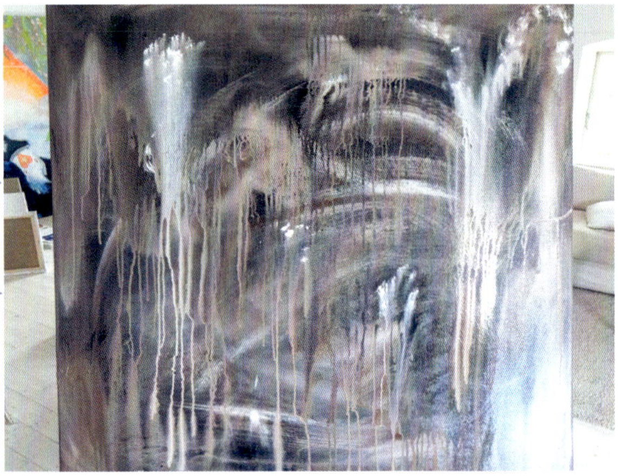

2
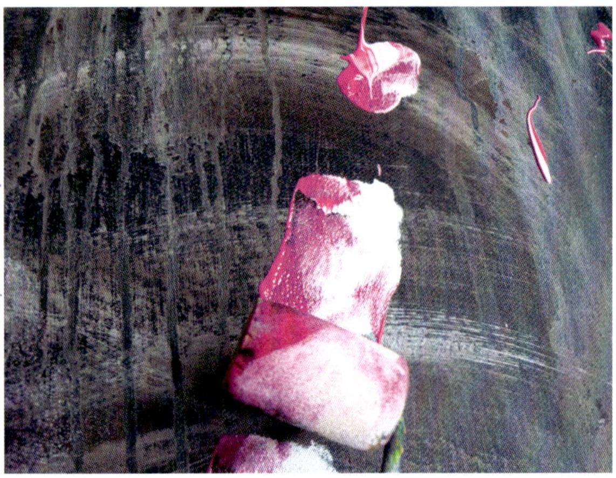

3
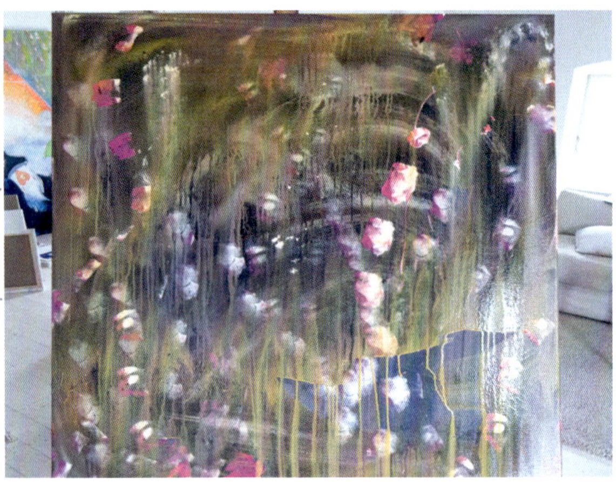

Lass den Alltag los

1 GRUNDIERUNG: Wir beginnen mit einem dunklen Untergrund. Male deine Leinwand ganz schwarz. Lass sie trocknen. Dann trage eine Lasur der Farben Braun und Weiß mit einem Pinsel (Gr. M) auf die schwarze Leinwand, setze mit der Sprühflasche intuitiv Akzente und lass die Farben fließen.

2 SCHAUMSTOFFROLLER: Schnapp dir deinen Schaumstoffroller, tauche ihn in die Farben Weiß und Magenta und lass ihn über deine Leinwand fliegen.

3 LASUR: Wenn diese Ebene getrocknet ist, setze die nächste Lasur auf deine Leinwand. Hierzu habe ich die Farbe Gelb genommen und mit viel Wasser zum Fließen gebracht. Anschließend sollte die Lasur trocknen, bevor du fortfährst.

Maltagebuch

Öffne beim Malen dein Herz und atme tief ein und aus. Wenn du Emotionen begegnest, dann schreibe sie in dein Maltagebuch.

Auf ins Abenteuer

4

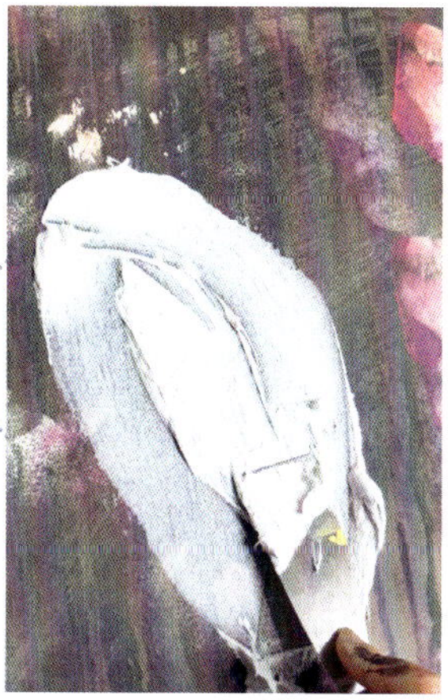

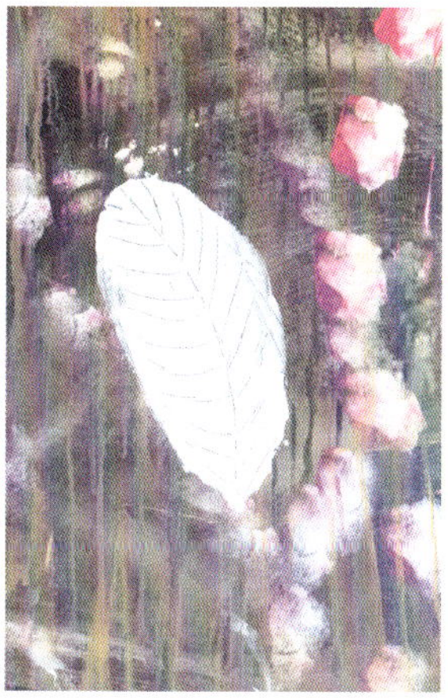

4 PASTE: Jetzt habe ich mit einem Spachtel die Paste in einer Federform aufgetragen. Mit der spitzen Kante des Spachtels habe ich die Feder fertig modeliert. Nun muss die Paste durchtrocknen, bevor es weitergeht.

Maltagebuch

Nutze die Trocknungszeit, um deine Gedanken festzuhalten. Wie gut gelingt es dir, beim Malen dein Herz ganz weit zu öffnen? Erkennst du Parallelen zu deinem Leben?

5

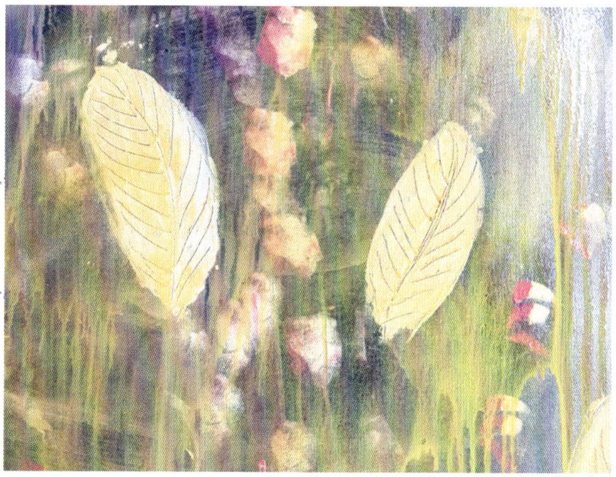

5 GELBE LASUR: Und schon wieder folgt eine weitere gelbe Lasur mit viel Wasser und wenig Farbe. Male locker und leicht, setze fließende Akzente mit der Sprühflasche

TIPP: *Lass bewusst in deinem Bild Lücken entstehen. So erschaffst du Raum und erzeugst Tiefe.*

6

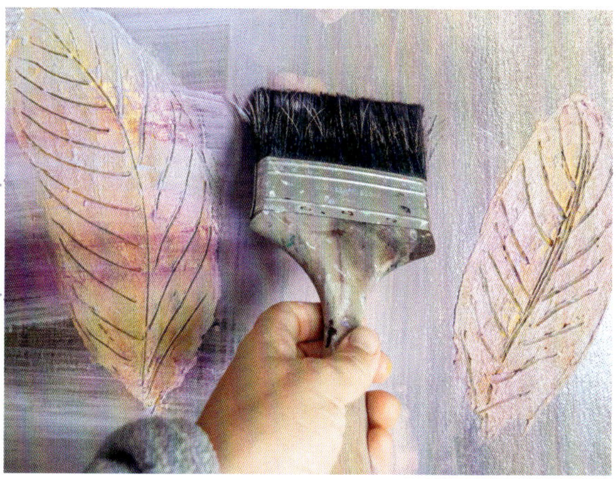

6 MAGENTA-LASUR: Nimm nun den XL Pinsel und lasiere die Farben Magenta und Hellblau, nur diesmal etwas cremiger – nicht ganz so fließend. Durch das Verwischen entsteht ein Farbenspiel aus Rosa, Flieder und Blau.

WEITER GEHT'S

7

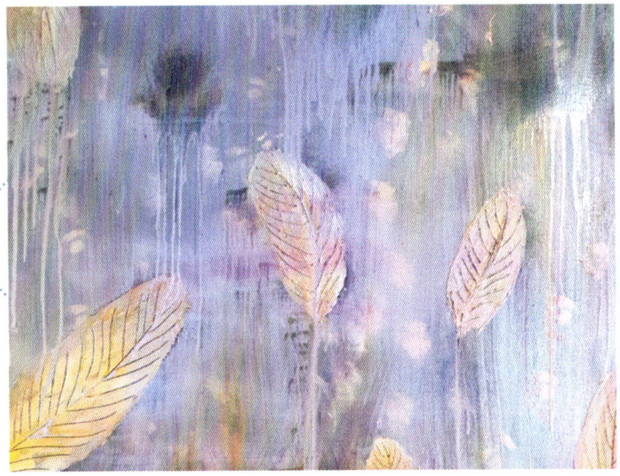

8

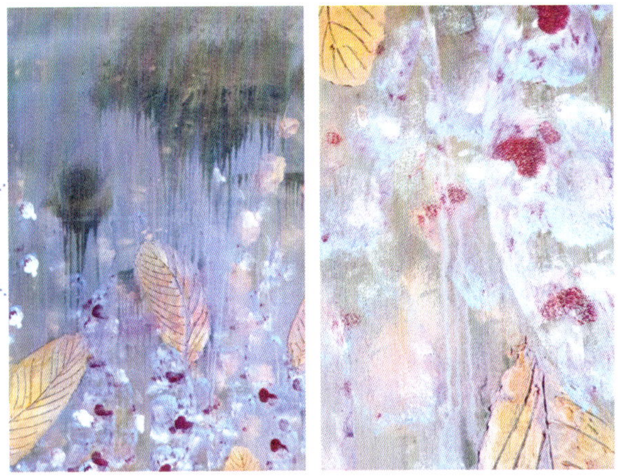

9

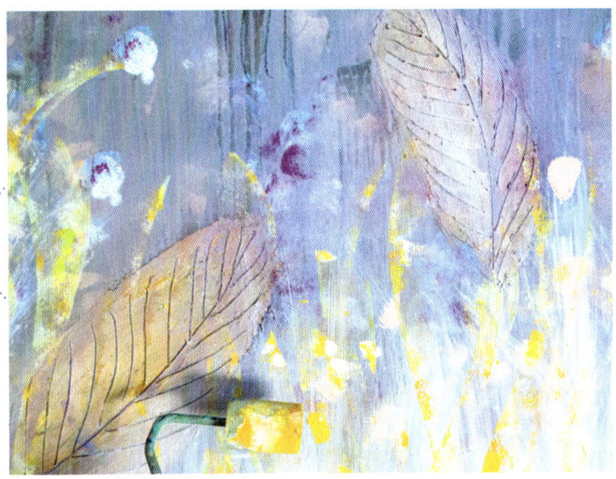

7 SPRÜHFLASCHE: Auch hier kommt die Sprühflasche zum Einsatz. Sprühe einmal an eine Stelle, setze somit Akzente und lass die Farbe fließen.

8 SCHAUMSTOFFROLLER I: Mit dem Schaumstoffroller und den Farben Magenta, Weiß und Hellblau kannst du nun schöne Formen dazumalen. Rolle dazu in welligen Bewegungen in der unteren Hälfte über die Leinwand.

Hingabe und Ankommen

9 SCHAUMSTOFFROLLER II: Säubere deinen Roller und trage eine weitere Schicht auf, in der Farbe Gelb. Der vorherige Farbauftrag muss nicht getrocknet sein, du kannst die Farben auch ineinanderrollen.

10
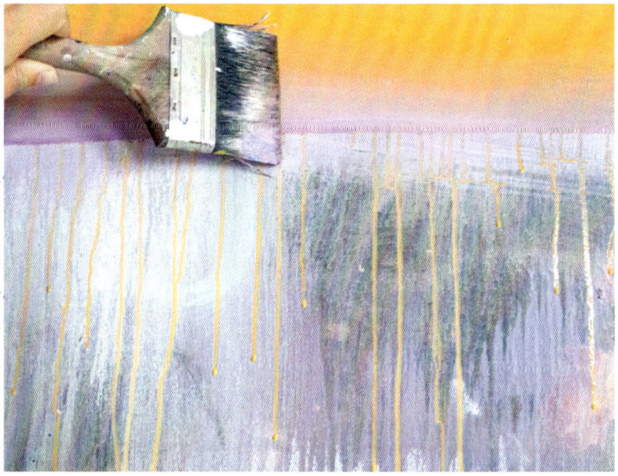

11
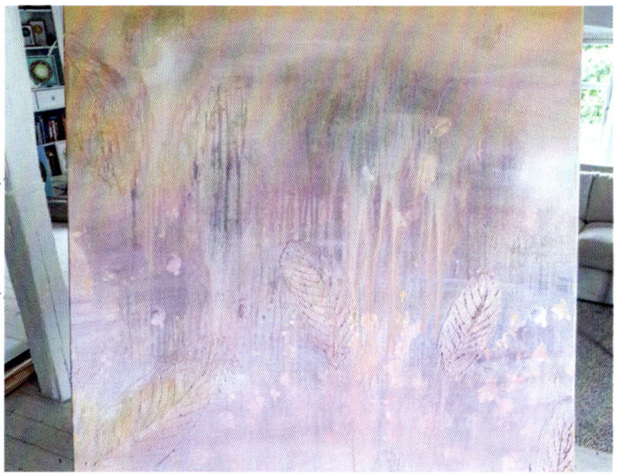

12
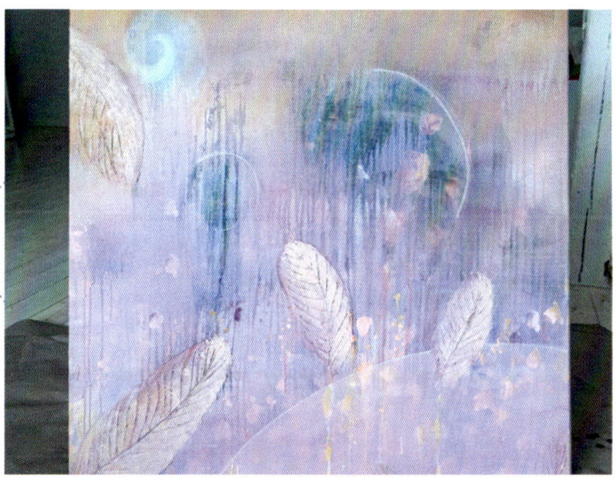

10 LETZTE LASUR: Und nun folgt die letzte Lasur. Hierfür habe ich die Farben Gelb und etwas Magenta vermischt. Es entsteht dadurch ein Orange und ein warmes Rosa.

11 SPRÜHFLASCHE: Noch einmal habe ich mit der Sprühflasche an der Stelle die Farbe weggesprüht, wo ich noch am meisten von den unteren Ebenen der Leinwand entdecken konnte.

12 PASTELLKREIDE: Für den letzten Schritt verwende ich Pastellkreide. Dafür muss der Untergrund getrocknet sein. In meinem Bild zeigten sich mir vier Welten, die ich mit der Kreide angedeutet habe. Pastellkreide hält sich nicht lange auf Leinwand und ist leicht wegzuwischen. Mit einem ganz feinen Pinsel, den du in weiße Acrylfarbe tauchst, kannst du diese Linien nachziehen. Fertig ist die federleichte Traumwelt.

Maltagebuch

Nimm dir 5–10 Minuten Zeit und sammle deine Gefühle und Gedanken. Schreibe auf, ohne viel nachzudenken, was dich mit dem Bild verbindet.

FLY *Away*

Auf ins Neue und auf ins Land der Visionen. Die Aufbruchstimmung der blauen Vögel lädt dich in diesem farbkräftigen Bild auf eine mystische Reise ein. Diese fantasiereiche Welt mit frischen grünen Pflanzen im Vordergrund und der pastellig zarte Hintergrund bilden eine spannende Symbiose in diesem Bild. Wohin möchtest du fliegen, wenn du einer dieser Vögel wärst?

MATERIAL

- Leinwand 90 x 90cm
- Pinsel XL/M/S
- Abklebeband
- Kleiner Spachtel
- Sprühflasche
- Kamm
- Pastellkreide (Weiß)
- Weißer Stift (z.B. Posca PCF-350)
- Acrylfarben (Braun, Türkisblau hell, Gelb, Grün, Primary Magenta, Ultramarinblau, Weiß, Rosa, Orange)

EINSTIMMUNG

Was mir oft richtig guttut, ist ein kleiner Spaziergang in der Natur. Dort findet man so viel Inspiration. Vielleicht hast du ja Lust? Und wenn du an schönen Blättern, Blumen oder Ästen vorbeikommst, betrachte sie oder fotografiere sie ab. Fokussiere dich auf die unglaublich schönen Formen, die nur die Natur so wundervoll erfinden kann. Genieße den Moment deines Spaziergangs. Wenn du zurück bist, stimme dich mit Musik ein. Mach es dir gemütlich an deinem kreativen Malplatz und genieße in der Vorbereitung deine Künstlerrituale. Lege alle Malmaterialien bereit und es kann losgehen.

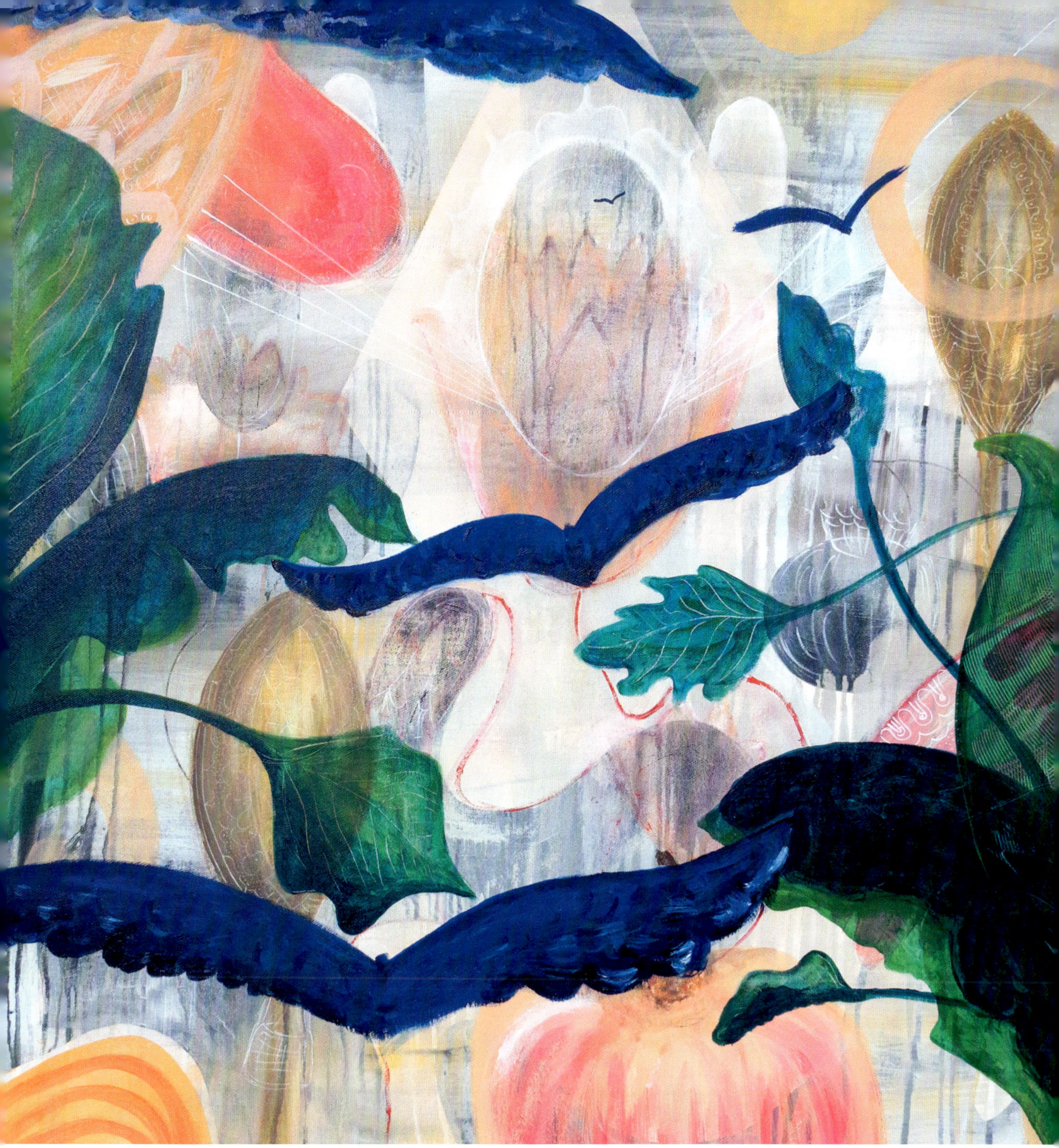

Auf dieser Website findest du passende Musik zum Bild „Fly Away“:
buch.yvonnelamberty.com

SO GEHT'S

1
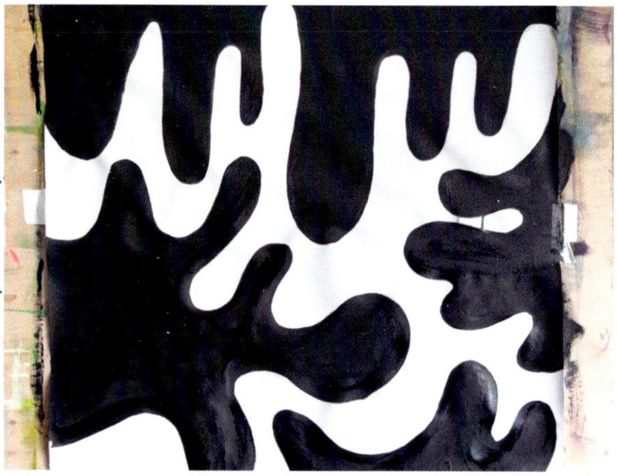

2
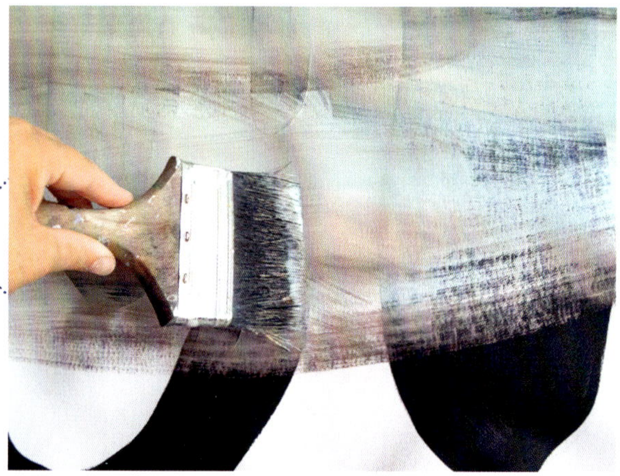

3
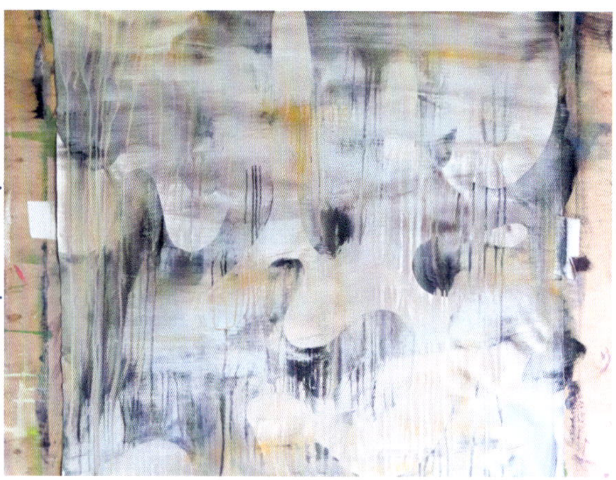

Lass den Alltag los

1 GRUNDIERUNG: Nimm einen XL Pinsel und male schwarze, runde Muster auf die weiße Leinwand. Durch diesen extremen Kontrast zwischen schwarzen und weißen Kurven ergibt sich später ein interessanter Hintergrund, der diese Ebene nur noch erahnen lässt. Mit einem kleineren Pinsel kannst du die Ränder der schwarzen Formen nachträglich glätten. Lass diese Schicht trocknen.

2 LASUR: Hier lasiere ich die braune und hellblaue Farbe, gemischt in meinem Pinsel, über die Leinwand. Nun scheinen die schwarzen Kurven nur noch leicht durch. An einigen Stellen habe ich auch eine leichte gelbliche Lasur aufgetragen.

3 SPRÜHFLASCHE: Mit der Sprühflasche habe ich die Farben an einigen Stellen verlaufen lassen und dadurch die Ebene zuvor noch einmal mehr zum Vorschein gebracht. An den weißen Stellen sieht es etwas rosa aus. Das macht der Lasurmix aus Hellblau und Braun. So entstehen schöne Farbharmonien.

4

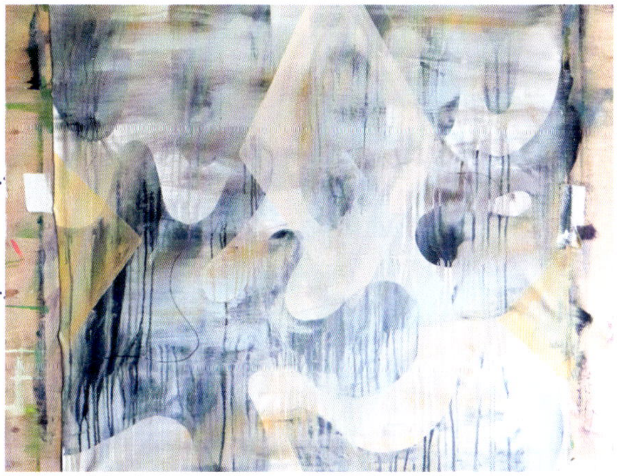

5

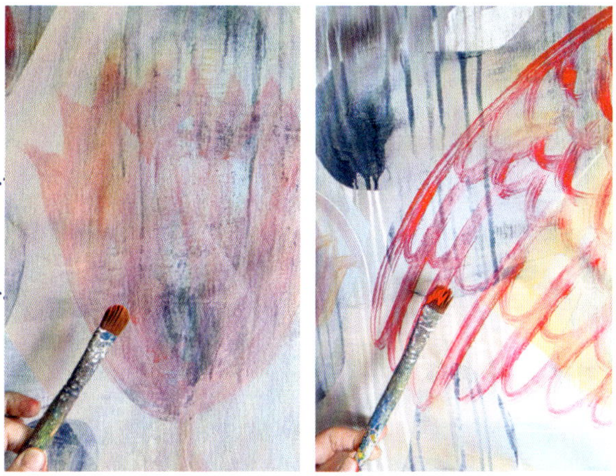

6

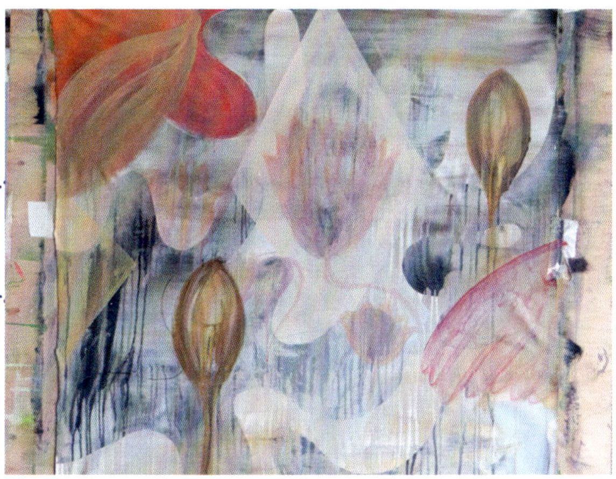

4 FORM ANKLEBEN: Wenn die Farben getrocknet sind, habe ich mit dem Klebeband ein Rauten-Muster abgeklebt und im Inneren eine zarte rosafarbene Lasur ausgemalt. Nachdem die Lasur getrocknet ist, ziehe ich das Klebeband wieder vorsichtig ab.

Auf ins Abenteuer

5 MALEN: In die Mitte der Raute habe ich mit Magenta, viel Wasser und dem Pinsel (Gr. M) eine zarte Blüte aufgemalt. Mit derselben Farbe und demselben Pinsel habe ich Flügel auf der unteren rechten Seite der Leinwand intuitiv aufgemalt.

Maltagebuch

Gibt es eine aktuelle Aufbruchstimmung in dir? Wenn ja, welche und wie fühlt sie sich an? Gab es einen wichtigen Auslöser?

6 WEITERE ELEMENTE: Hier siehst du, dass einige Elemente und Ornamente intuitiv mit dem Pinsel (Gr. M) entstanden sind: Mit den Farben Braun, Weiß und Gelb habe ich die Knospen-Muster hineingemalt, sowie ein gelbes Dreieck und eine weitere Form in der Farbe Magenta.

WEITER GEHT'S

7

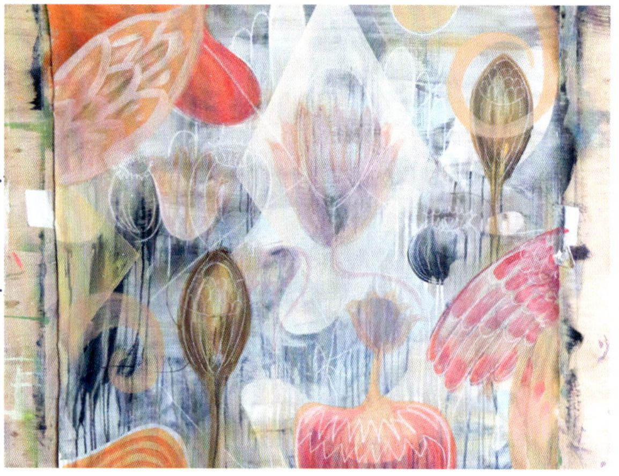

8

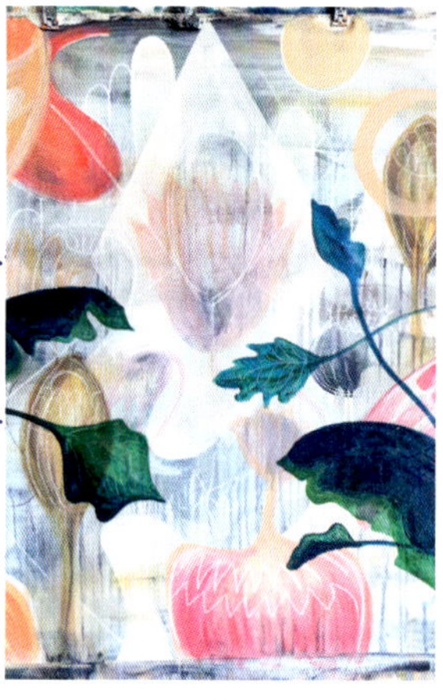

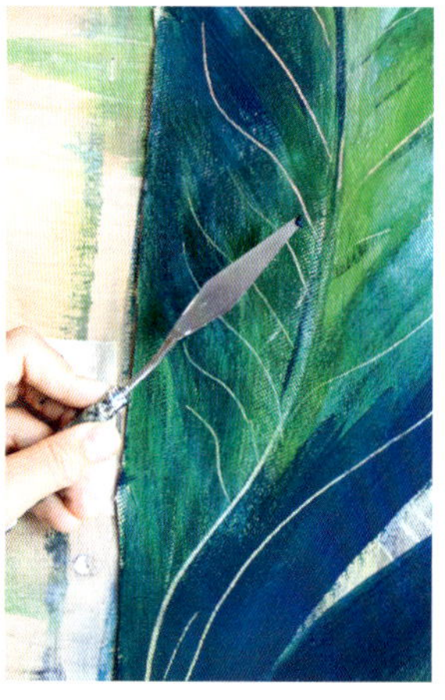

9

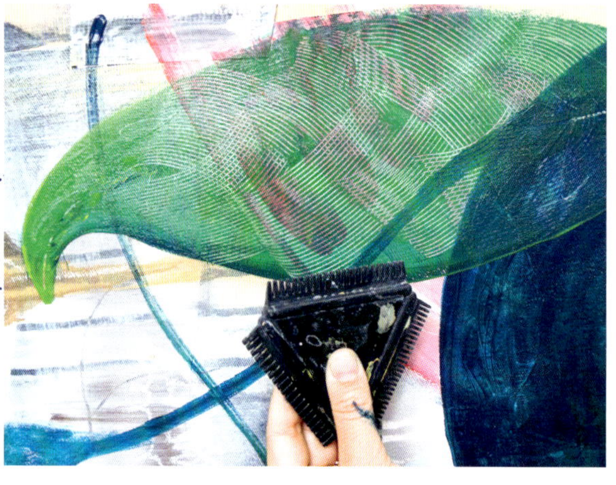

7 PASTELLKREIDE: Weitere kleine Skizzen habe ich mit der Pastellkreide hineingezeichnet und auch mit dem Pinsel sind intuitiv weitere Formen entstanden.

8 WEITERE ELEMENTE: Mein Pinsel in Größe M ist mir hier in diesem Bild ein treuer Begleiter. Mit ihm male ich in Grüntönen Bananenblätter und ähnliche Pflanzenornamentik. Mit dem kleinen feinen Spachtel ritze ich die Formen des Blattes aus.

9 KAMM: Dieses Blatt bekommt noch von mir mit dem Kamm eine schicke Frisur. So entsteht ein charmantes weiteres Muster in meinem Bild.

10

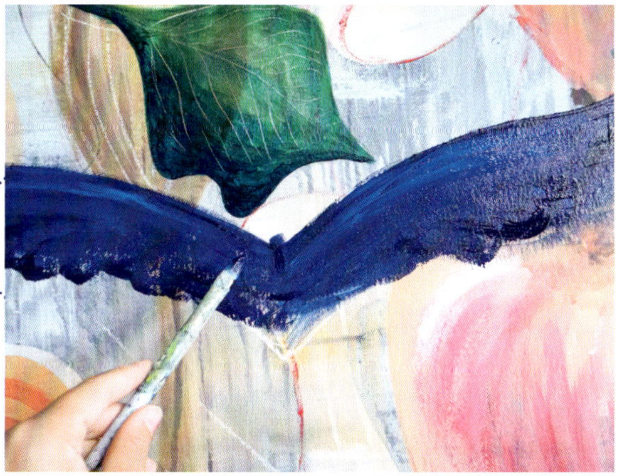

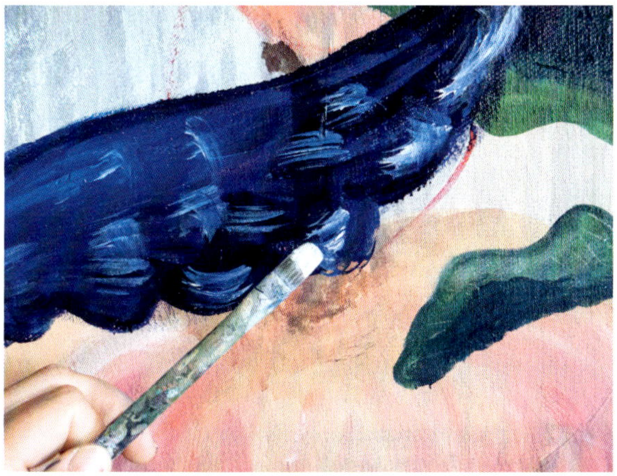

11

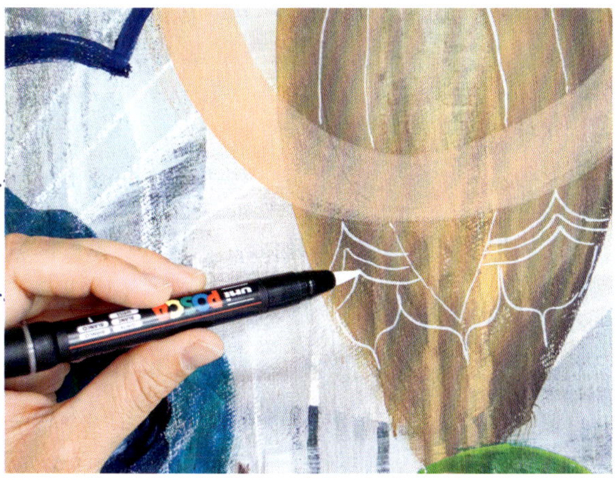

Hingabe und Ankommen

10 BETONUNGEN SETZEN: In der Farbe Ultramarinblau male ich noch große und kleine Vögel in mein Bild. Während ich male, sehe ich ihnen zu, wie sie durch das Bild fliegen. Durch die Nass-in-Nass-Technik verleihe ich den Flügeln der Vögel den perfekten Schwung und Lebendigkeit. Male einfach in die noch nasse blaue Farbe mit dem in Weiß getauchten Pinsel punktuell hinein und setze somit Akzente, die den Flügel betonen.

11 FILIGRANE FORMEN: Zum Schluss habe ich nach der Trocknung der Farben mit dem weißen Posca-Stift weiter filigrane Formen und Symbole intuitiv hineingemalt. Ich wollte den weißen Ornamenten aber in diesem Bild nicht zu viel Aufmerksamkeit schenken, somit habe ich mit dem Pinsel ganz zart wieder etwas braune Farbe aufgetragen. So entsteht eine Art „Vintage-Look" dieser Ornamentik. Das kannst du natürlich so machen, wie es dir am besten gefällt.

Maltagebuch

Wohin fliegen deine Vögel? Lass sie dich mit auf eine Reise nehmen und schreibe eine kleine Geschichte über dein Bild.

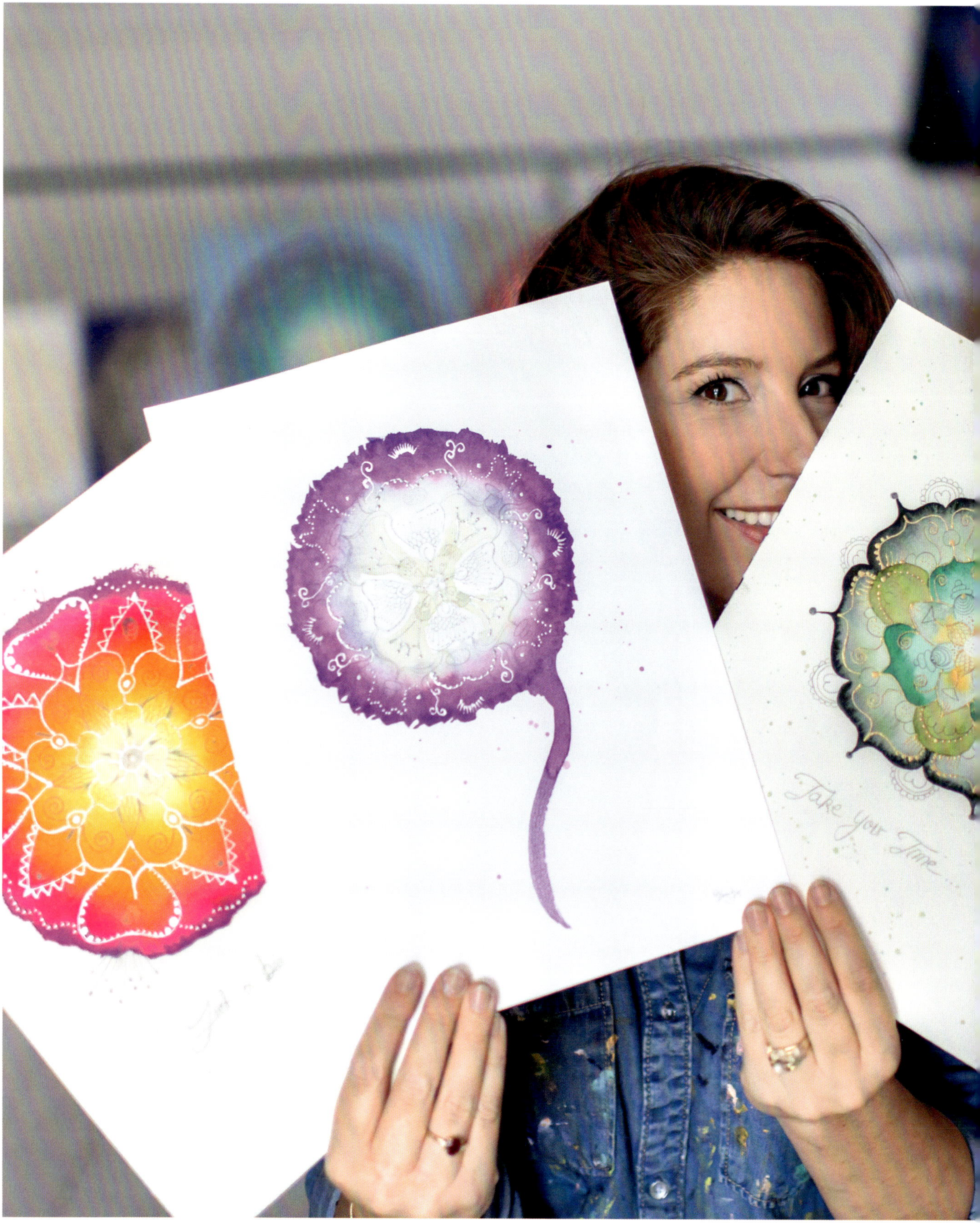
Take your Time

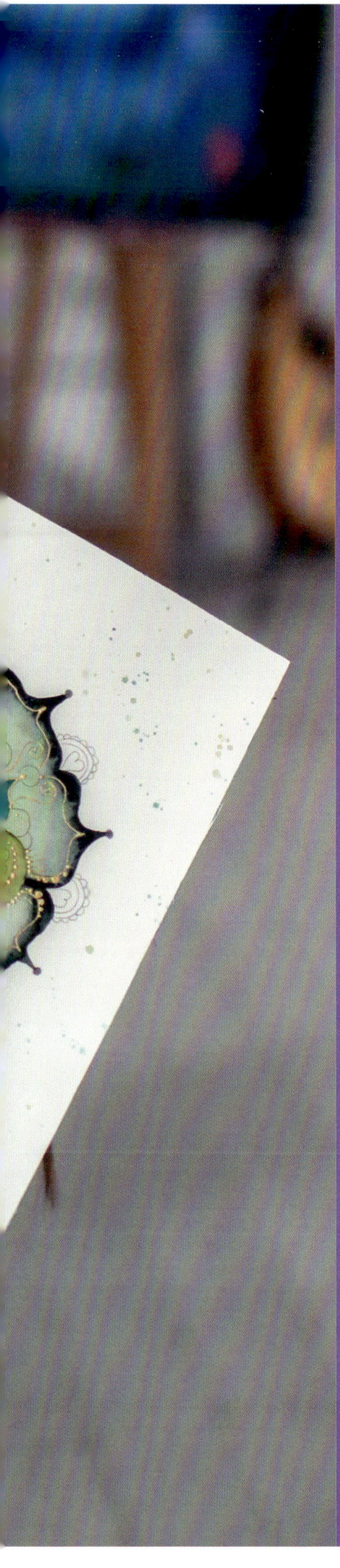

MEDITATIVES
Malen

AQUARELL-MANDALAS MALEN

Meditatives Malen

Jeder dürfte Mandalas kennen, nur malen wir sie in diesem Buch nicht mit Buntstiften aus, sondern hier lernst du nun ganz eigenständig und individuell wunderschöne Mandalas in Aquarell mit Farbverläufen zu malen.

ENTSPANNUNG UND KONZENTRATION

Deine ersten intuitiv gemalten Bilder haben dich hoffentlich schon durch den inspirierten Zugang zu deiner Kreativität geführt und dir schöne Mal-Erfahrungen geschenkt. Jetzt widmen wir uns einer weiteren großen Leidenschaft von mir und ich freue mich sehr, dich in die Welt der Mandalas zu entführen. Die Fähigkeiten der Mandalas können dir nicht nur weitere Einblicke in die Tiefen deines Selbst bringen, sondern schenken dir meditative Entspannung.

WAS SIND ÜBERHAUPT GENAU MANDALAS?

Das Wort Mandala stammt aus dem indischen Sanskrit und bedeutet im allgemeinem Sinne Kreis oder heilige Mitte. Eine Mandala-Symbolik beinhaltet immer ein Zentrum in der Mitte und eine drum herum gleichbleibende Gesetzmäßigkeit. Es sind Kreisbilder mit verschiedenen Farben und Formen oder mystischen Sinnbildern. Seit Menschengedenken gibt es diese Symbolik, daher finden wir Mandalas auch weltweit in allen Kulturen und nicht nur in Indien.

Sehr viele Formen eines Mandalas entdecken wir auch in der Natur wie z.B. in Blumen, Seerosen und auch Spinnennetzen. Die ersten Mandalas der Menschheit sollen sogar schon in der Steinzeit entstanden und in Felswände geritzt worden sein. Noch heute wirkt diese Ursymbolik anziehend auf uns Menschen.

Mandalas sind einfach ideal, um sich mit sich selbst zu verbinden. Denn Mandalas lassen deine Gedanken leiser werden und deinen Blick in die Farben und Formen tauchen. Es kommt zu einem inneren Ausgleich und purer Entspannung. Bei diesem meditativen Malen bist du ohne Druck im Kontakt mit deiner Kreativität. Du lässt den Alltag los und bist im Hier und Jetzt.

MANDALA-MEDITATION

Der Strudel der alltäglichen Gedanken wird durch das Malen der Mandalas immer leiser, du sammelst dich und kannst in dir einen Raum der Erholung erschaffen. Wenn du dich diesem entspannten Zustand bewusst hingibst, wird diese konzentrierte Kraft dir eine innere Harmonie und Ordnung schenken. Hier lagern die Schätze deiner Intuition! Jedes Mandala, das du intuitiv malst, kann ein Abbild eines bestimmten Seelenzustandes sein.

Du kannst das Mandala-Malen auch aktiv als Werkzeug benutzen, um ein positives Lebensthema einzuladen. Verbinde dich gedanklich beim Malen mit einem bestimmten Lebensthema (z.B. Freude, Frieden oder Loslassen) und so wird ein kreativer Moment mit einer inneren positiven Ausrichtung durch das Malen auf Papier umgesetzt und manifestiert. Dieses fertige Mandala wird dich jedes Mal an die Lebensthemen erinnern, die du anziehen möchtest. Somit kannst du Mandalas positiv energetisieren und mit guten Wünschen und Gedanken füllen.

Du kannst das Mandala-Malen wunderbar als Lebenshilfe benutzen:

- ***zur Selbstfindung und Stärkung deiner Intuition***
- ***um den Geist zu beruhigen***
- ***um rationale Gedanken zu umgehen***
- ***zum Meditieren oder um in die Mitte zu kommen***
- ***um Spannungen, Blockaden und Ängste zu lösen***

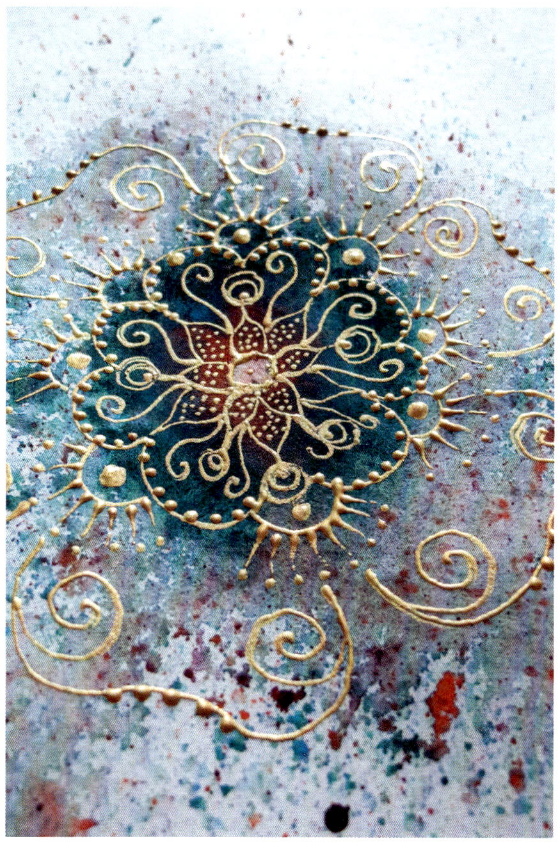

SYMMETRISCHE ZAHLENSYMBOLIK

In jedem Mandala gibt es eine Zahlensymbolik. Diese Symbolik wiederholt sich immer im Kreis. Über jede fertige Ebene eines gezeichneten Musters folgt ein neues Muster in derselben Anzahl. So setzen sich die Ebenen zusammen, wie bei einem Baumring. Schau dir die Beispiele dazu an.

4er-Symbolik

Dies ist eine 4er-Symbolik. Wie du erkennen kannst, beginnt das erste Muster (orange) sich im Kreis viermal zu wiederholen und wenn du dir die anderen Muster-Ebenen darüber anschaust, siehst du hier, dass auch diese Symbole immer viermal angeordnet sind.

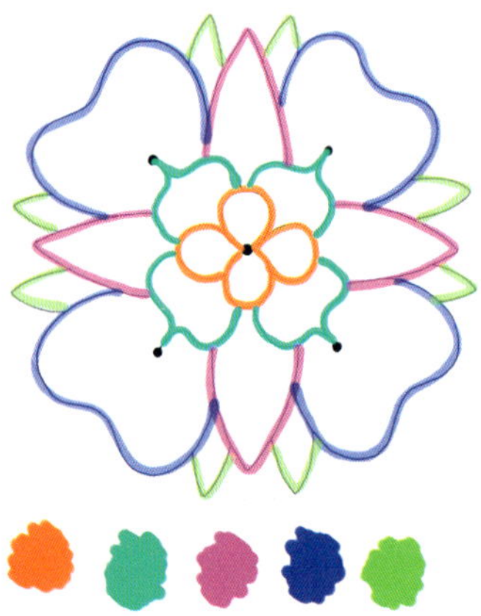

Farbe Orange: 1. Ebene
Farbe Türkis: 2. Ebene
Farbe Pink: 3. Ebene
Farbe Blau: 4. Ebene
Farbe Grün: 5. Ebene

3er-Symbolik

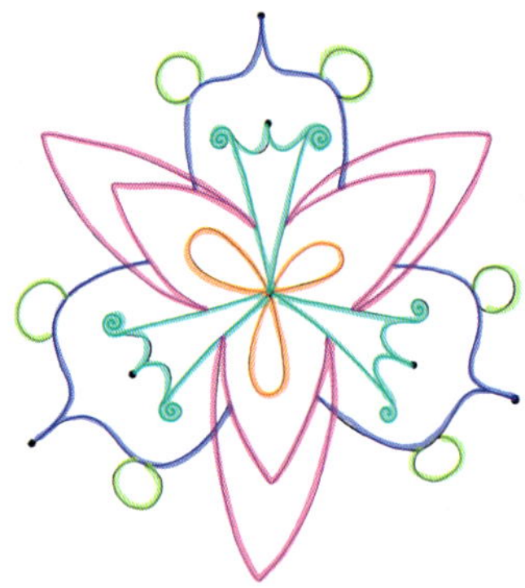

6er-Symbolik

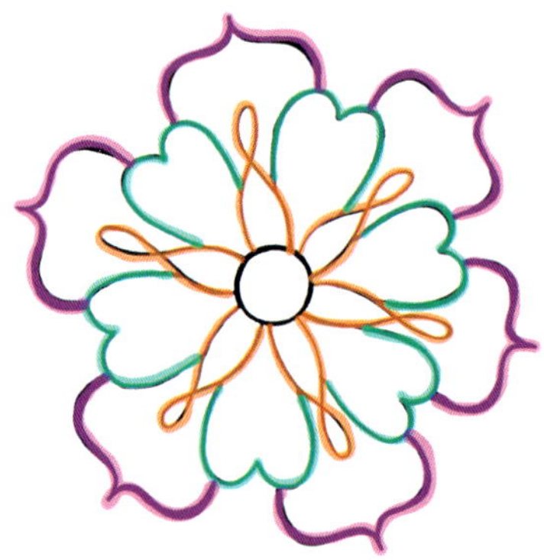

Auf dieser Website findest du kostenlose Mandala-Vorlagen mit verschiedenen Zahlensymboliken, die du herunterladen kannst: buch.yvonnelamberty.com

MUSIK UND MANDALAS

Es ist eine tolle Symbiose, das Malen mit Musik zu begleiten. Ich empfehle dir, immer zum Mandala-Malen eine entspannende Musik leise im Hintergrund laufen zu lassen. Das kann etwas Klassisches sein, ein Mantra oder ganz ruhige Entspannungsmusik.
Passende Musik auf: buch.yvonnelamberty.com

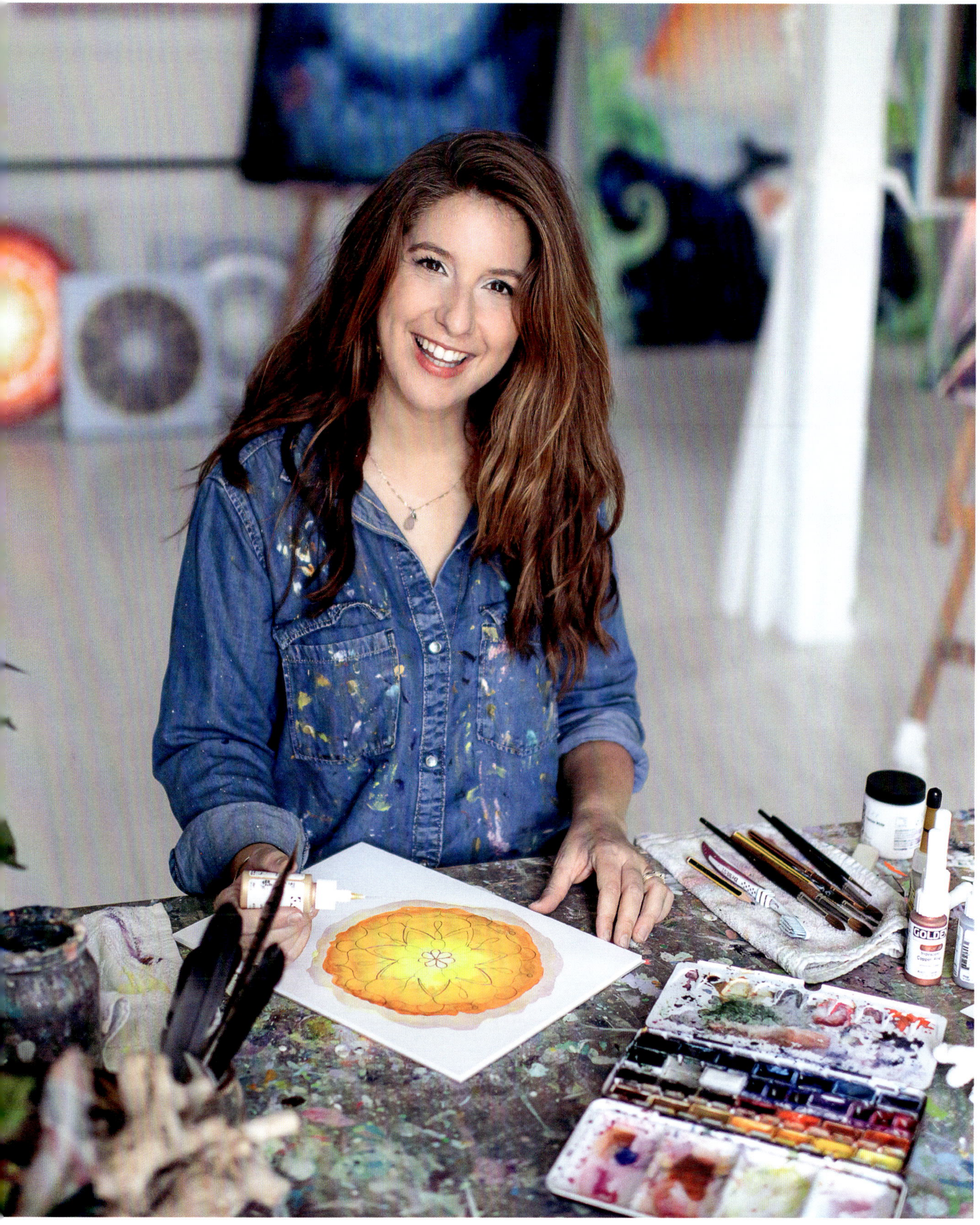
GOLDEN

MEIN ERSTES **MANDALA**

frei Hand

Bevor du dein erstes Aquarell-Mandala malst, ist es hilfreich, wenn du zuerst einmal diese „Trockenübung“ machst. Denn das hat den Vorteil, dass du dir in den weiteren Übungen selbst eine individuelle Mandala-Vorlage gestalten kannst, die dich nachher bei der ersten Aquarell-Technik unterstützt. Ich wünsche dir viel Freude beim Zeichnen deines ersten Mandalas.

MATERIAL

- Bleistift
- Papier

MUSTER

1

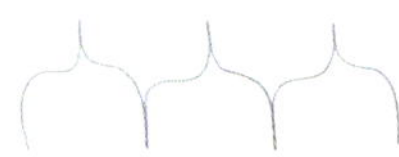

2

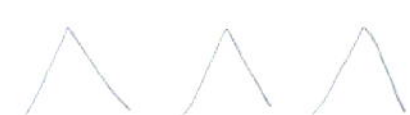

3

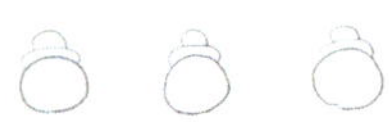

4

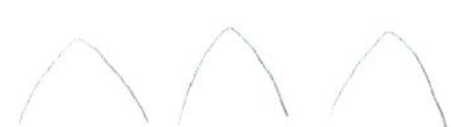

5

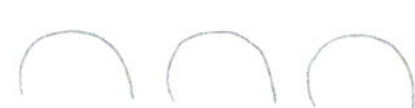

6

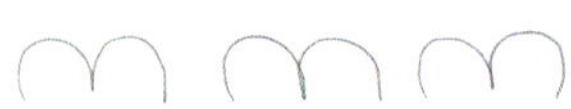

7

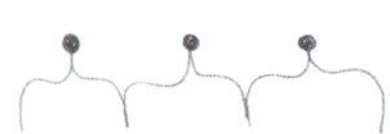

8

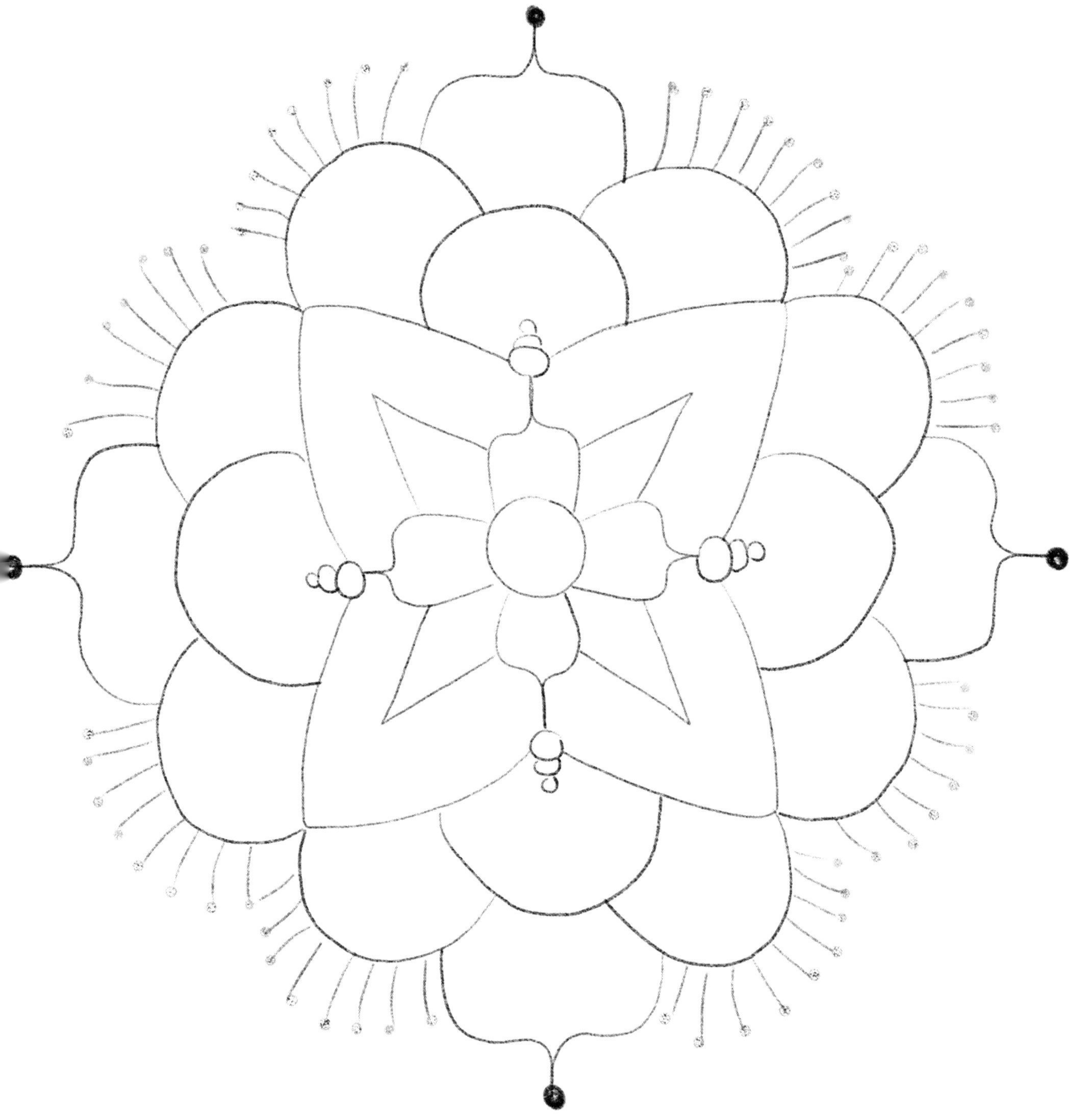

SO GEHT'S

1

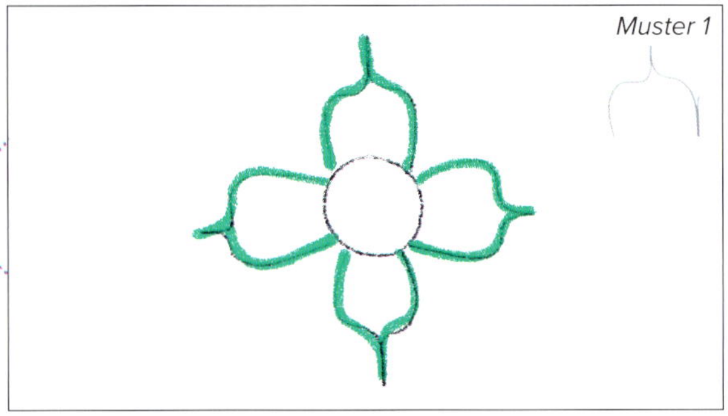

2

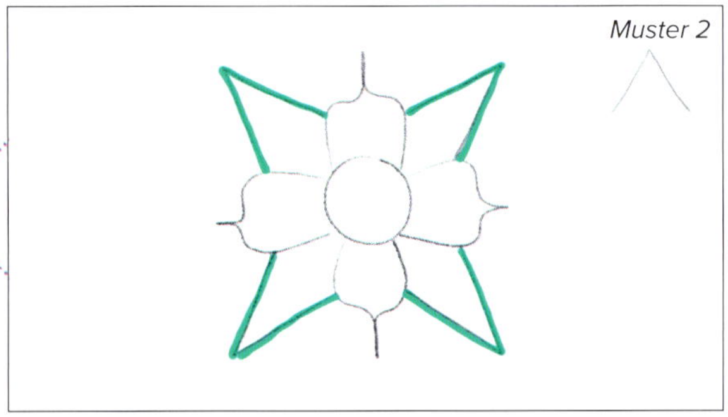

3

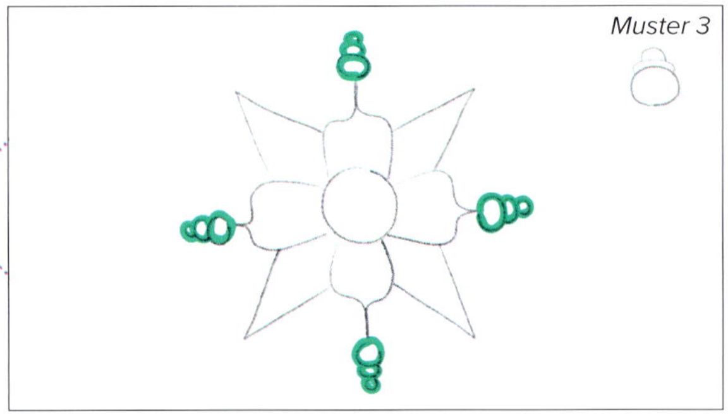

4

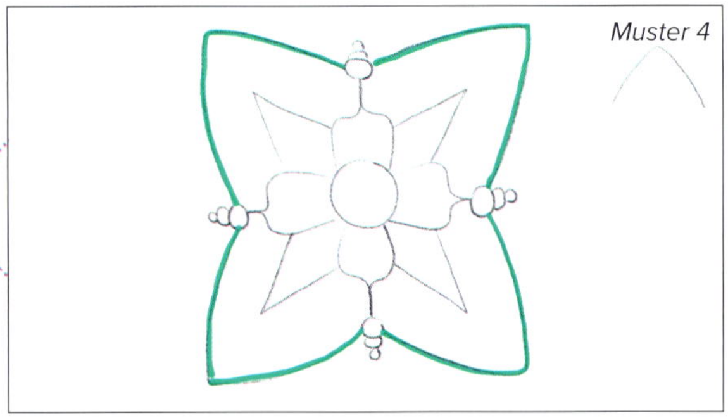

1 Starte mit einer 4er-Symbolik. Zeichne um den Kreis herum, oben, unten, links und rechts das Muster 1.

2 Setze nun das Muster 2 jeweils zwischen das Muster 1, sodass die Zacken etwas größer herausragen als die Spitze von Muster 1.

TIPP: *Konzentriere dich beim Malen auch auf deine Atmung und atme bewusst tief ein und aus.*

3 Nun zeichne das Muster 3 auf die Spitze von Muster 1 und vergiss dabei nicht zu atmen.

4 Jetzt wiederholt sich das Muster 4 ähnlich wie das Muster 2. Zeichne die Bögen etwas rundlicher und etwas weicher als Muster 2. Zeichne die Elemente von Muster 4 gleichmäßig groß.

5

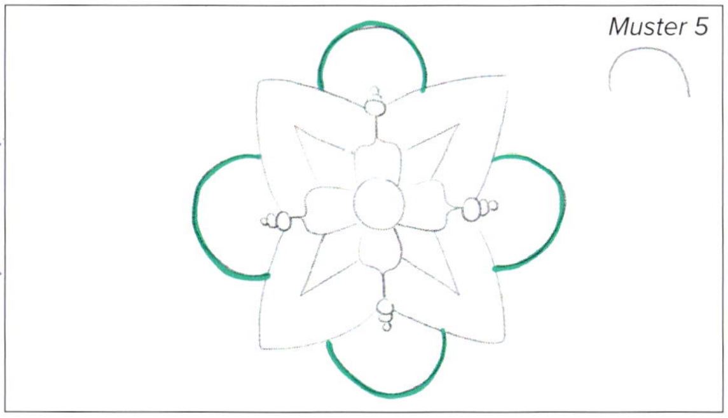

6

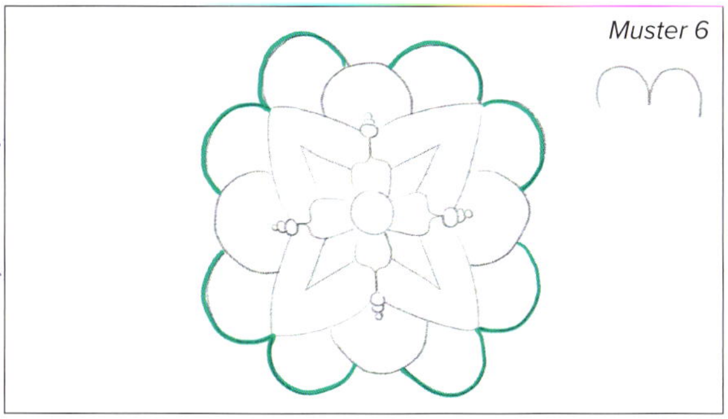

7

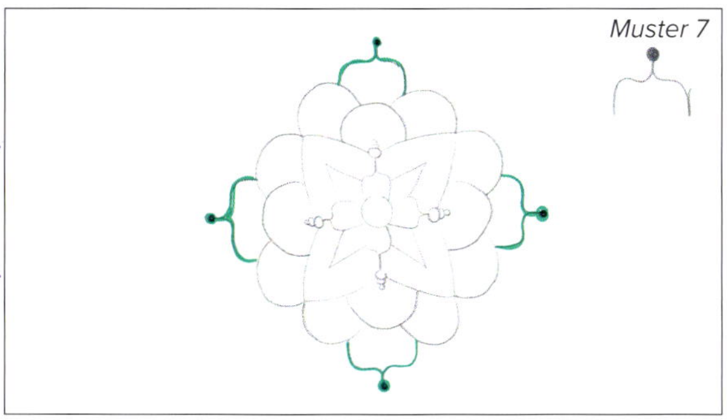

8

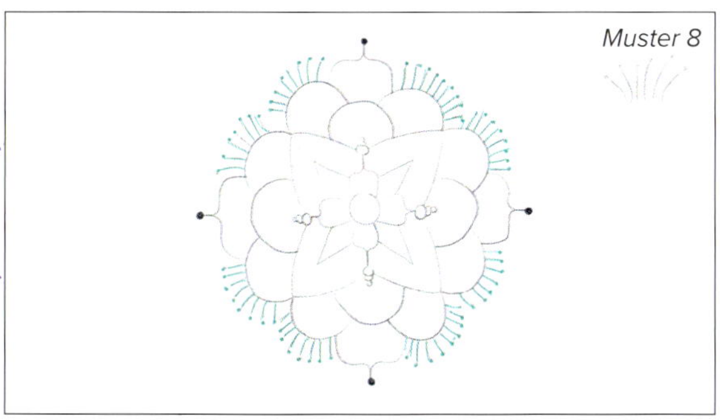

5 Setze schöne runde Bögen (Muster 5) zwischen Muster 4 und lass die Bögen auch etwas höher sein als die Spitze von Muster 4.

6 Jetzt folgen weitere Bögen (Muster 6), die den großen Bogen und die Spitze von Muster 4 miteinander verbinden. Lass jeweils vier kleine Lücken über dem Bogen Muster 5, wie auf der Abbildung.

7 Du hast es fast geschafft. Setze nun das Muster 7 dazwischen.

8 Als Letztes zeichnest du die Härchen mit dem Bommel ganz lockerflockig aus dem Handgelenk heraus.

Und fertig ist dein erstes kleines Mandala. Herzlichen Glückwunsch. Du darfst dich jetzt selbst einmal loben.

FINDE DEINE GANZ PERSÖNLICHE Mandala-Ornamentik

Hier möchte ich dir ein paar Anregungen geben, wie und wo du überall die vielfältigsten Muster entdecken und in dein ganz individuelles Mandala mit einfließen lassen kannst. Für die filigrane Verschnörkelung möchte ich dich in dieser Übung dazu motivieren, auf die Suche nach deiner ganz persönlichen Ornamentik zu gehen. In dieser Übung findest du Beispiele, wie dich im Alltag Symbole und Muster zu einem Mandala inspirieren können. Sei detailverliebt und gehe auf Entdeckungsreise. Jede Inspiration ist ein Schatz, den dir deine Künstleraugen zeigen können.

MATERIAL

- Bleistift
- Papier

AFFIRMATION

Das Leben begeistert mich und erfüllt mich mit neuer Energie. Ich drücke meine Einzigartigkeit in der Welt aus.

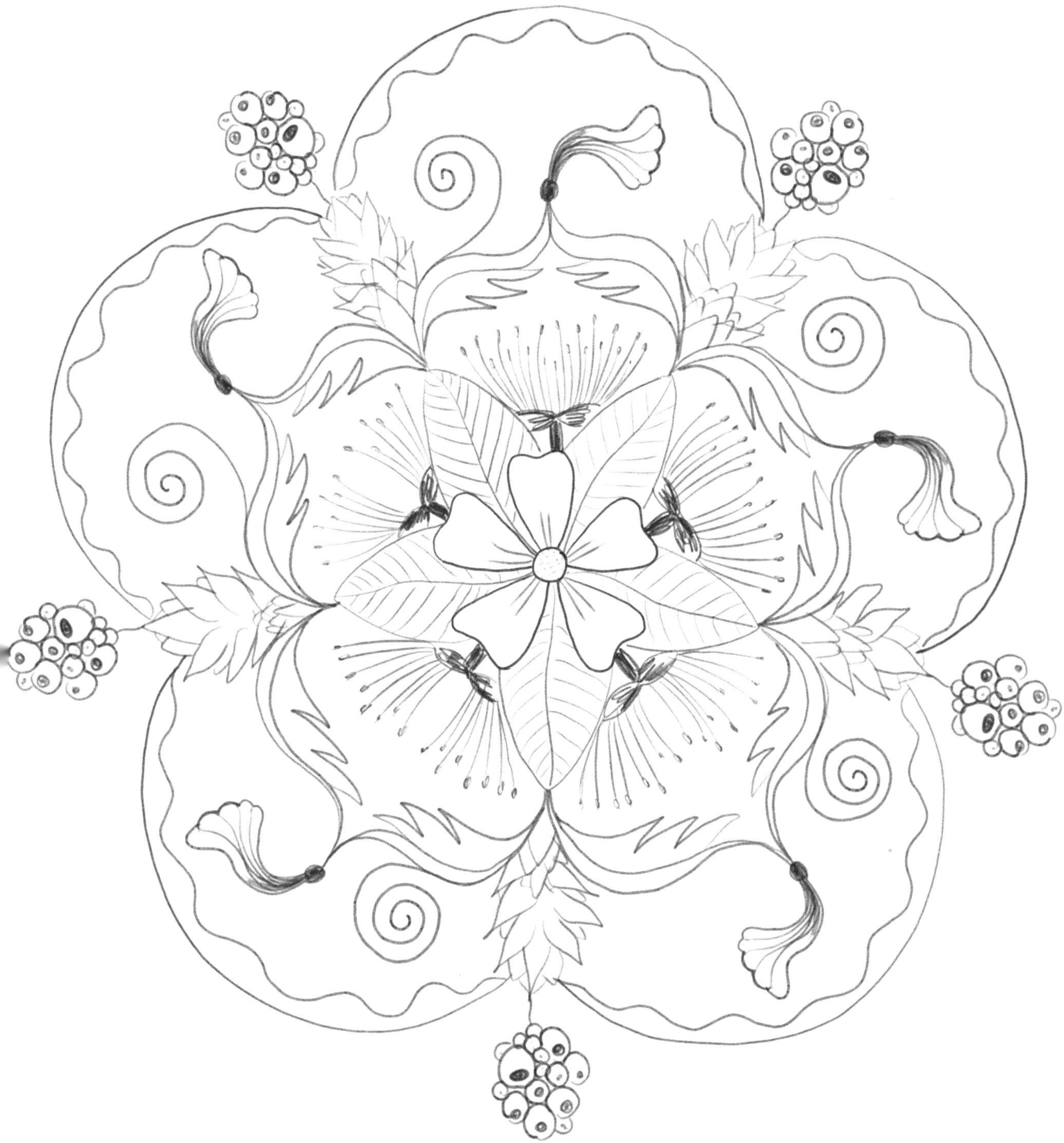

SO GEHT'S

1

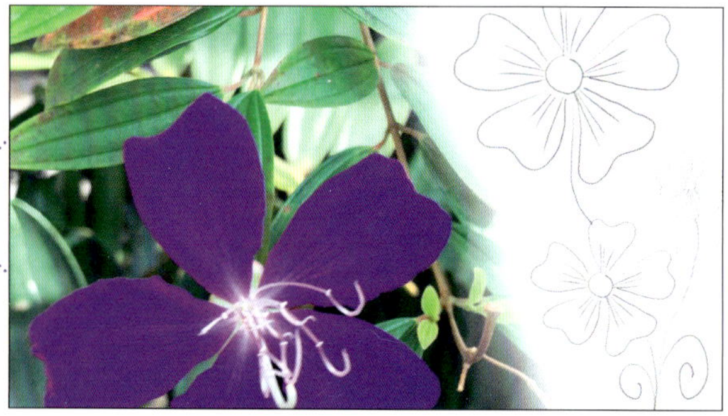

2

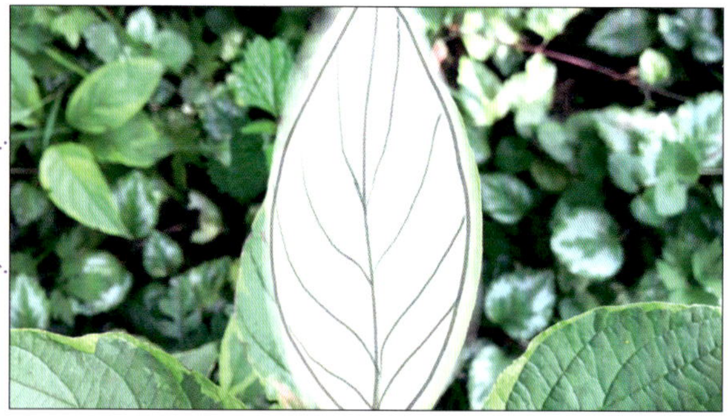

3

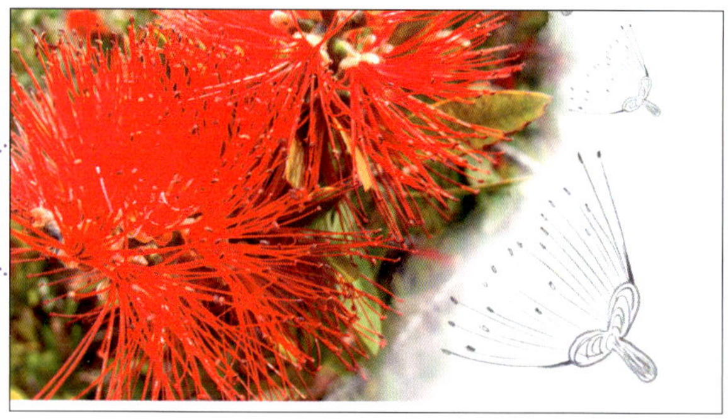

4

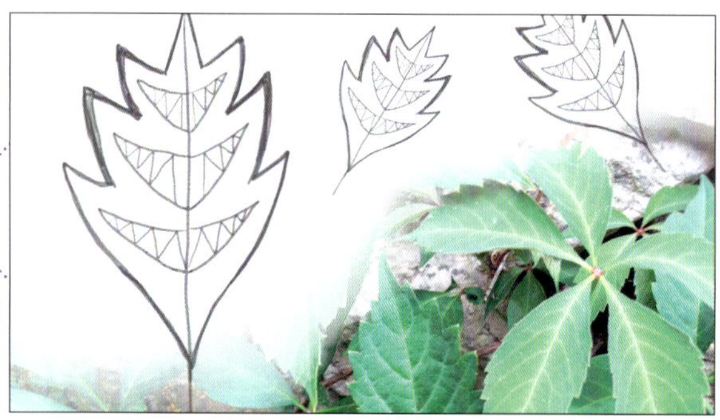

1 Lass dich von der Natur inspirieren und entdecke in ihr schöne Ornamentik, die du für dein Mandala verwenden kannst. An dieser violetten Blüte kannst du eine 5er-Symbolik erkennen.

2 Auch Blätterformen können wunderbar in ein Mandala integriert werden.

3 Außergewöhnliche florale Muster können dich auch inspirieren, eine neue Ornamentik zu finden. Du kannst selbstverständlich die Formen auch etwas abwandeln. Es ist deine Fantasie, die dazukommen darf, und es muss nicht eins zu eins genauso aussehen.

4 Kombiniere auch gerne zackige Muster zu den weichen runden Formen, das erzeugt eine interessante Optik in deinem Mandala.

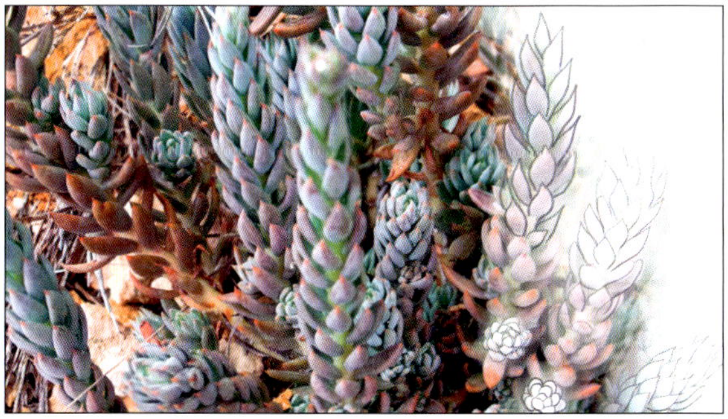

5 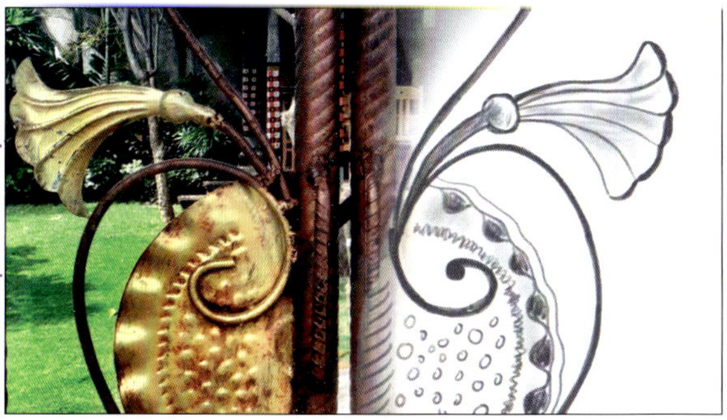

6 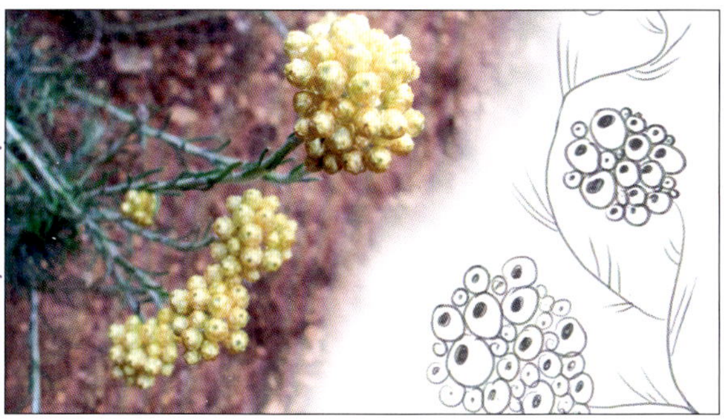

7 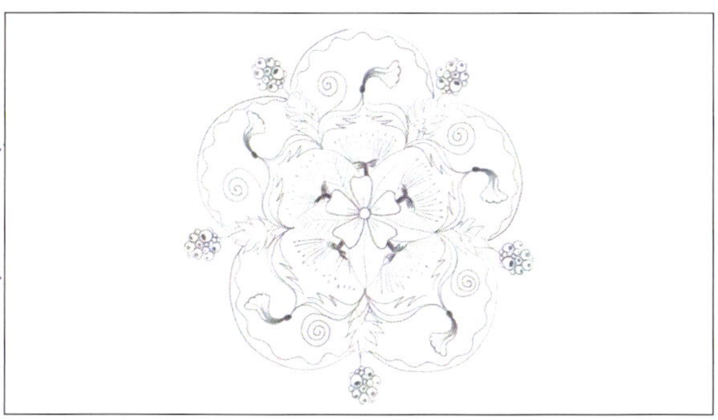

5 Auch wenn die Natur die unfassbar schönsten Formen kreiert, kannst du auch in Gegenständen im Alltag geniale Ornamente entdecken. Ob in einem Kissenmuster, einer Verpackung oder auch in der Architektur. Schule dein Künstlerauge auf Farben und Formen, die dir gefallen.

6 Ich kann mich an dieser floralen Schönheit nicht sattsehen und bin immer ganz demütig, wenn ich so etwas Hübsches mit meinen Augen ganz im Detail erfasst habe.

TIPP: ***Du kannst auch gerne all deine Inspirationen in dein Maltagebuch hineinskizzieren. Mache bewusste Spaziergänge, bei denen du deinem Sehsinn die volle Aufmerksamkeit schenkst.***

7 Na, kommen dir die Muster im Mandala bekannt vor? Wie du vielleicht entdecken kannst, habe ich aus all diesen Inspirationen ein ganz individuelles Mandala gezeichnet. Und jetzt bist du dran. Lass dich im Außen inspirieren und nimm diese schönen Ornamente mit auf eine meditative Mandala-Mal-Reise nach innen. Probier's einfach mal aus!

TAKE YOUR *Time*

Dieses Mandala lädt dich zum Entschleunigen ein. Genau dann, wenn deine Gedanken voll sind und der Alltag zu hektisch wird, möchte dieses Mandala dir Ruhe und Gelassenheit schenken. Manchmal kommt man doch schneller voran, wenn man langsamer geht. Die Kraft, die in der Ruhe wohnt, schenkt dir wieder viel mehr Energie, Ordnung und Klarsicht, um voranzuschreiten. Daher lass die ruhigen Türkis-, Oliv- und Grüntöne auf dich wirken und male bewusst ganz langsam.

MATERIAL

- Kopierpapier
- Aquarellpapier
- Bleistift, Spitzer, Radiergummi
- Aquarellkasten (Farbvorschlag: Dunkelolive, Olive, Grüntöne, Türkis, Gelb)
- Aquarellpinsel Gr. 8
- Schere
- Goldfarbe (z.B. Golden Fluid Acrylics Iridescent Fine in Gold und Aufsatz Artliner von Vang)
- Mandala-Vorlage

AFFIRMATION

Der Rhythmus meines Herzens schlägt in Harmonie mit meiner Seele.

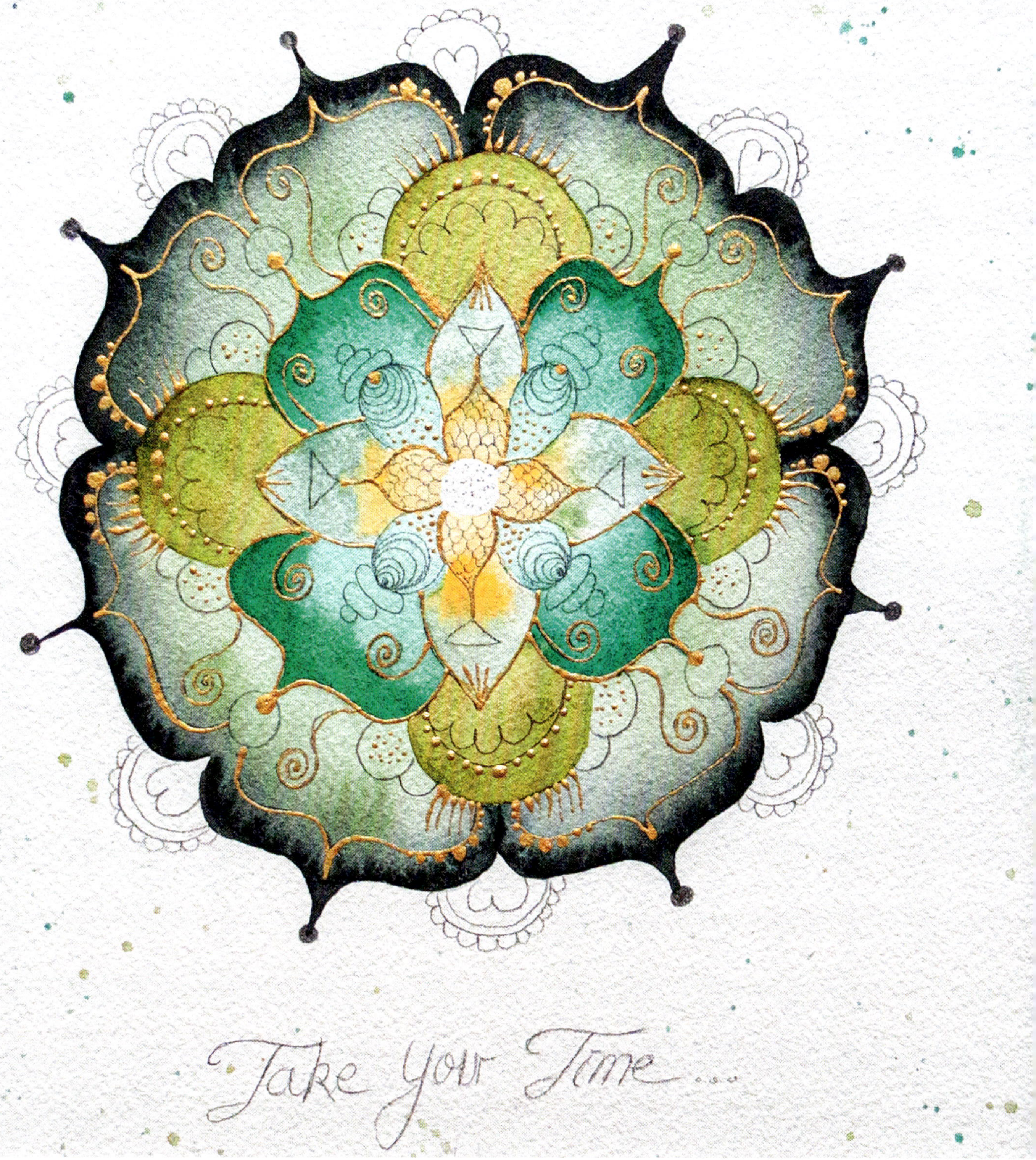

Die Vorlage für das Mandala „Take your Time" findest du hier: **buch.yvonnelamberty.com**

SO GEHT'S

1

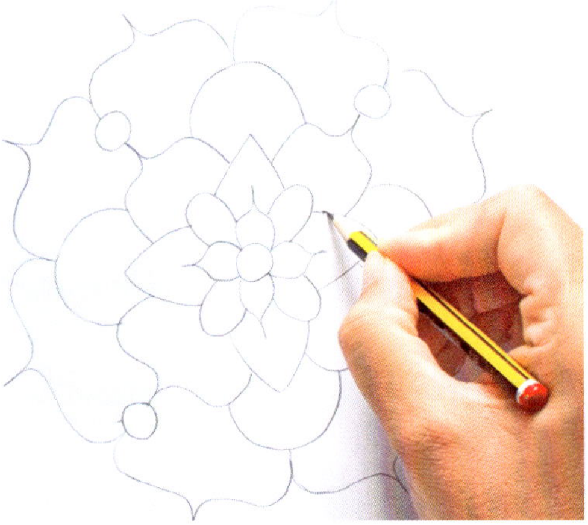

1 VORZEICHNUNG: Nimm ein ganz einfaches weißes Papier in der Größe DIN A4 und zeichne ein individuelles grobes Mandala darauf. Mit „grob" meine ich nicht so filigrane Muster, sondern so, dass du die einzelnen Flächen noch gut ausmalen kannst. Nimm am besten eine 4er-Symbolik.

TIPP: *Falls du möchtest, kannst du dir auch auf der Seite 107 diese Mandala-Vorlage downloaden und auf DIN A4 ausdrucken.*

2

2 ZEICHNUNG ÜBERTRAGEN: Wenn du dein Mandala fertig gezeichnet hast, lege das Papier mittig auf das Aquarellpapier und ziehe alle Linien fest nach. Nimm am besten einen spitzen Bleistift, den du fest aufdrückst. Dabei sollte aber nicht dein Papier reißen.

3

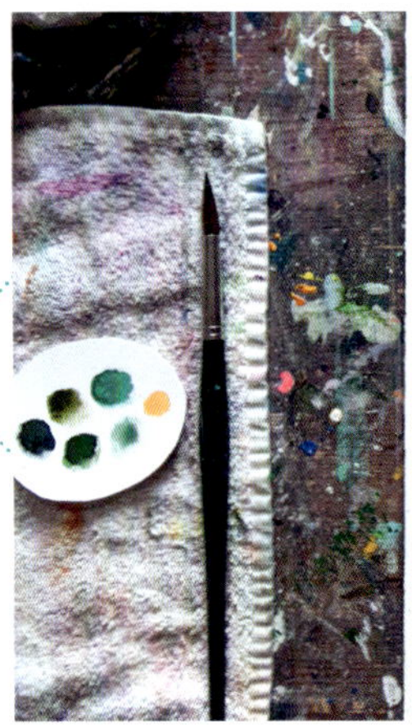

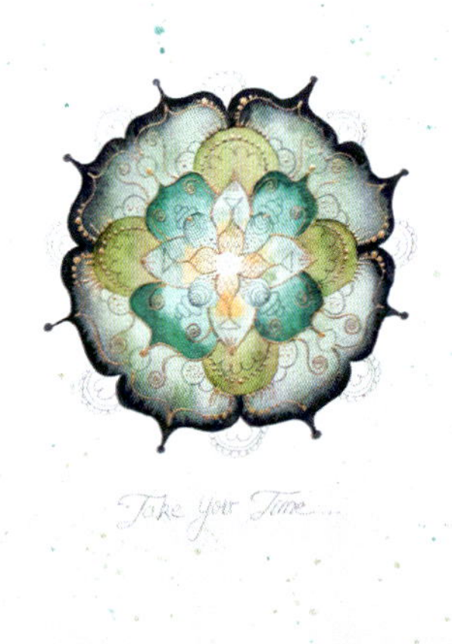

3 FARBWAHL: Nun beschäftigst du dich mit der Farbwahl. Welche Farben würden im Moment dein Herz verwöhnen? Gibt es eine Farbe, die dir aktuell richtig guttut? Spüre in dich hinein und nimm dir einen Moment Zeit. Schaue dir die Farben in deinem Aquarellkasten an und gestalte einen Farbklang auf einem separaten Papier – wie auf Seite 16 beschrieben.

4

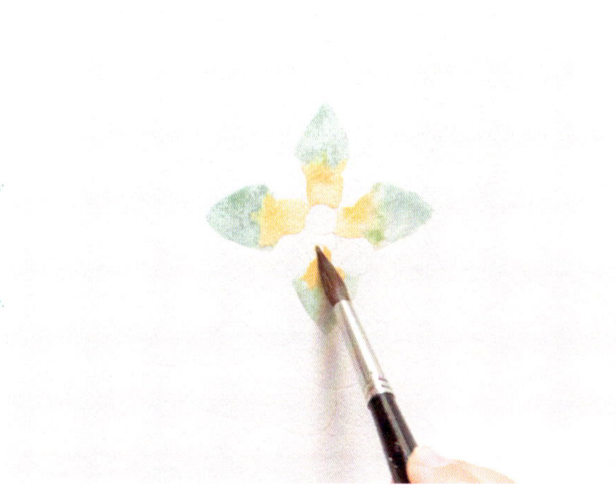

4 FARBAUFTRAG: Starte in der Mitte der 4er-Symbolik und male die ersten vier Symbole aus. Ich verwende eine helle Farbe (Mint) und male die Formen fast aus. Ich nehme ein zartes Gelb dazu und verbinde es durch Wasser mit der Mintfarbe. So entsteht ein schöner Farbverlauf. Ich ziehe das Gelb mit dem Pinsel bis zum inneren Kreis. Den inneren Kreis lasse ich weiß. Bevor du weitermalst, lass deine Farben trocknen.

5

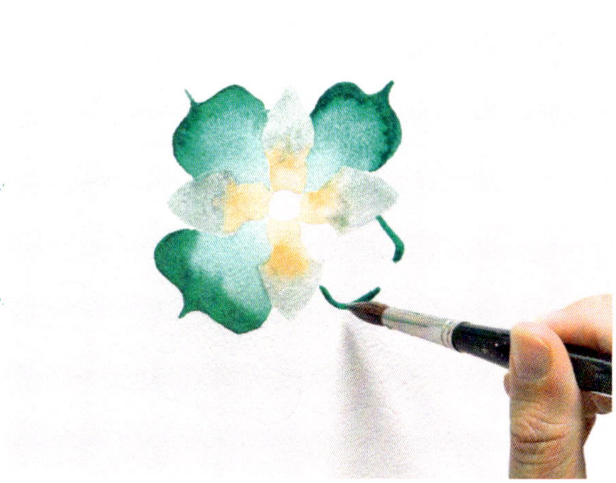

5 WEITERER FARBAUFTRAG: Weiter geht's nun mit einer neuen Farbe deines Herzens. Ich bin hier im selben Farbbereich geblieben und habe ein Türkis gewählt, um eine schöne, harmonische Verbindung zum Mint zu erzielen. Nimm mit dem Pinsel wenig Wasser auf, dadurch wird die Farbe kräftiger. Umrande mit dem Pinsel die vorgedruckte Linie. Wasche deinen Pinsel etwas aus, er sollte nicht zu nass sein. Nun gehe mit deinem Pinsel in die Farbe am gemalten Rand, ziehe die Farbe ganz zart weiter in die Fläche hinein und male sie aus, so wird die Fläche nach innen heller.

6

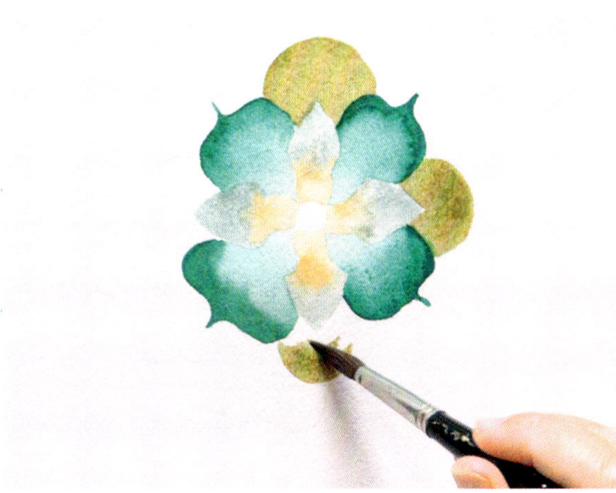

6 WEITERER FARBAUFTRAG: Lass die Farbflächen gut trocknen. Die vorherige Technik wendest du nun auch in der vierten Ebene an, nur mit einer anderen Farbe deiner Wahl. Ich bin in den grünen Farbharmonien geblieben und habe mich bei dieser Form für ein Olivgrün entschieden. Vergiss nicht, hin und wieder tief ein- und auszuatmen.

WEITER GEHT'S

7

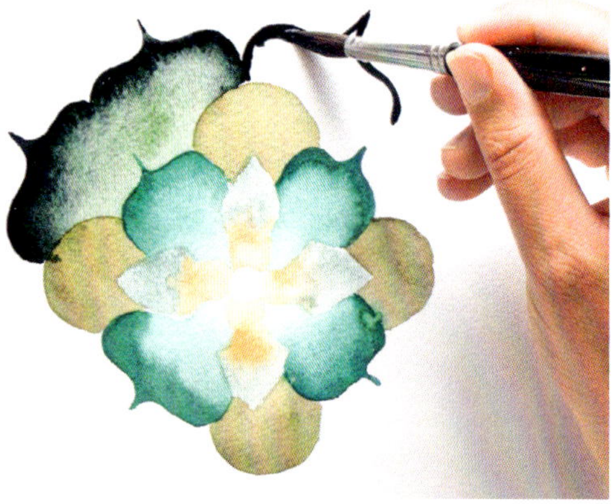

7 WEITERER FARBAUFTRAG: Wenn deine Farben trocken sind, kommen wir schon zur letzten, der fünften Ebene. Wähle eine Farbe aus deinem Farbklang aus. Wie du siehst, habe ich für diese letzte Ebene eine dunklere Farbe gewählt. Dieser dunkelgrüne Farbton fügt sich gut zu den anderen Farben und setzt einen schönen Kontrast am Rand der Form.

Maltagebuch

Mache eine kleine Pause, um das Bild trocknen zu lassen, und nutze die Zeit, um deine Gedanken aufzuschreiben.

- *Was fühlst du beim Malen?*
- *Mit welchen Gedanken bist du verbunden?*

8

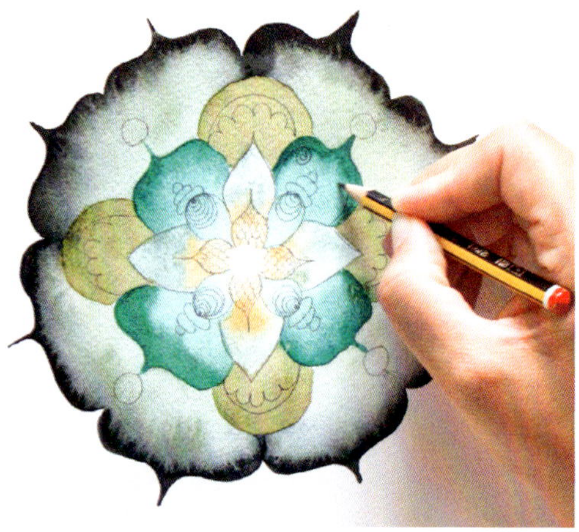

8 BLEISTIFTZEICHNUNG: Im besten Fall hast du nun dein getrocknetes Mandala vor dir und erkennst den Durchdruck der groben Symbolik wieder. Zeichne diese Symbolik mit Bleistift nach. Lass deinen Ideen von Mustern und Formen freien Lauf und gestalte dein Mandala ganz intuitiv, wie es dir gefällt. Hab Freude beim Zeichnen und denke an eine Erinnerung in deinem Herzen, die dir Freude bereitet hat.

9

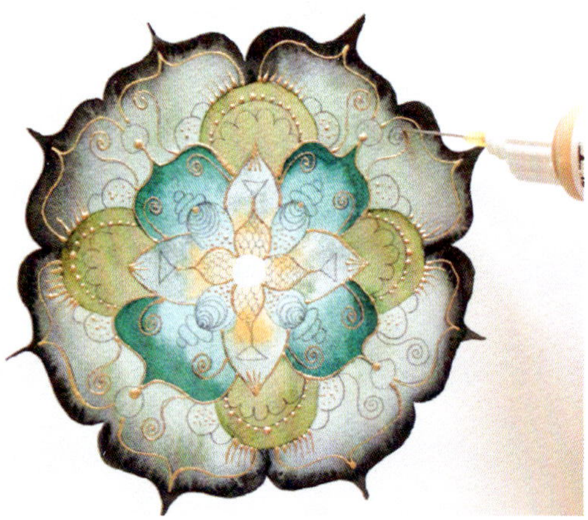

9 VEREDELUNG: Jetzt verleihen wir deinem Mandala noch einen Hauch von Glamour. Du kannst jegliche Art von (Glitzer-)Stiften verwenden oder so wie ich die Goldfarbe von Golden mit einem Aufsatz. Betrachte dein fast fertiges Mandala und überlege, wo du Akzente setzen möchtest. Du kannst noch einmal die Linien des Bleistiftes nachziehen, um sie zu betonen, oder einfach an einer leeren Stelle kleine Pünktchen und Verzierungen hineinsetzen.

10

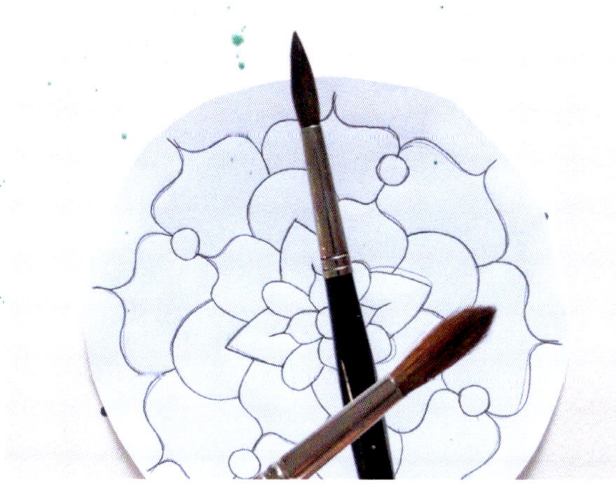

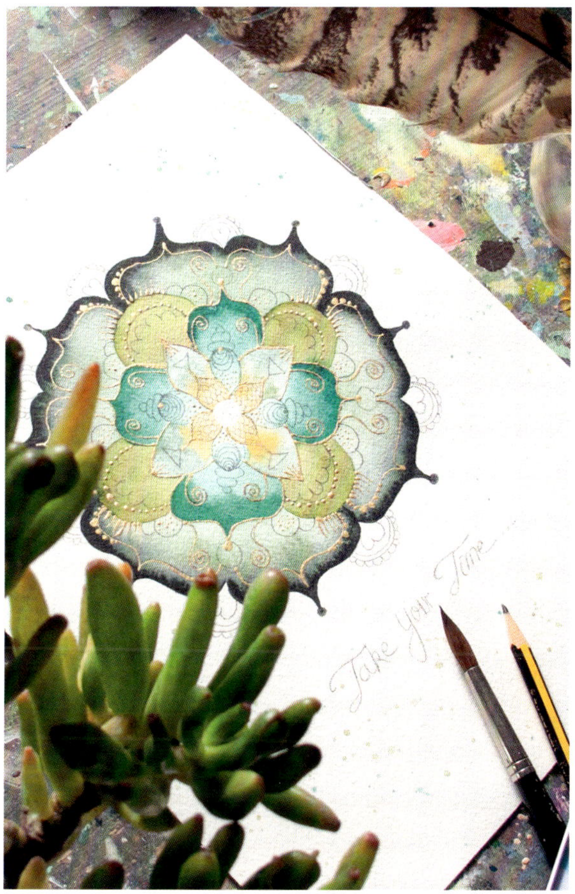

TIPP: *Da die goldene Acrylfarbe von Golden langsam trocknet, achte beim Veredeln darauf, dass du bereits bemalte Stellen nicht mit deiner Hand beruhrst. Sonst verwischt deine Acrylfarbe und du kannst sie nicht abwaschen oder wegwischen. Wenn es dir passiert, dann heißt es: Improvisieren!*

10 SPRENKLER: Hast du Lust auf ein paar glückliche Sprenkler zum Schluss? Dann decke dein Mandala mit einem einfachen Blatt Papier ab, suche dir eine Farbe aus und tauche deinen Pinsel in Wasser sowie in die Farbe. Nimm nun einen zweiten, dicken Pinsel oder auch alternativ deine Finger und klopfe auf den Pinselstiel an der Stelle, an der du gerne ein paar Sprenkler setzen möchtest.

Optional hast du nun die Möglichkeit, dein Mandala mit einem Spruch zu verbinden. Ich habe hier den Satz „Take Your Time“ genommen, um mich daran zu erinnern, mir mehr Zeit für Muße zu gönnen und die Dinge im Alltag einfach mal langsamer zu machen. Wie heißt es so schön: In der Ruhe liegt die Kraft.

Fertig ist dein wunderschönes Mandala! Du darfst dich jetzt einmal kräftig loben. Ich hoffe, du hattest eine schöne Malzeit!

DAS GLÜCKSKLEE-Mandala

„Heute ist ein guter Tag, um glücklich zu sein." Genau daran möchte dich dieses vierblättrige Mandala-Kleeblatt erinnern und dich liebevoll einladen, mehr Glück in deinem Leben zuzulassen. Der einfachste Weg zum Glücklichsein ist, damit aufzuhören, sich gedanklich daran zu hindern. Entdecke, welche kleinen und großen Geschenke in deinem Leben bereits existieren, so begegnest du deinem Leben so viel positiver. Verbinde dich beim Malen mit dieser Energie und lade dich und dein Mandala positiv auf. Ich wünsche dir viel Freude und glückliche Gedanken beim Malen.

MATERIAL

- Geodreieck oder Lineal
- Maskierflüssigkeit (z.B. Masquepen)
- Aquarellpapier
- Bleistift, Spitzer, Radiergummi
- Aquarellkasten (Farbvorschlag: Neongelb, Hellgrün, Dunkelgrün)
- Aquarellpinsel Gr. 8
- Silberfarbe (z.B. Golden Fluid Acrylics Iridescent Fine in Silber und Aufsatz Artliner von Vang)
- Mandala-Vorlage

AFFIRMATION

Ich nehme bewusst alle Geschenke meines Lebens wahr und fühle tiefe Dankbarkeit für alles, was ich habe. Mein Leben ist erfüllt und reich.

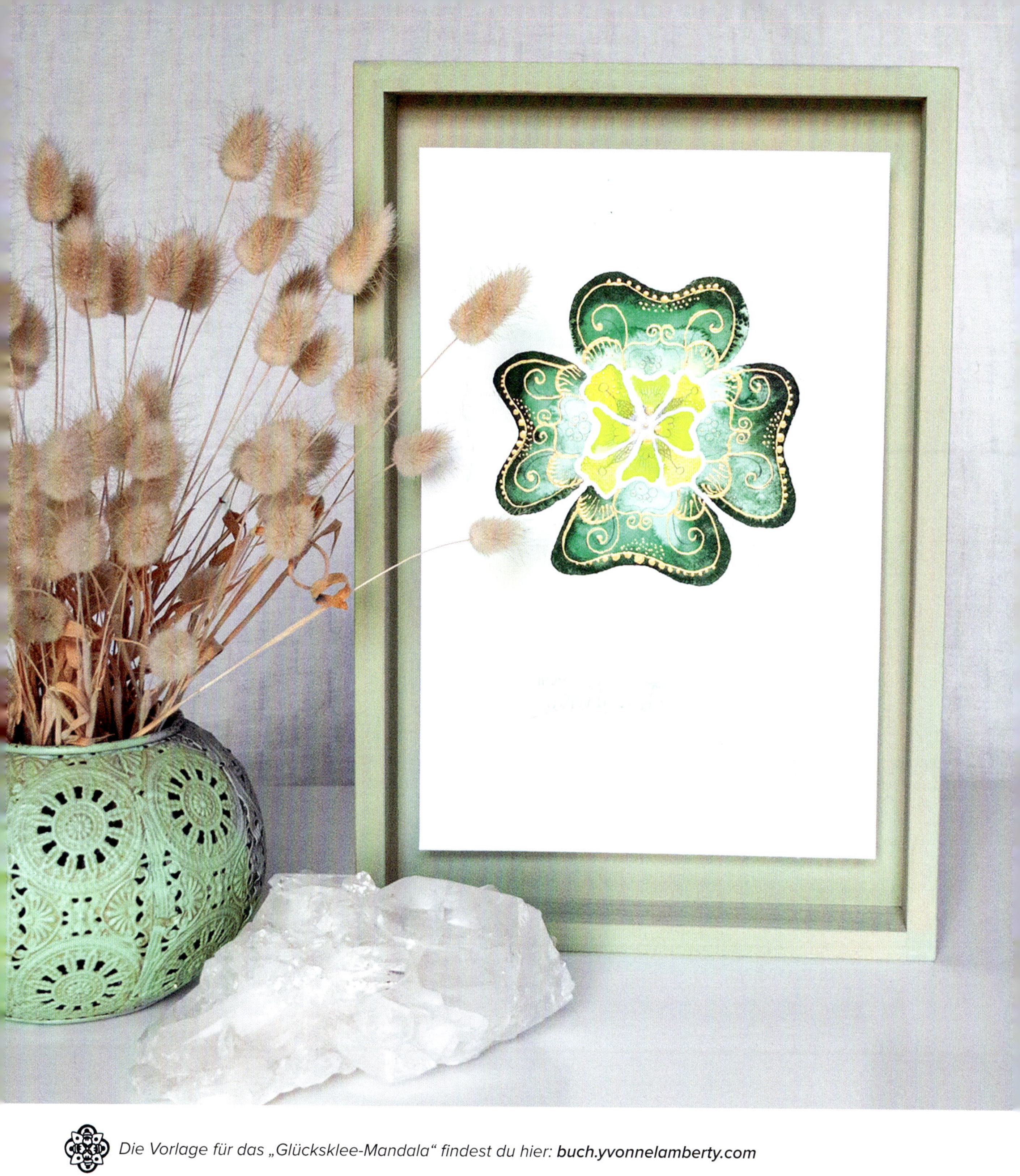

Die Vorlage für das „Glücksklee-Mandala" findest du hier: **buch.yvonnelamberty.com**

SO GEHT'S

1
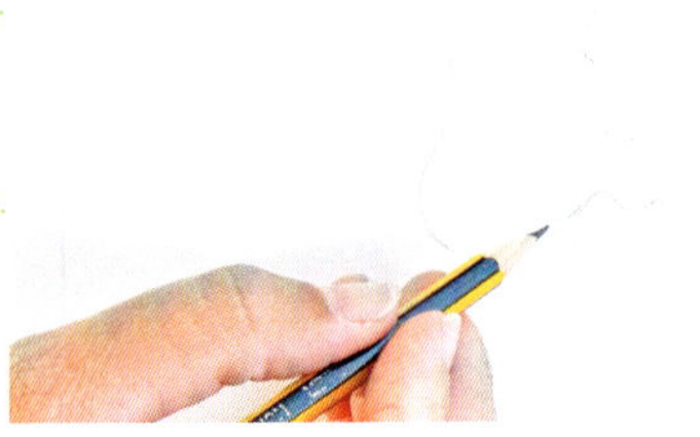

2
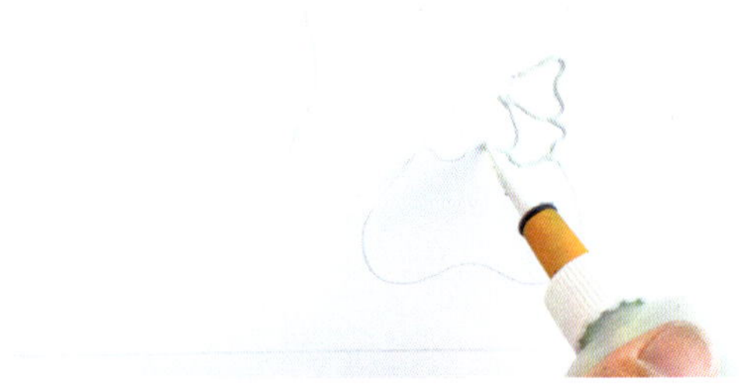

3
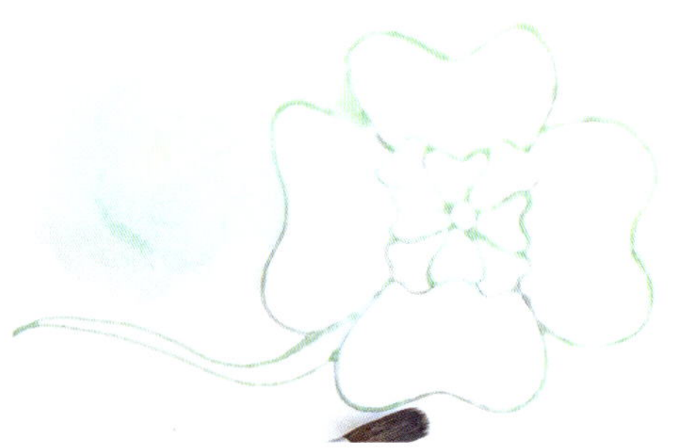

4
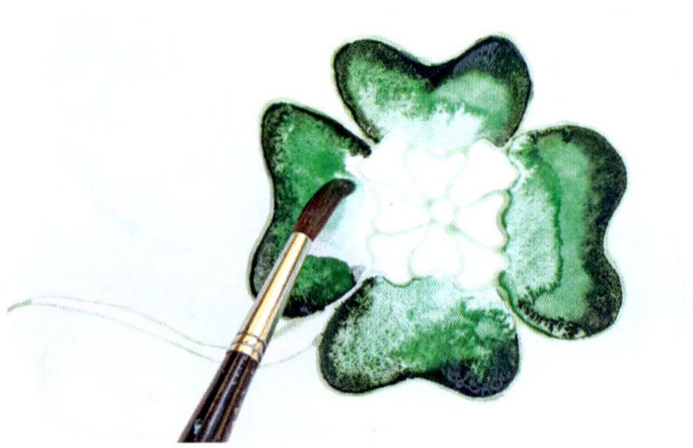

1 VORZEICHNUNG: Zeichne wie hier auf der Abbildung diese Mandala-Skizze vor. Du kannst auch die Vorlage herunterladen, ausdrucken und einen Durchdruck machen, indem du mit dem Bleistift fest die Linien nachfährst und somit auf dem Aquarellpapier die Vertiefung der Linien siehst.

2 MASKIERFLÜSSIGKEIT: Jetzt kommt der Masquepen zum Einsatz. Bei dieser cremigen Paste ist es wichtig, dass du so gleichmäßig wie möglich die Linien nachziehst. Wenn du damit fertig bist, warte, bis die Flüssigkeit komplett getrocknet ist. Das kann ca. 15 Minuten dauern.

3 HINTERGRUNDGESTALTUNG: Nun gestalten wir den Hintergrund. Wie immer schlage ich dir eine Farbkombination vor, aber fühle dich frei, den Hintergrund zu wählen, der dir gefällt. Da ich meinen Hintergrund sehr hell haben möchte, habe ich viel Wasser und wenig Grün genommen. Ich habe auch noch die Farbe Gelb gewählt, sodass an einigen Stellen beide Farben zart ineinander verlaufen.

4 FARBAUFTRAG: Jetzt malen wir das Mandala aus. Hier siehst du ein dunkles Grün am Rande des Mandalas. Das Tolle ist, dass die Maskierflüssigkeit dir eine geschützte Form gibt, sodass die Farbe nicht in ein anderes Feld verlaufen kann. Nimm etwas mehr Wasser auf und male einen schönen Farbverlauf vom dunklen Außenrand (viel Farbe – wenig Wasser) bis zur Innenfläche (mehr Wasser – weniger Farbe).

Betrachte dir auch deine zum Malen bereitgelegten Fotos und Gegenstände und erinnere dich an schöne Momente voller Freude.

5

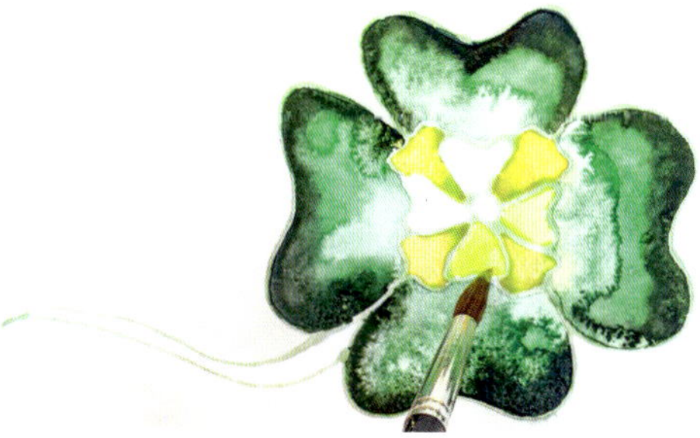

6

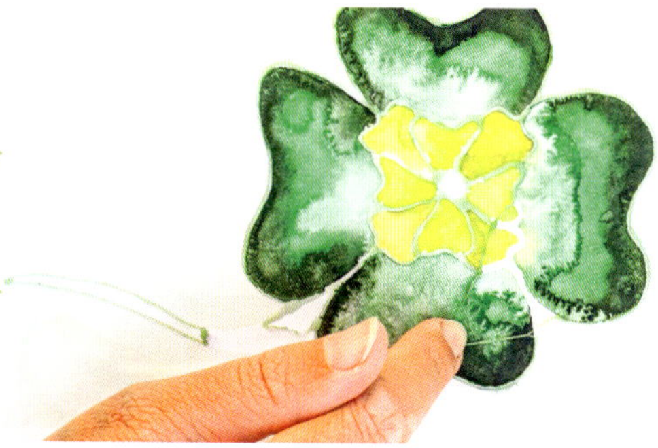

7

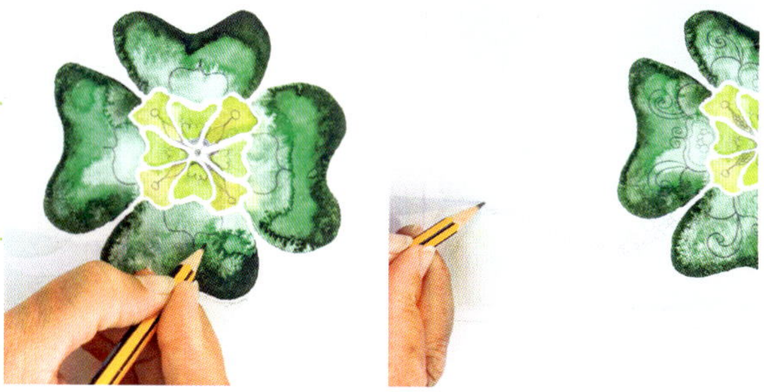

8

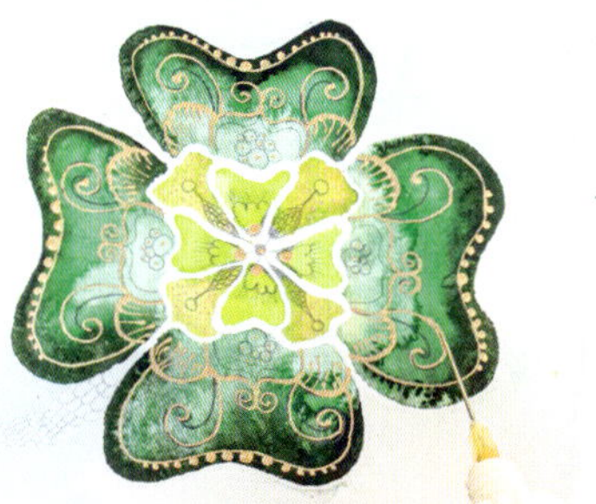

5 WEITERER FARBAUFTRAG: Male die restlichen Felder des Mandalas aus. Nimm die Farben, die dich glücklich machen. Achte darauf, dass du nicht zu viel Wasser benutzt, sonst kann etwas über die getrocknete Maskierflüssigkeit in eine andere Farbe laufen.

Maltagebuch

Mache eine kleine Pause und nutze die Trockenzeit, um deine Gedanken aufzuschreiben.

- *Was fühlst du beim Malen?*
- *Mit welchen Gedanken bist du verbunden?*

6 MASKIERFLÜSSIGKEIT ABRUBBELN: Na, ist alles trocken? Dann kannst du nun die Maskierflüssigkeit abrubbeln. Taste dich vorsichtig heran. Durch kreisende Bewegungen löst sich die Masse vom Papier.

7 VERSCHNÖRKELUNG: Nimm einen spitzen Bleistift in die Hand und lass deiner Fantasie freien Lauf. So entstehen schöne Formen und Ornamente.

8 VEREDELUNG: Du kannst dein Mandala mit Gold oder einer anderen Farbe veredeln.

Zum Schluss kannst du dein Glücksklee-Mandala noch mit einem passenden Spruch kombinieren und fertig ist dein Aquarellbild.

TIPP: *Dies ist auch ein wunderschönes Mandala, um es einem lieben Menschen zu einem festlichen Anlass (Geburtstag, Hochzeit etc.) zu schenken.*

AQUARELL-Mandala-Blume

Diese Mandala-Blume möchte dir wieder mehr Leichtigkeit vermitteln, wenn sie dir abhandengekommen ist. Manchmal ist alles zu ernst um uns herum oder wir machen es uns unnötig schwer. Da ist es hilfreich, einfach alle Erwartungen, Ansprüche und Pflichten loszulassen, in die Natur zu gehen und dich wie ein Kind ins Gras fallen zu lassen. Schenke dir mehr Zeit und Raum. Lass deine Fantasie in den Wolken kreisen und beobachte, was um dich herum in der Natur passiert. Dieses Mandala strahlt leicht und fröhlich wie eine Blume, die nie aufhört zu blühen, und lädt dich beim Malen ein, dich wieder mit dieser Energie zu verbinden. Vielleicht kannst du ja auch diese Mandala-Blume in der Natur auf einer Wiese malen?

MATERIAL

- Aquarellpapier
- Bleistift, Spitzer, Radiergummi
- Aquarellkasten (Farbvorschlag: Gelb, Flieder/Violett, Violett/Magenta)
- Aquarellpinsel Gr. 8
- Silberfarbe (z.B. Golden Fluid Acrylics Iridescent Fine in Silber und Aufsatz Artliner von Vang)
- Mandala-Vorlage

AFFIRMATION

Alles darf – nichts muss! Ich lasse alle Erwartungen und Ansprüche an mich los und nehme dankbar an, was das Leben für mich bereithält.

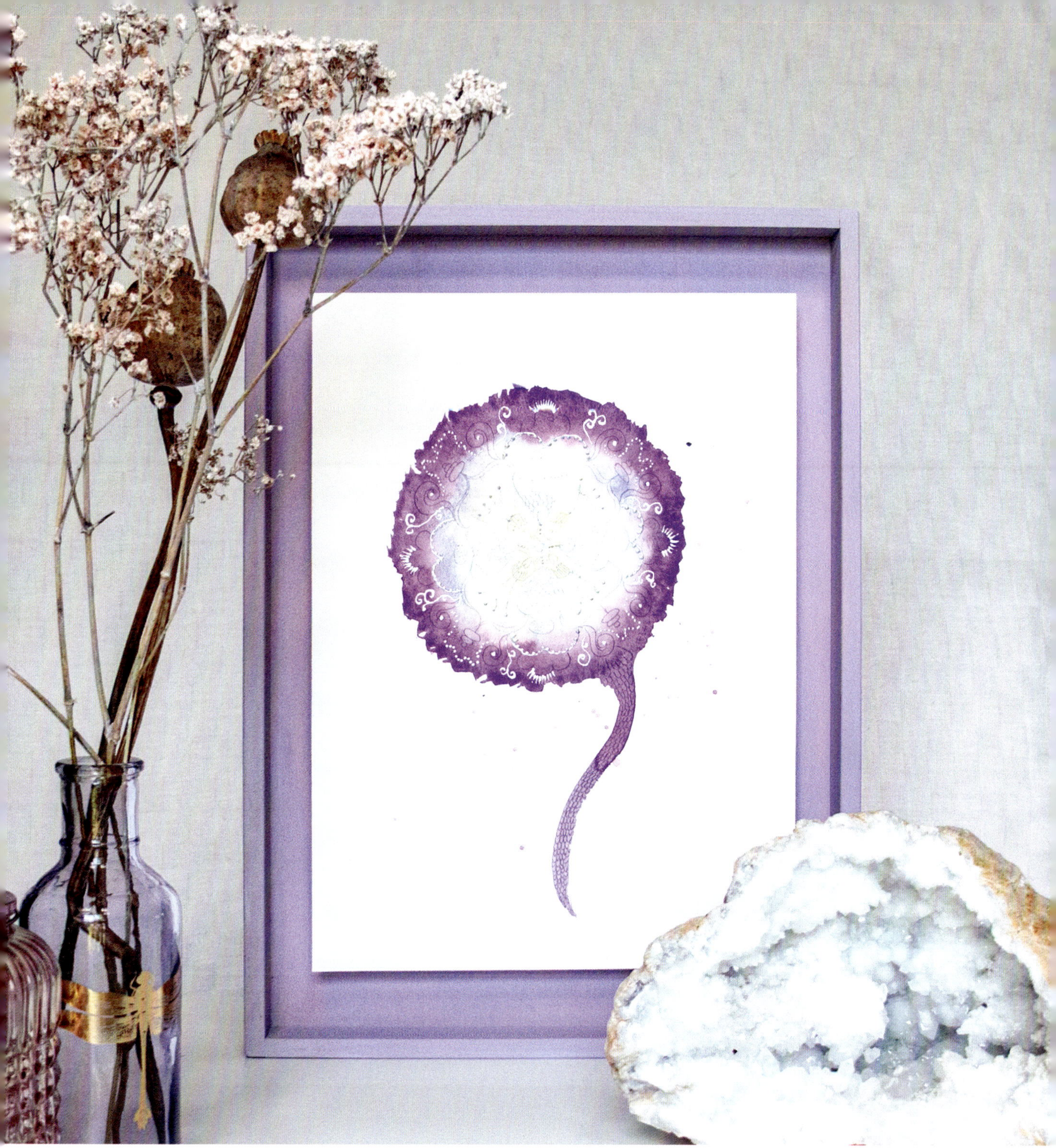

Die Vorlage für die „Aquarell-Mandala-Blume" findest du hier: **buch.yvonnelamberty.com**

SO GEHT'S

1

2
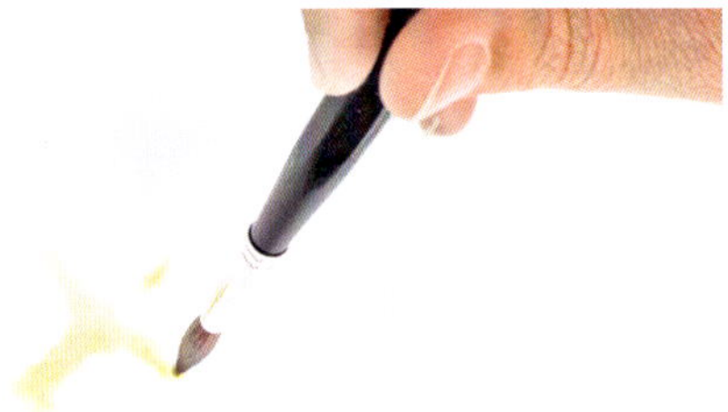

3
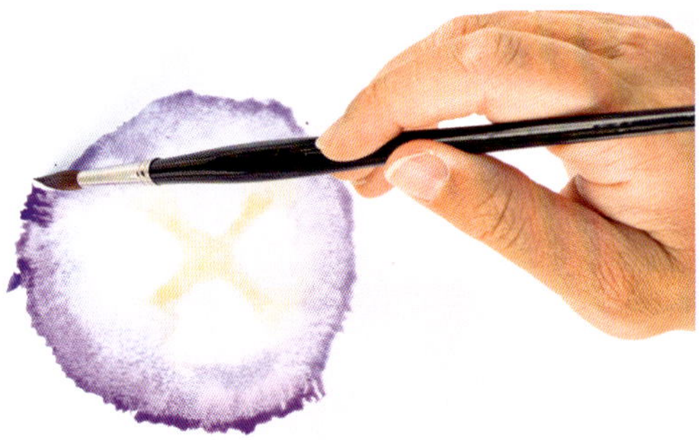

4
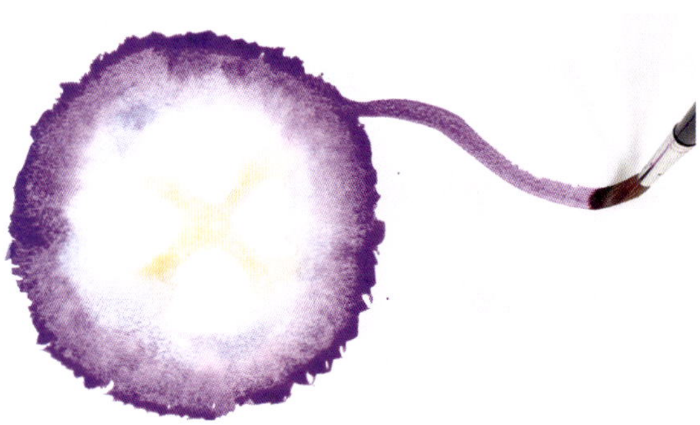

1 VORZEICHNEN: Mit einem nassen Pinsel legst du einen Kreis an und sparst in jedem Viertel in gewissen Abständen ein herzförmiges Muster aus.

2 FARBAUFTRAG: Nun kannst du deinen Pinsel in Gelb tauchen und in die Mitte des nassen Kreises den ersten Tupfen setzen. Wie du siehst, breitet sich nun deine Farbe überall dort aus, wo dein Papier nass ist.

3 WEITERER FARBAUFTRAG: Als nächsten Schritt nimmt du die Farbe Violett hinzu und tupfst immer im Kreis mit deinem Pinsel zart dort, wo das Gelb endet. Lass das Violett sich nun ausbreiten und mit dem Gelb verschmelzen. Die Farben sind noch nass. Falls auf deinem Papier zu viel Farbe verläuft oder in eine Richtung, die dir nicht gefällt, hast du die Möglichkeit, mit deinem Pinsel die Farbe aufzusaugen. Hier ist wichtig, dass du deinen Pinsel dafür einmal kurz vorher an einem Tuch abtrocknest. Dann kann er das Wasser besser aufnehmen.

4 FARBAKZENT: Nun kommt ein kräftiges Violett/Magenta für den Kontrast am Rand hinzu. Tauche den Pinsel in die Farbe und setze am Rand Farbakzente einmal im Kreis drum herum. Du musst nicht akkurat einen Kreis ziehen. Spiele mit der Außenlinie. Für den Blumenstängel: Ziehe den Pinsel geschwungen mit der Restfarbe nach unten und fertig ist der erste Teil deiner Mandala-Blume. Lass dein Bild trocknen.

5

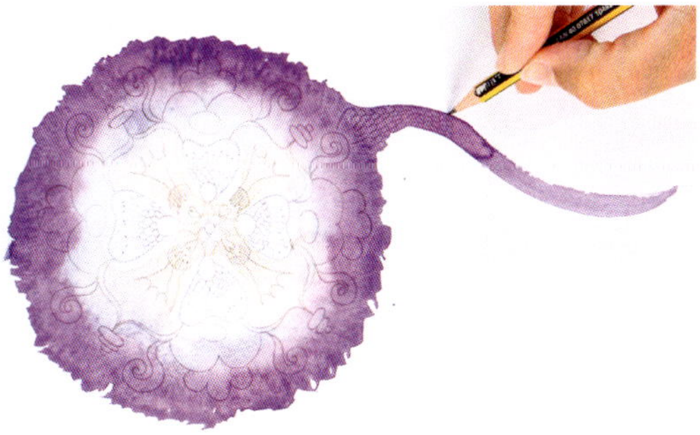

6

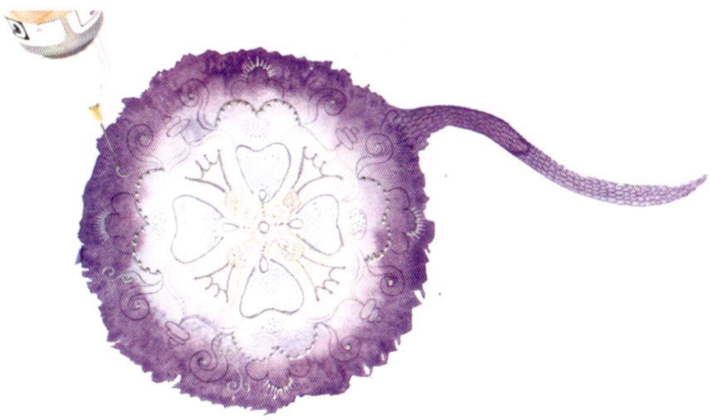

7

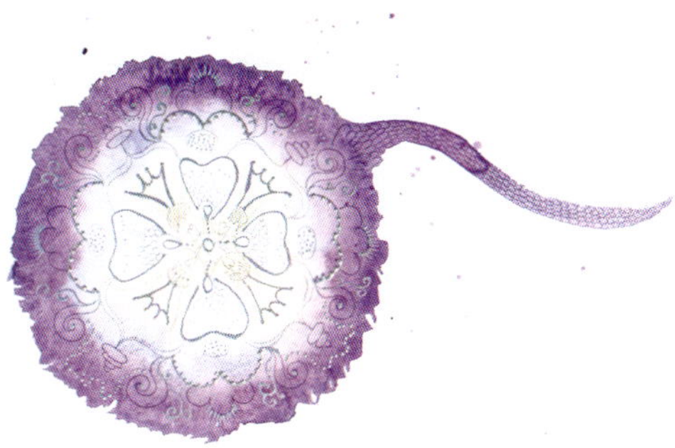

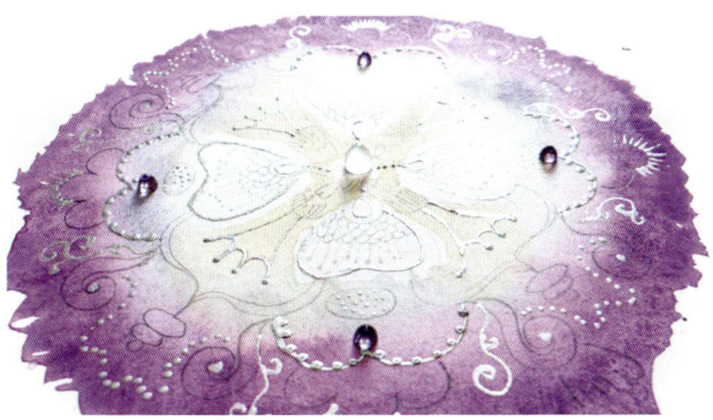

Maltagebuch

Mache eine kleine Pause und nutze die Trockenzeit, um deine Gedanken aufzuschreiben.

- *Was fühlst du beim Malen?*
- *Mit welchen Gedanken bist du verbunden?*

5 VERSCHNÖRKELUNG: Nimm einen gespitzten Bleistift und verziere diese Farbenpracht mit wunderschönen Ornamenten. Du kannst auch hier einen anderen Stift nehmen. Fühle hinein, in welcher Stimmung du bist, und wähle intuitiv den Stift aus, mit dem du dein Mandala verschnörkeln möchtest.

6 VEREDELUNG: Nun kannst du dein Mandala mit Silber oder Gold veredeln. Ich habe mich hier für Silber entschieden.

7 SPRENKLER: Wenn du noch Lust auf ein paar Sprenkler hast, dann decke dein Mandala vorher ab und wähle eine Farbe aus, um ein paar Pünktchen auf dem Papier zu setzen.

TIPP: *Du kannst dein Mandala auch mit kleinen Edelsteinen verzieren. Hier habe ich Amethyst und Mondstein passend zu den Farben gewählt.*

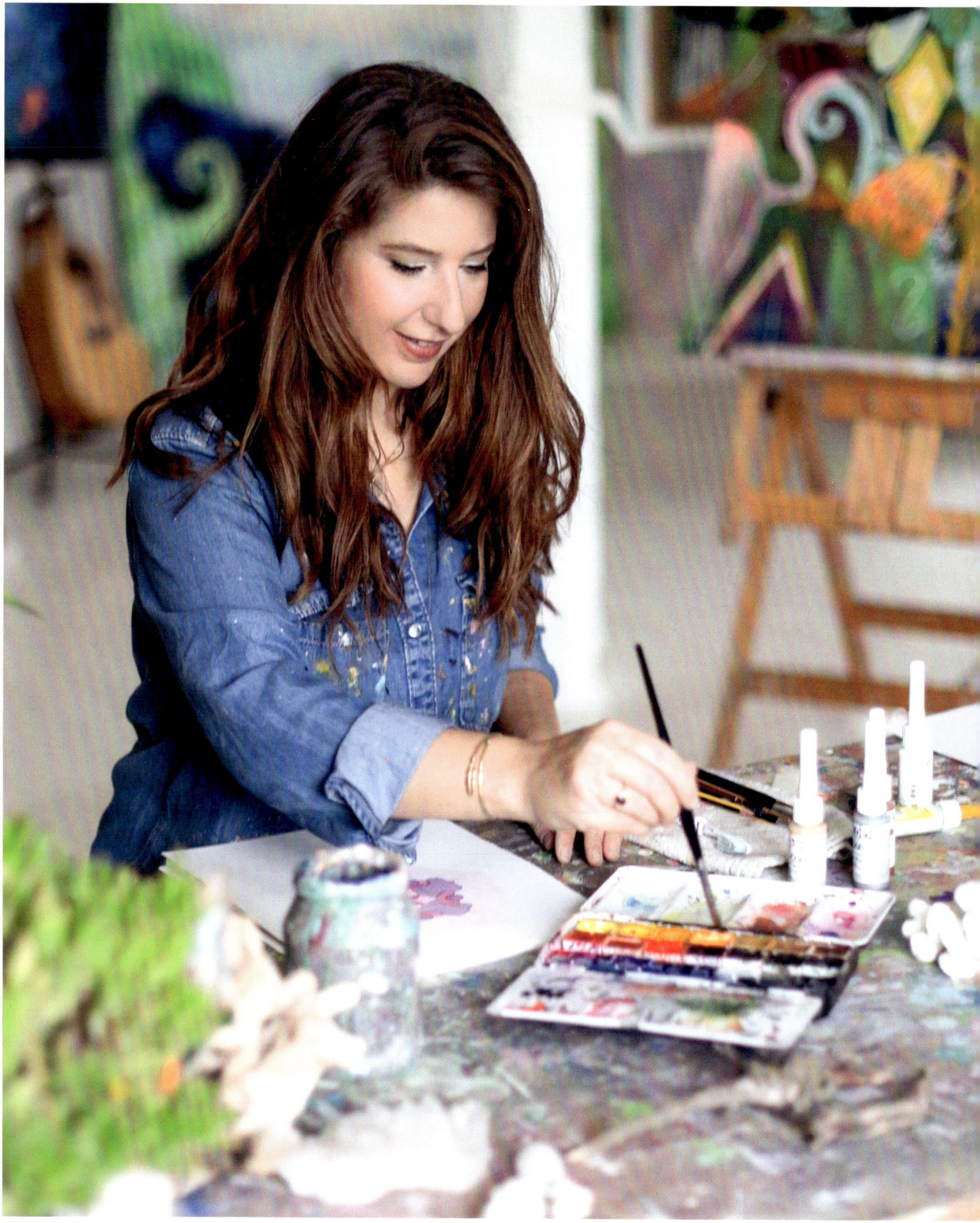

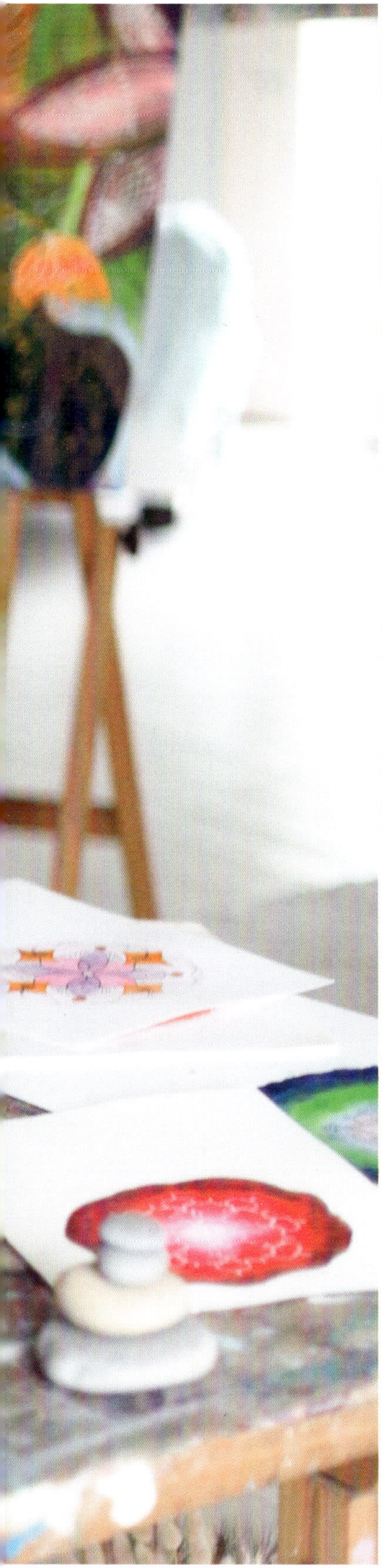
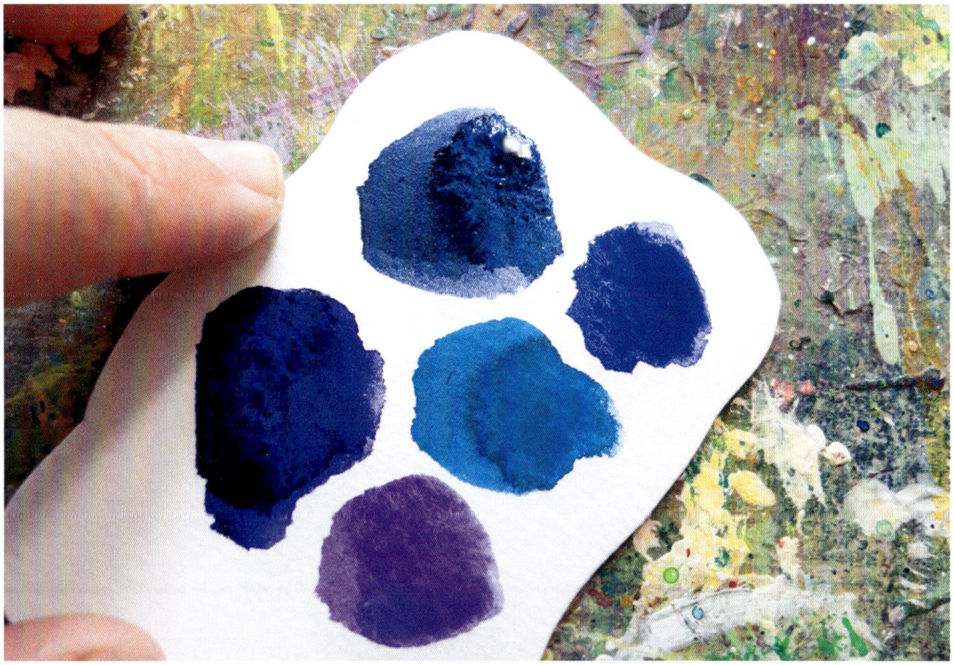
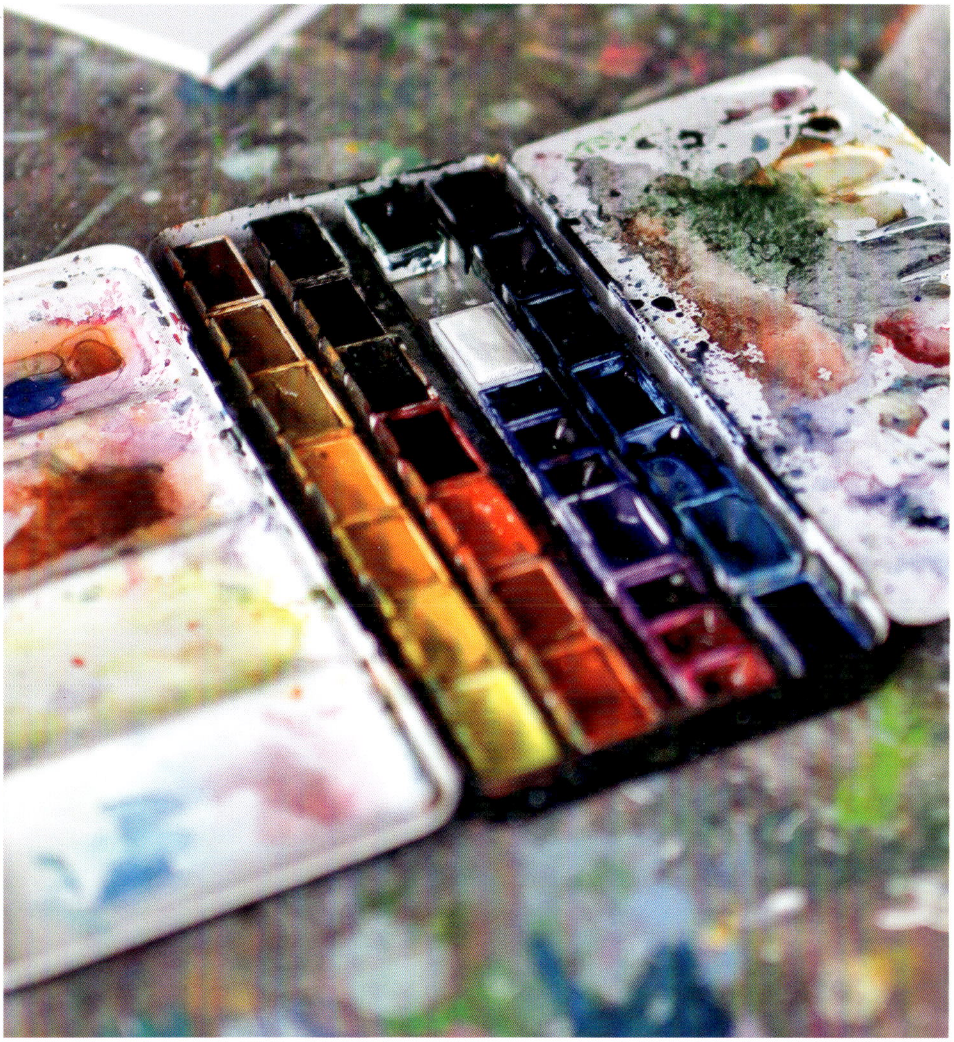

JUST A BEAUTIFUL *Thought*

Leuchtend warm und farbenfroh lädt dieses Aquarell-Mandala dich ein, deine innere Schönheit wieder mehr wahrzunehmen und auch im Außen zum Leuchten zu bringen. Lebensfreude wächst aus Harmonie und Selbstliebe. Bevor du mit dem Malen beginnst, schreibe einmal mindestens zehn Dinge in dein Maltagebuch auf, die du an dir magst. Verbinde dich auch während des Malens mit schönen Erinnerungen zu diesen zehn Dingen. Du verewigst diese Energie auch in deinem Mandala, und immer wenn du später darauf schaust, wird dieses Mandala dir all die schönen Gedanken widerspiegeln.

MATERIAL

- Aquarellpapier
- Bleistift, Spitzer, Radiergummi
- Aquarellkasten (Farbvorschlag: Weiß, Gelb, Orange, Pink, Magenta, Violett)
- Aquarellpinsel Gr. 8
- Silberfarbe (z.B. Golden Fluid Acrylics Iridescent Fine in Silber und Aufsatz Artliner von Vang)

AFFIRMATION

Wenn ich nach innen schaue, sehe ich alle meine Schätze.

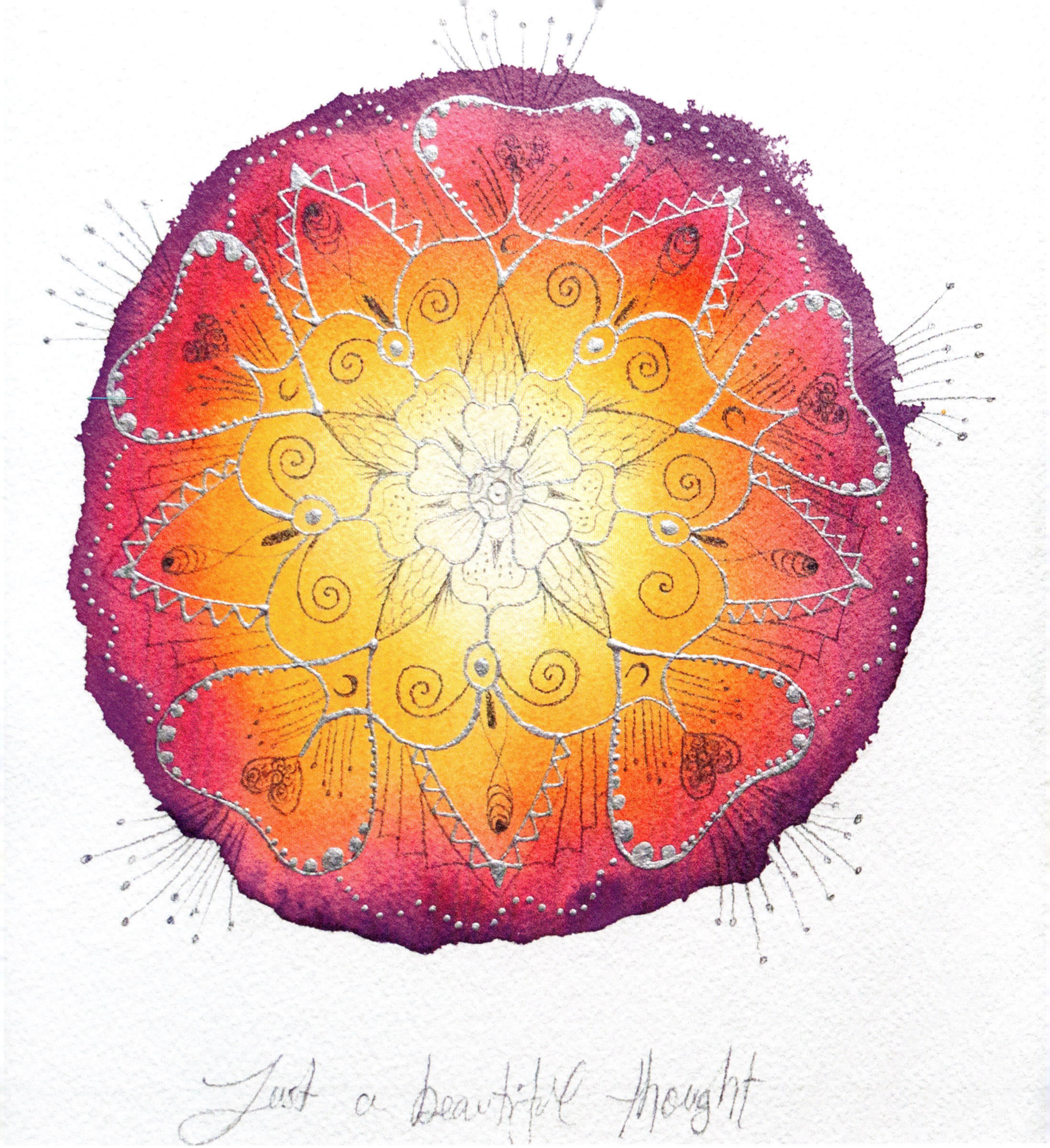
Just a beautiful thought

SO GEHT'S

1

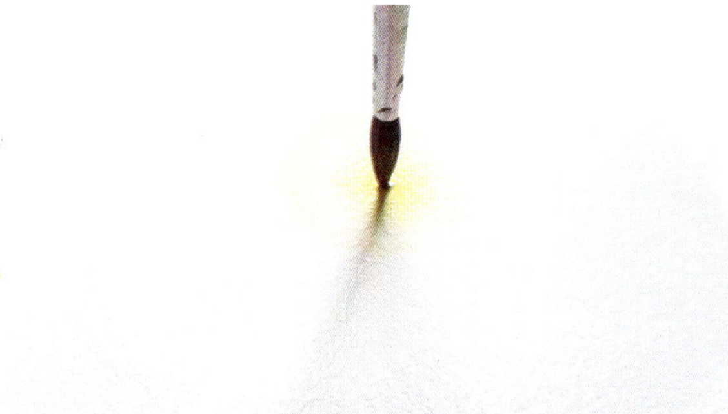

2

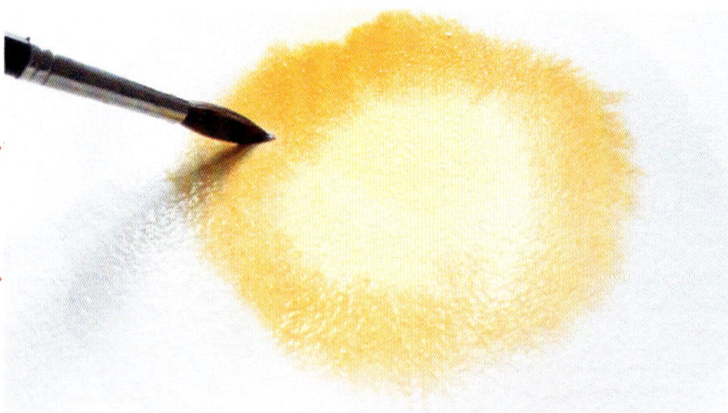

3

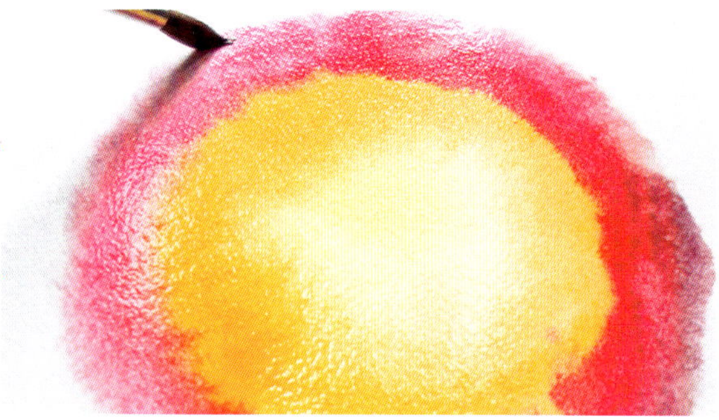

4

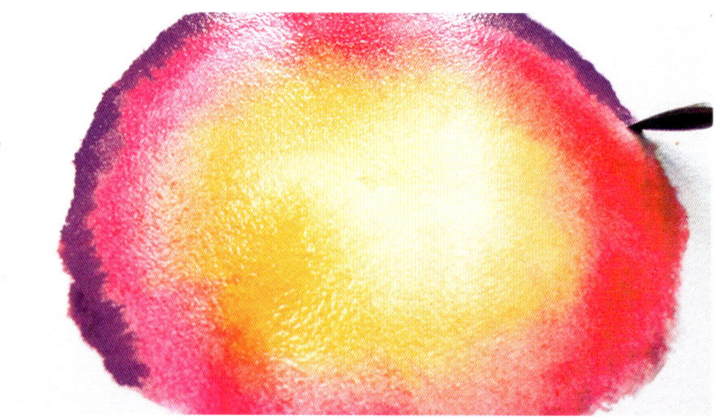

1 WASSERAUFTRAG: Feuchte dein Papier mit dem Pinsel vorher kreisrund an, wie hier auf der Abbildung. Das muss kein perfekter Kreis sein, sondern er kann etwas lockerer sein. Setze nun in die Mitte deinen ersten zitronengelben Farbfleck. Schaue zu, wie er sich immer weiter im Kreis ausdehnt.

2 FARBAUFTRAG: Nimm nun ein wärmeres Gelb mit deinem Pinsel auf und tupfe im Kreis einmal drum herum. Du kannst den Pinsel auch zart im Kreis ziehen. Wichtig ist die Kombination aus Farbe und Wasser. Wenn du zu viel Wasser hast, dann zerläuft deine Farbe überall hin. Mit dem Pinsel kannst du die überschüssige Farbe aufsaugen und in deinen Wassernapf abstreifen. Falls du zu viel Farbe hast, erkennst du das daran, dass die aufgetragene Farbe nicht zerläuft. Dann nimm mehr Wasser mit deinem Pinsel hinzu.

3 WEITERE FARBE: Im selben Verfahren habe ich die Farbe Pink einmal im Kreis herumgetupft.

4 WEITERE FARBE: Den Farbkreis beende ich hier mit einem Violett. So entsteht ein schöner, harmonischer Farbverlauf von hellen Farben in der Mitte bis zu dunkleren Farben im äußeren Bereich.

5 AKZENT: Um in der Mitte noch einen etwas helleren Akzent zu erzeugen, sauge mit dem Pinsel im Inneren etwas Farbe auf. Lass alles gut trocknen und male erst weiter, wenn dein Papier durch das Trocknen wieder glatt geworden ist und keine Papierwellen mehr vorhanden sind.

5

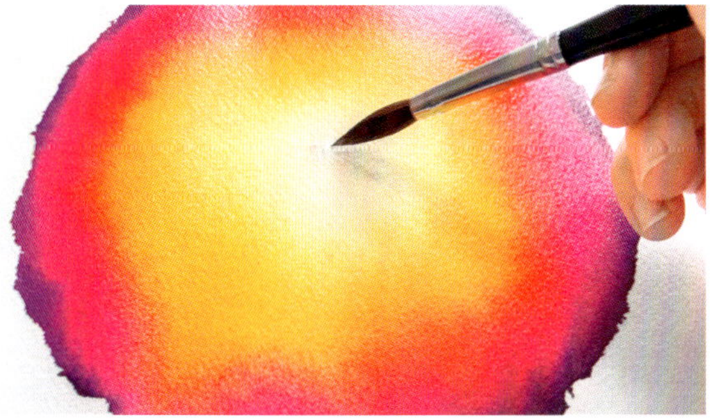

6

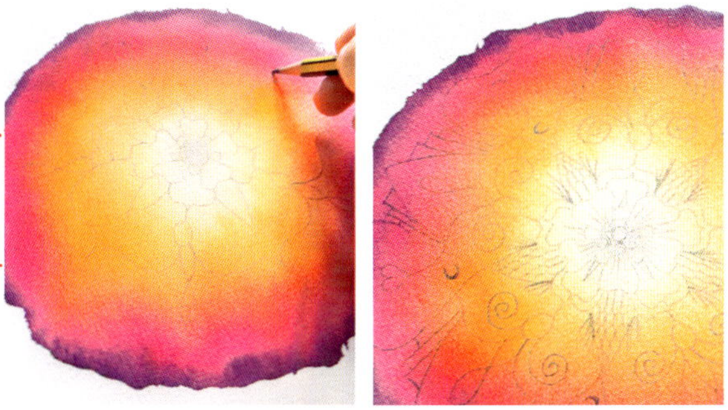

7

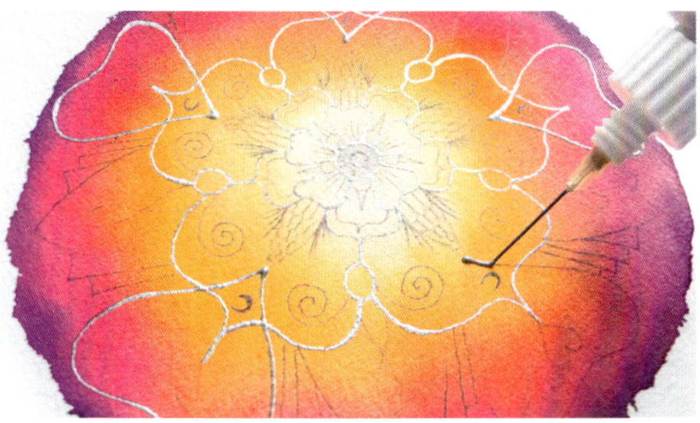

8

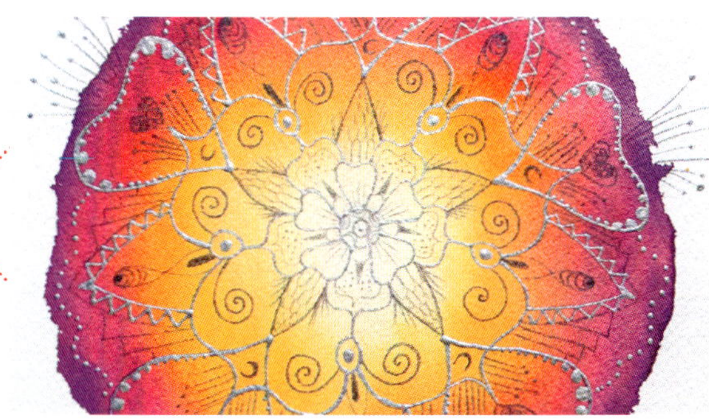

Maltagebuch

Nutze die Trocknungszeit, um dein Maltagebuch mit deinen Gedanken zu füllen. Fallen dir noch weitere Dinge oder Charaktereigenschaften ein, die du an dir magst? Oder hast du eben beim Malen ein schönes Erlebnis gehabt?

6 VERSCHNÖRKELUNG: Mit einem Bleistift kannst du nun schöne Symbole und Mandala-Formen entstehen lassen. Am einfachsten ist es, wenn du zuerst mit einem groben „Raster" beginnst und diese Formen später noch detailverliebt ausfüllst.

7 VEREDELUNG: Als nächsten Schritt kannst du dein Mandala mit Silber oder Gold veredeln und bestimmte Formen, die du besonders magst, nachziehen und somit besonders betonen.

8 FEINHEITEN: Hier habe ich zum Schluss noch einmal ein paar Feinheiten mit dem Bleistift gezeichnet, um das Mandala noch lebendiger zu gestalten. Nun kannst du deinem Mandala noch einen Spruch widmen oder sogar noch Sprenkler hinzufügen, wie es dir gefällt, und fertig ist dein Bild.

Wie in dieser Übung kannst du jedem Mandala ein bestimmtes Lebensthema oder einen Herzenswunsch widmen. Hier ging es um deine Selbstliebe. Aber du kannst es auch mal mit Vertrauen, Loslassen oder Frieden ausprobieren.

EIN *Aquarell-Mandala* AN EINEM BESONDEREN ORT

In dieser Übung möchte ich dich einladen, ein Mandala auf einer besonderen Reise, im Urlaub oder an einem Kraftort deines Herzens zu malen. Packe deine Aquarellsachen ein, und wenn du einen besonderen Ort in der Natur entdeckst, setze dich hin, mache eine Pause und beginne zu malen. Durch die neue Atmosphäre verführen dich deine Sinne zu ganz anderen Farben und Formen. Dies ist ein wundervolles Erlebnis! Verbinde dich mit deinem magischen Ort und male dir ein Mandala-Souvenir genau dort, wo deine Seele glücklich ist.

MATERIAL

- Druckerpapier
- Aquarellpapier
- Bleistift, Spitzer, Radiergummi
- Aquarellkasten (Farbvorschlag: Rosa, Magenta)
- Aquarellpinsel Gr. 8
- Goldfarbe (z.B. Golden Fluid Acrylics Iridescent Fine in Gold und Aufsatz Artliner von Vang)
- Mandala-Vorlage

AFFIRMATION

Ich fühle eine tiefe Verbundenheit in meinem Herzen mit dem Leben allen Seins. Ich genieße jeden Augenblick in der Natur.

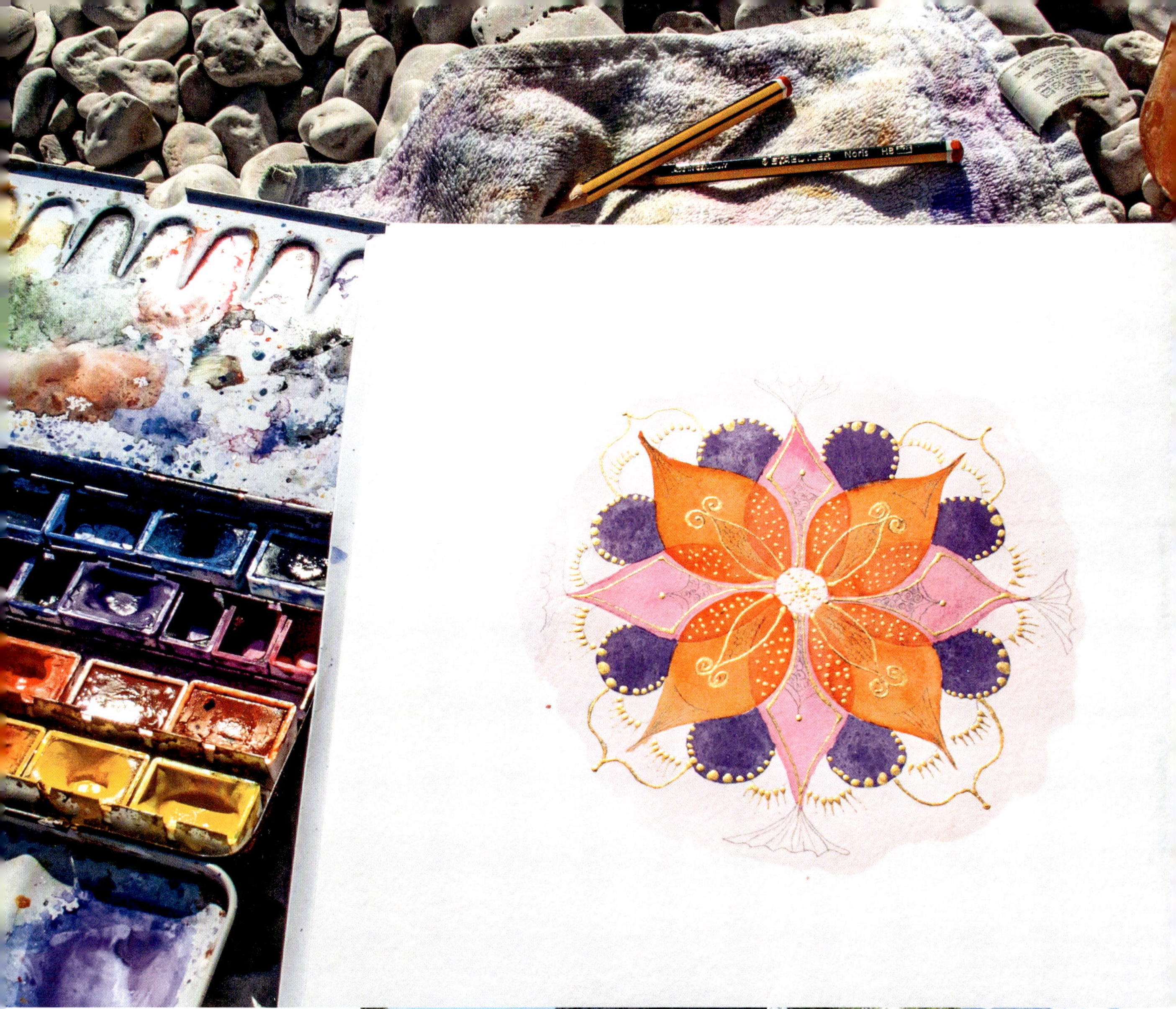

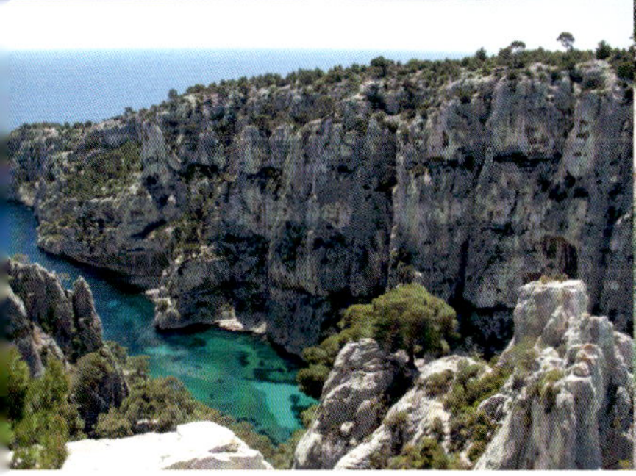

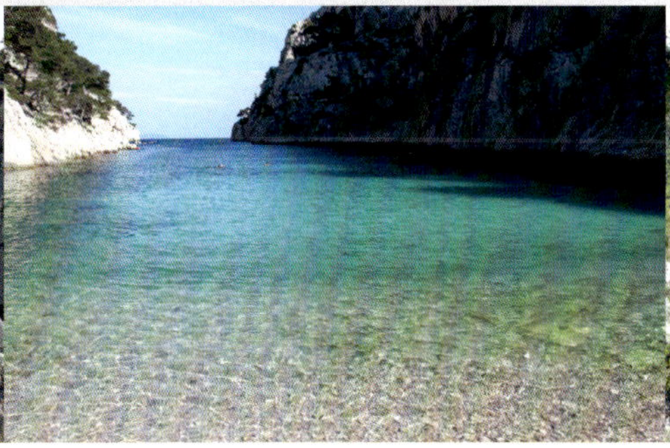

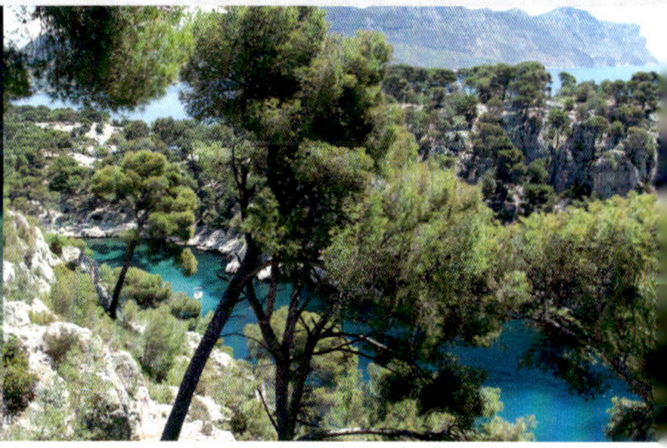

Die Vorlage für das „Mandala an einem besonderen Ort" findest du hier: ***buch.yvonnelamberty.com***

SO GEHT'S

1

2

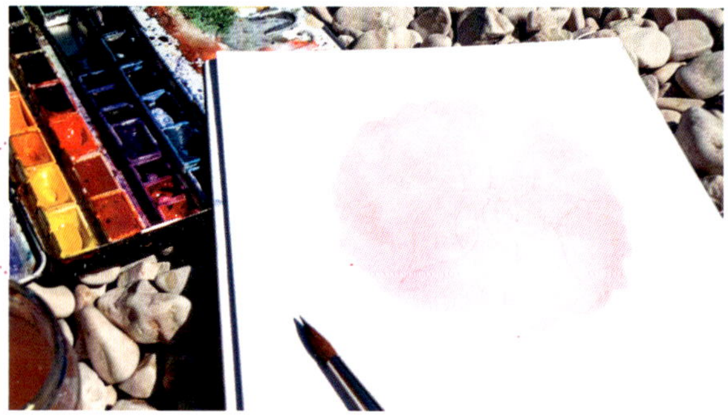

3

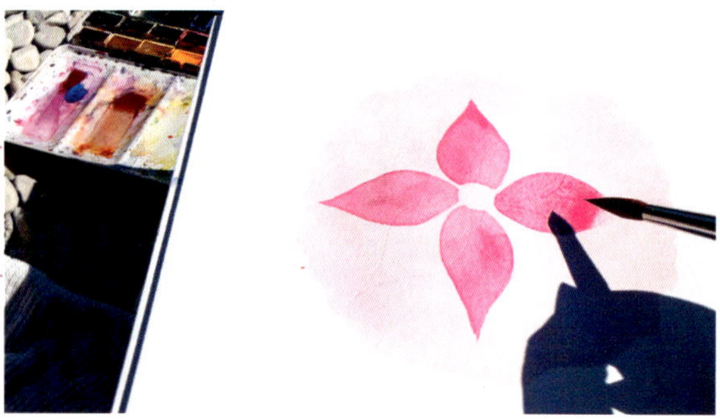

4

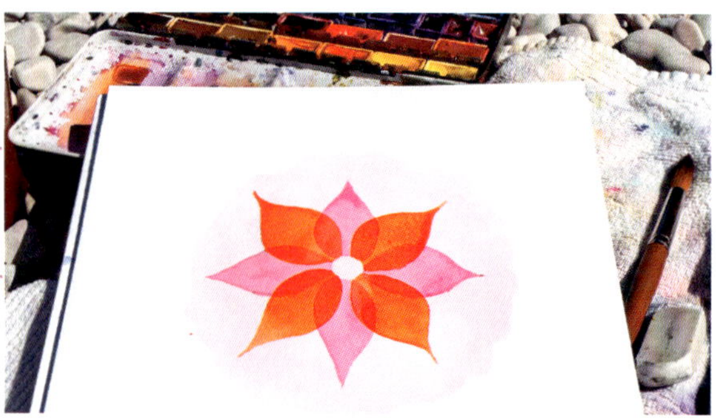

1 VORZEICHNEN: Zeichne diese Vorlage nach oder verwende eine ausgedruckte Vorlage. Lege das Papier mit dem Druck oder der Zeichnung mittig auf dein Aquarellpapier. Mit dem Bleistift kannst du die Linien fest nachziehen, sodass auf dem Aquarellpapier der Durchdruck sichtbar wird.

2 FARBAUFTRAG: Tauche deinen Pinsel in Rosa und male eine grobe runde Form, die nicht perfekt sein muss. Der Kreis ist so groß, dass das komplette Mandala-Muster umfasst wird. Wichtig: Bitte nimm viel Wasser und wenig Farbe (Verhältnis ca. 80% zu 20%).

3 WEITERER FARBAUFTRAG: Lass die Farbe gut trocknen. Male zunächst erst diese vier Formen in einem zarten Magenta aus. Bitte nimm auch hier das Mischverhältnis von Wasser 80% und Farbe 20%.

4 WEITERER FARBAUFTRAG: Erst wenn deine Lasur und das Papier ganz trocken sind, nimm ein Orange, auch wieder im selben Mischverhältnis, und male nun die andern vier Formen aus. Dadurch, dass du nun auch beim Ausmalen der Form über das andere Ornament malst, entsteht bei dieser Lasur eine ganz hübsche Terrakotta-Farbe.

5 WEITERER FARBAUFTRAG: Nun habe ich das Mandala noch mal erweitert und runde violette Formen hinzu gemalt.

5
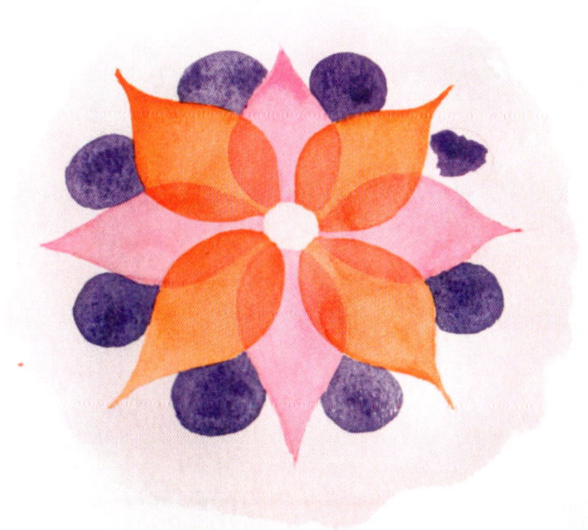

Maltagebuch

Mache eine kleine Pause und nutze die Trockenzeit, um deine Gedanken aufzuschreiben.

- *Was fühlst du beim Malen?*
- *Was kannst du gerade über deine Sinne wahrnehmen?*
- *Mit welchen Gedanken bist du verbunden?*

6
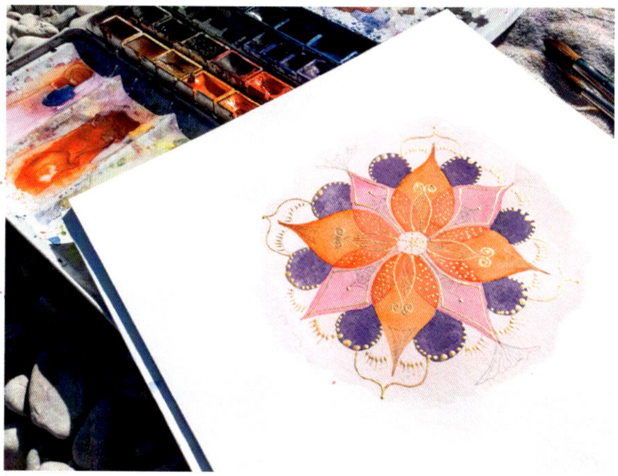

6 VERSCHNÖRKELUNG UND VEREDELUNG: Du kannst mit dem Bleistift Formen erschaffen, die du dann mit Gold oder Silber veredeln kannst.

Lass deine Mandala-Symbolik intuitiv entstehen und genieße den Ort, an dem du gerade malst. Achte darauf, was du alles über deine Sinne ganz intensiv aufnehmen kannst, und nimm dir viel Zeit, um in die meditative Mandala-Symbolik abzutauchen. Genieße diesen Moment.

7
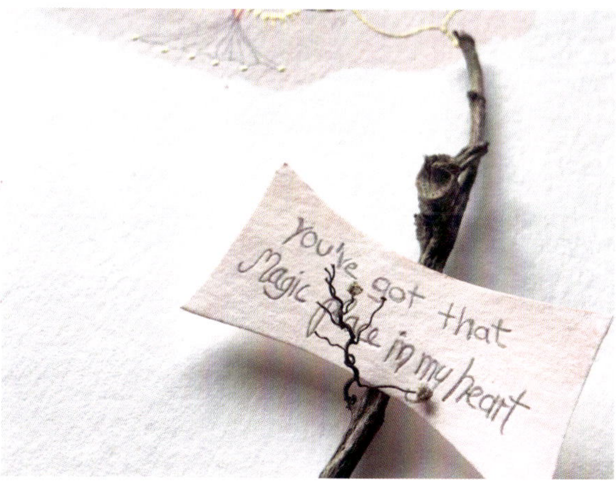

7 NATURMATERIALIEN: Als ich dieses kleines Ästchen auf meinem Rückweg sah, packte ich es in meinen Rucksack und hatte die Idee, mein Mandala mit dieser kleinen Botschaft zu kombinieren. Mit Sekundenkleber habe ich den Ast und das Mini-Schild angeklebt. Fertig ist ein ganz individuelles Mandala.

Dieses Aquarell-Mandala ist in den Calanque d'En-Vau, einem Naturschutzgebiet an der Côte d'Azur, entstanden. Es ist ein magischer Ort für mich, direkt am türkisfarbenen Mittelmeer bei den weißen Kalkfelsen, umringt mit Pinienwäldern. Für meine Wanderung zu diesem Ort habe ich mir meine Aquarellsachen eingepackt und einen besonderen Moment in diesem Mandala festgehalten.

AQUARELL-MANDALA
Sternenlicht

Man sollte immer aufpassen, was man sich wünscht, denn es könnte in Erfüllung gehen! Und weil wir unsere Träume und Wünsche oftmals unterdrücken, möchte dich dieses Mandala einladen, um nach den Sternen zu greifen. Die ruhige Farbkraft der blauen Töne bringt dir Klarheit und eine friedliche Stimmung. Schreibe einmal in dein Maltagebuch auf: Was sind deine Herzenswünsche? Genieße diesen manifestierenden Malmoment. Das Universum kann deine Wünsche kaum erwarten.

MATERIAL

- Aquarellpapier
- Bleistift, Spitzer, Radiergummi
- Aquarellkasten (Farbvorschlag: Violett, Lapislazuliblau, Azurblau, Dunkelblau)
- Aquarellpinsel Gr. 8
- Kupferfarbe (z.B. Golden Fluid Acrylics Iridescent Fine in Kupfer und Aufsatz Artliner von Vang)

AFFIRMATION

Ich verdiene das Beste und öffne mich für die Wunder des Lebens.

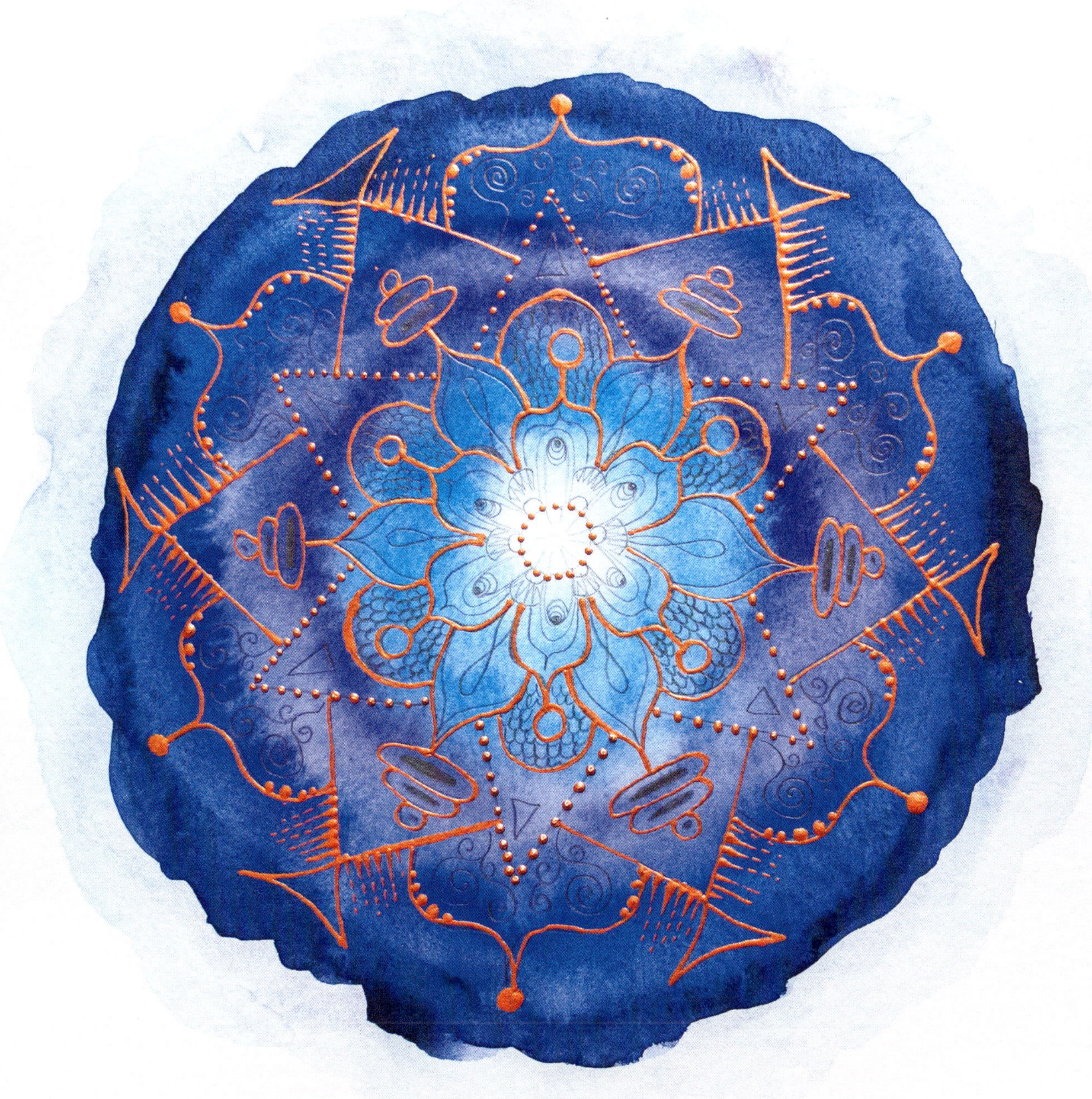

SO GEHT'S

1

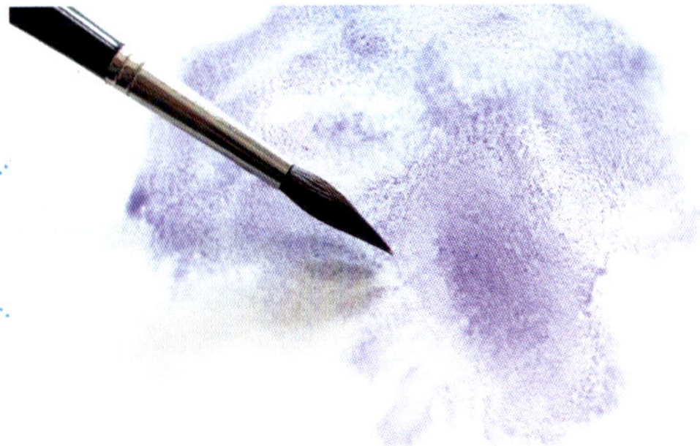

2

3

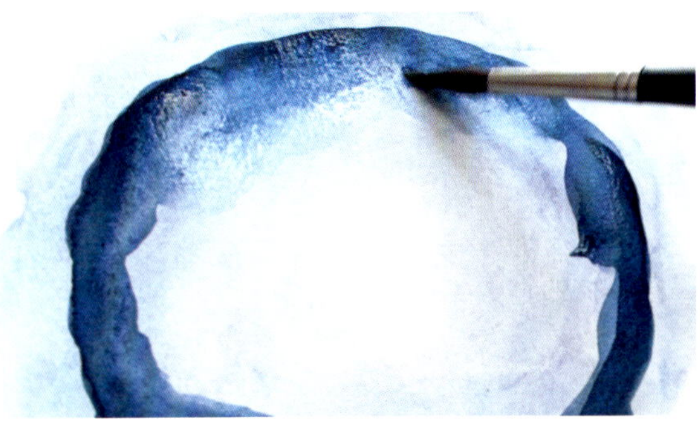

4

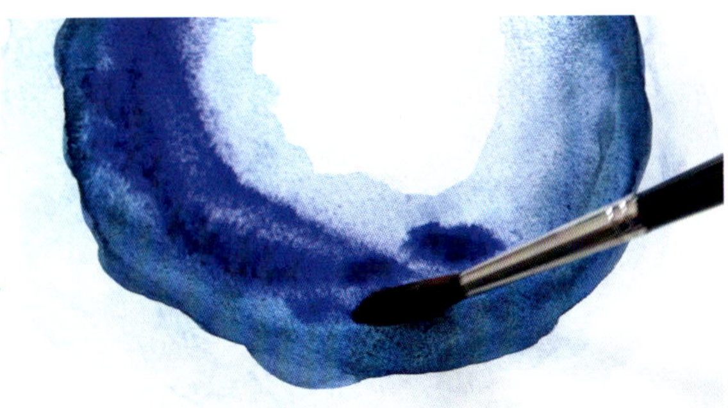

1 WASSERAUFTRAG: Mit einem nassen Pinsel malst du einen Kreis auf das Papier. Anschließend nimmst du mit viel Wasser ein wenig Violett auf und lässt die Farbe mit dem zuvor aufgetragenen Wasser schön verlaufen.

2 FARBAUFTRAG: Mische in die noch feuchte Lasur ein helles, zartes Blau dazu und sauge mit dem Pinsel im Inneren des Kreises die Farbe wieder auf, damit das Innere deines Kreises heller bleibt.

3 WEITERER FARBAUFTRAG: Lass die erste Lasur trocknen. Mit einem dunklen Nachtblau kannst du nun den äußeren Rand deines Mandalas malen. Dabei kannst du den Kreis, wie hier in der Abbildung, locker und wellig malen. Es muss nicht perfekt sein.

4 WEITERER FARBAUFTRAG: Hier habe ich als Nächstes die Farbe Violett gewählt und in die noch nasse nachtblaue Farbe hineingemalt.

5 WEITERER FARBAUFTRAG: Lass nun deinen Pinsel mit einer hellblauen Farbe auf dem Aquarellpapier tanzen. Die Mitte bleibt dabei frei. Wenn dir jedoch Farbe in die Mitte läuft, kannst du sie mit dem Pinsel einfach aufsaugen. Lass deinen Farbkreis nun ganz trocknen. Warte, bis das Papier nicht mehr wellig ist. Erst dann kann es weitergehen.

5

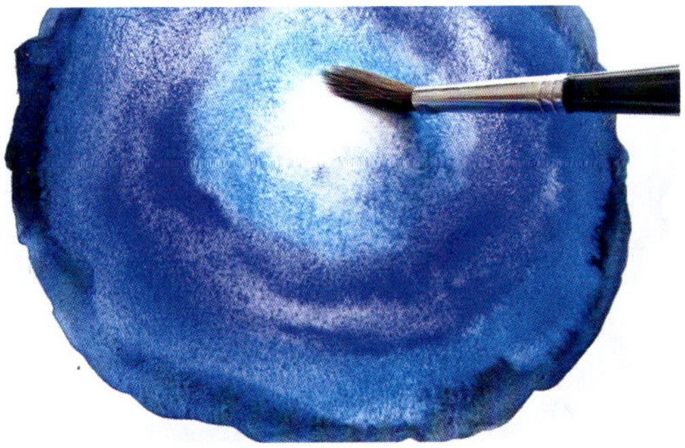

6

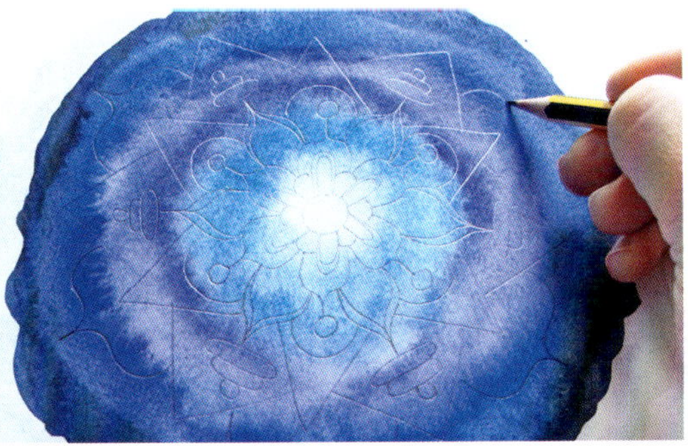

7

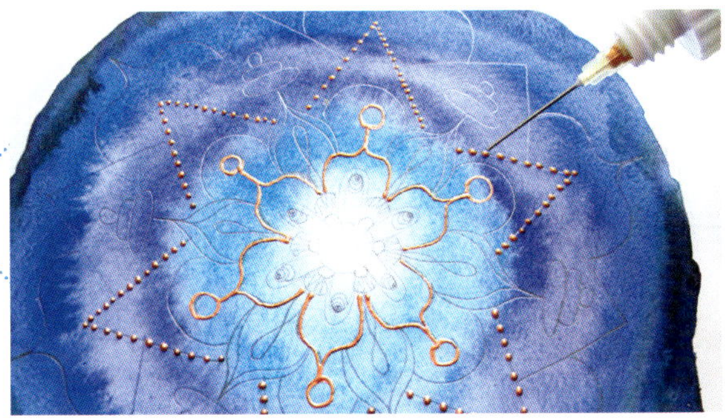

8

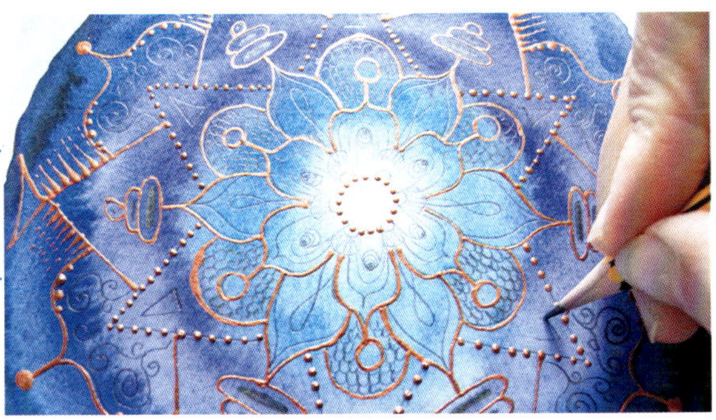

Maltagebuch

Nutze die Trockenzeit für dich, lege dich für 20 Minuten hin. Mache nichts, außer dass du einfach schön vor dich hin träumst. Hier eine kleine Anregung von mir: Wenn du jetzt eine Sternschnuppe sehen würdest, was würdest du dir wünschen? Gehe diesem Wunsch nach und stelle dir vor, er wäre schon eingetroffen. Wie sähe dein Leben aus? Was würdest du tun? Lasse deiner Fantasie freien Lauf. Wenn du mit dem Träumen fertig bist, schreibe dir gern deine Gedanken und Gefühle dazu auf.

6 VERSCHNÖRKELUNG: Ist alles getrocknet, kannst du beginnen deinen Kreis zu verschnörkeln. Nimm dazu deinen Bleistift und beginne in der Mitte. Zuerst kann dein Mandala-Muster etwas gröber sein, sodass du das „Gerüst" malst, und dann kannst du es später im Detail ganz fein ausarbeiten.

7 VEREDELN: Für dieses Mandala habe ich mir die Farbe Kupfer ausgesucht. Silber oder Gold hätten auch ganz toll geleuchtet in der Kombination mit dem Blau. Das Kupfer hat für mich etwas Extravagantes. Fühle in dich hinein, welche Farbe du nehmen möchtest.

8 BLEISTIFT: Nach der Veredelung habe ich noch einmal mit Bleistift kleine Symbole hineingemalt. Optional kannst du Sprenkler oder auch einen Spruch hinzufügen. Das überlasse ich ganz deinem Gefühl. Ich habe mich entschlossen, das Sternenlicht-Mandala ganz pur zu lassen, ohne Sprenkler und Spruch.

WILD GESPRENKELTES Mandala

Dieses Mandala ist eine schöne Farbexplosion und mit dieser Technik auch schnell gemalt. Von der wilden Optik geht jedoch eine große Harmonie aus, die deine Gedanken Richtung Herz lenken möchte. Welchen schönen Gedanken möchtest du beim Malen mitnehmen?

MATERIAL

- Aquarellpapier
- Bleistift, Spitzer, Radiergummi
- alte Zahnbürste
- Aquarellkasten (Farbvorschlag: Neongelb, Türkis, Hellgrün)
- Aquarellpinsel Gr. 8
- Goldfarbe (z.B. Golden Fluid Acrylics Iridescent Fine in Silber und Aufsatz Artliner von Vang)

AFFIRMATION

In der Mitte meines Herzens sprudelt eine unendliche Quelle der Liebe.

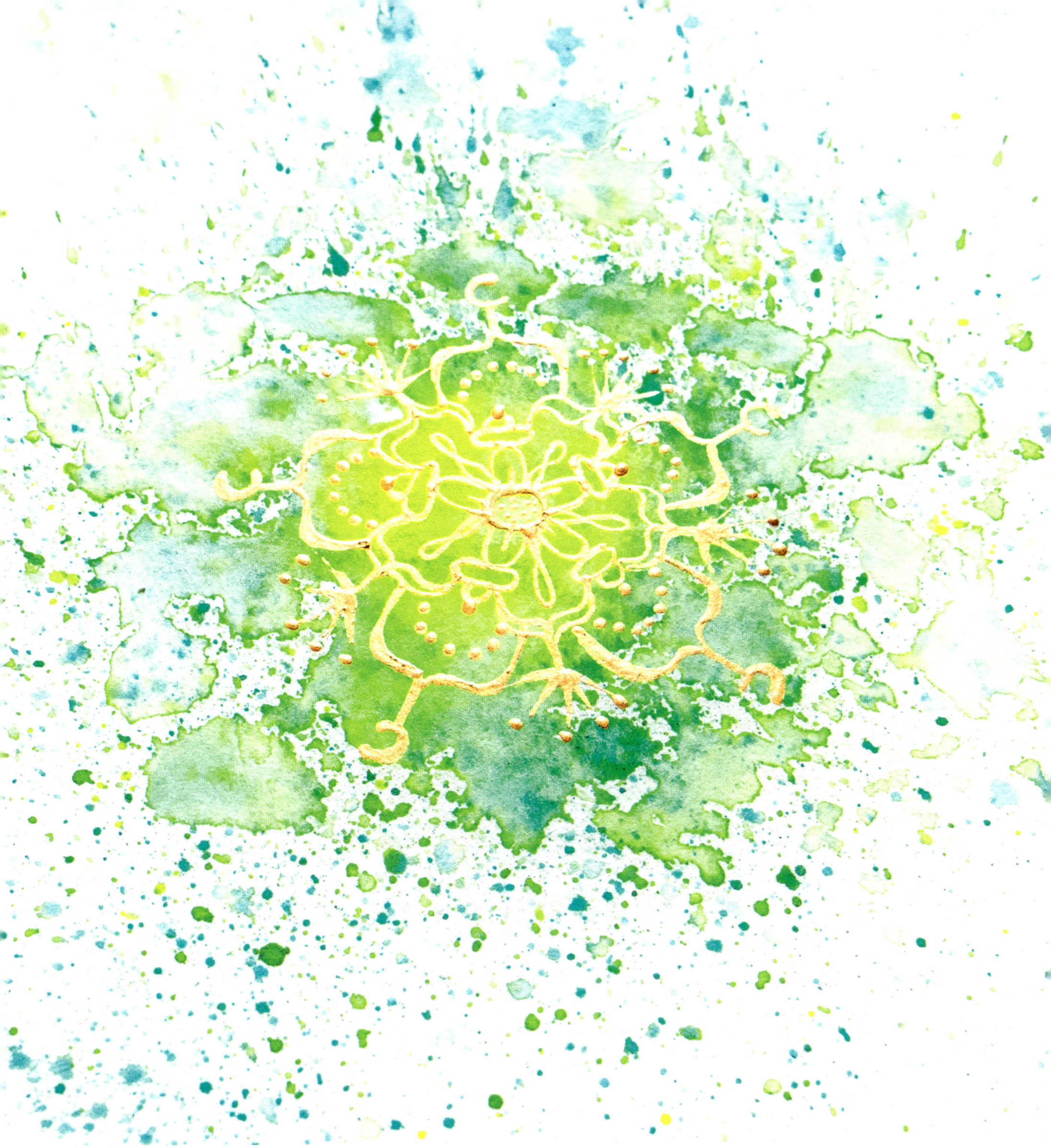

SO GEHT'S

1

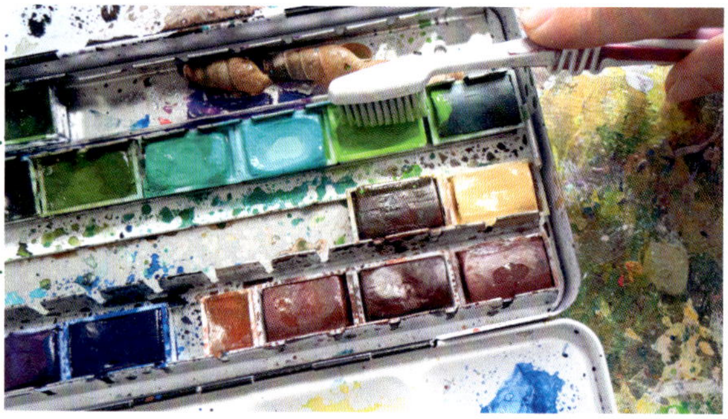

2

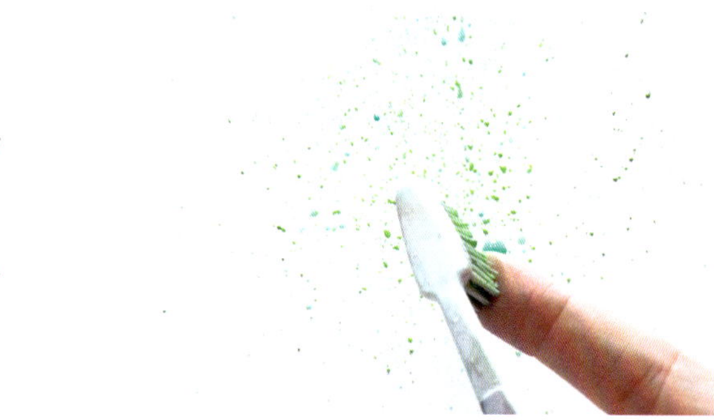

3

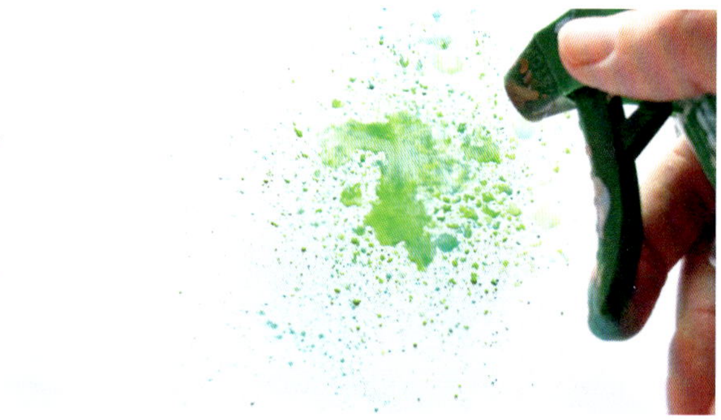

4

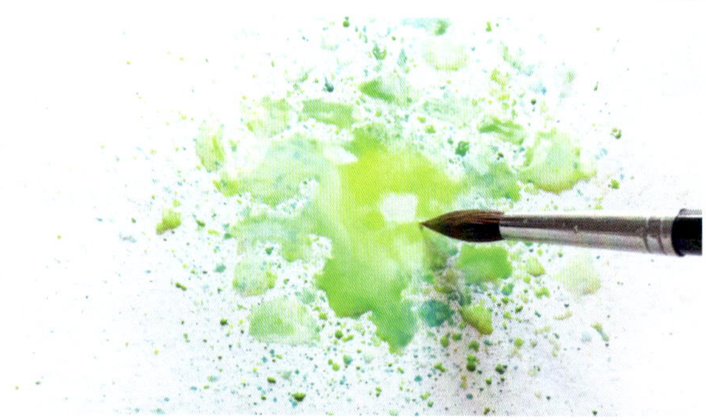

1 FARBEN BEFEUCHTEN: Feuchte deine Farben zuerst an. Am einfachsten geht das, indem du mit der Sprühflasche einfach in deine Farbnäpfe sprühst. Nimm eine ausrangierte Zahnbürste, tauche sie in Farbe, sodass die Borsten Farbe aufsaugen können.

2 SPRENKELN: Sprenkle die ausgewählte Farbe auf dein Aquarellpapier. Das können ca. zwei bis vier verschiedene Farben sein. Versuche eine runde Form zu kreieren.

3 SPRÜHFLASCHE: Spritze jetzt mit der Sprühflasche Wasser auf die Farbspritzer auf dem Papier. Am besten, du sprühst erst einmal von oben in die Mitte aus einer Entfernung von ca. 20cm. Dann sprühe eventuell noch weitere Stellen an, ganz nach deinem Gefühl.

4 HIGHLIGHTS: Mit dem Aquarellpinsel tupfe ich nun das Neongelb in die Mitte und lasse einen Punkt im Inneren frei. Mit einem Tuch kannst du auch in die Mitte tippen, um die Farbe herauszusaugen. Zudem setze ich noch intuitiv weitere kleine neongelbe Highlight-Punkte in die anderen nassen Stellen.

5

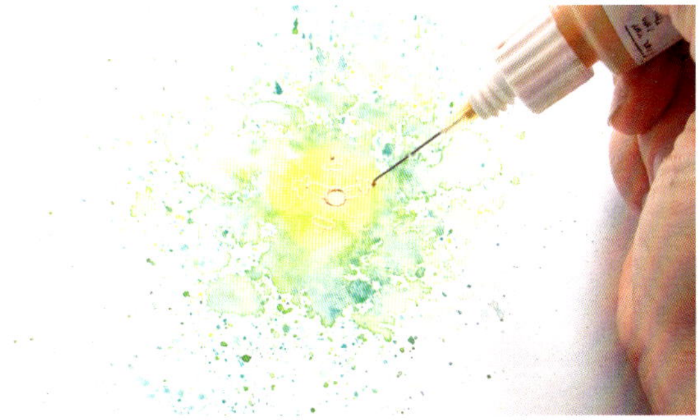

6

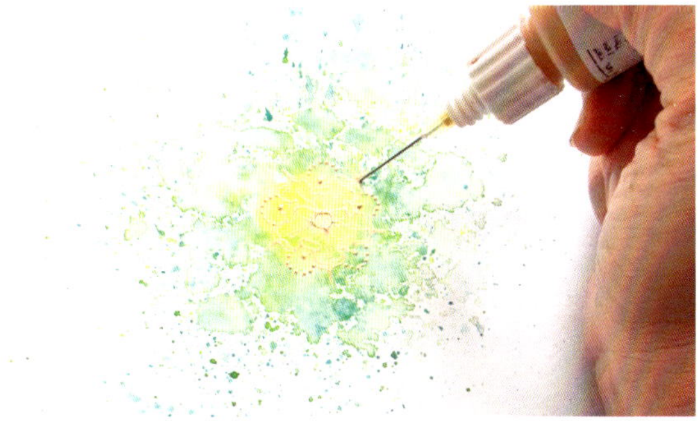

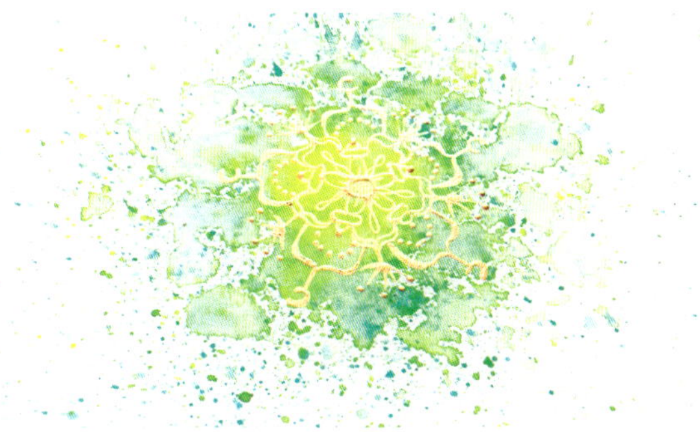

7

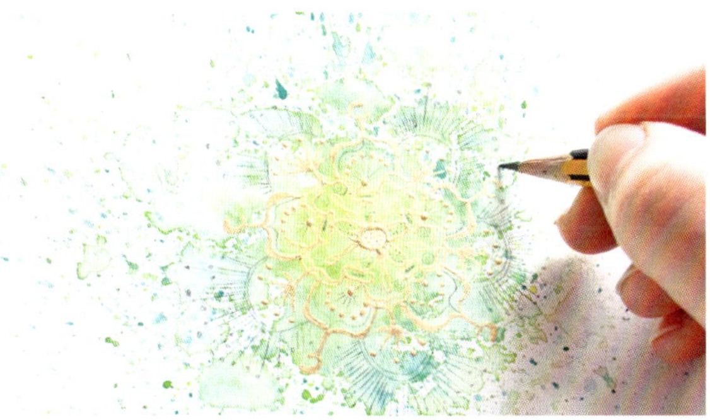

5 VEREDELN: Wenn die Farbe getrocknet ist, kannst du nun mit der goldenen Farbe dein Mandala aus der Mitte heraus gestalten.

TIPP: ***Wenn du lieber mit dem Bleistift beginnen willst, wenn du dich nicht trauen solltest, sofort mit dem Gold zu malen, kannst du natürlich auch nachdem deine Farben getrocknet sind, zuerst mit dem Bleistift beginnen und dann später bestimmte Konturen mit Gold veredeln.***

6 Lass dich von der gesprenkelten Farbexplosion inspirieren und forme intuitiv deine Muster. Atme bewusst tief ein und aus und genieße es, dir bei der Entstehung des Mandalas zuzuschauen.

7 AKZENTE: Hier habe ich noch mal ganz fein und detailverliebt kleine Akzente mit dem gespitzten Bleistift gesetzt.

STEIN*mandala*

Diese Übung, ein Mandala auf Stein zu malen, beginnt schon bei der Suche des richtigen Steins. Hierfür empfehle ich dir einen richtig schönen Spaziergang am Fluss, See oder am Meer. Überall dort, wo du vom Wasser geschliffene Steine finden kannst. Geh nicht alleine spazieren, sondern nimm deine schönen Gedanken mit auf deinen Spaziergang. Fokussiere dich dabei auf ein schönes Thema wie z.B. Liebe, Vertrauen, Klarheit, Dankbarkeit, Schutz oder Erdung. Genieße die Natur und visualisiere das Thema während, du einen Fuß vor den anderen setzt und bewusst nach einem schönen passenden Stein für ein Mandala Ausschau hältst.

MATERIAL

- Einen glatten Stein
- Decorlack, z.B. von Marabu (Farbvorschlag: Elfenbein, Hautfarbe, Sand, Mittelgelb, Resedagrün, Orange, Türkis)
- Aqua-Klarlack
- Acrylpinsel in Gr. XS
- Weiße Farbe (z.B. Golden Fluid Acrylics Iridescent Fine in Weiß und Aufsatz Artliner von Vang)

AFFIRMATION

Ich bin die schöpferische Kraft in meiner Welt.

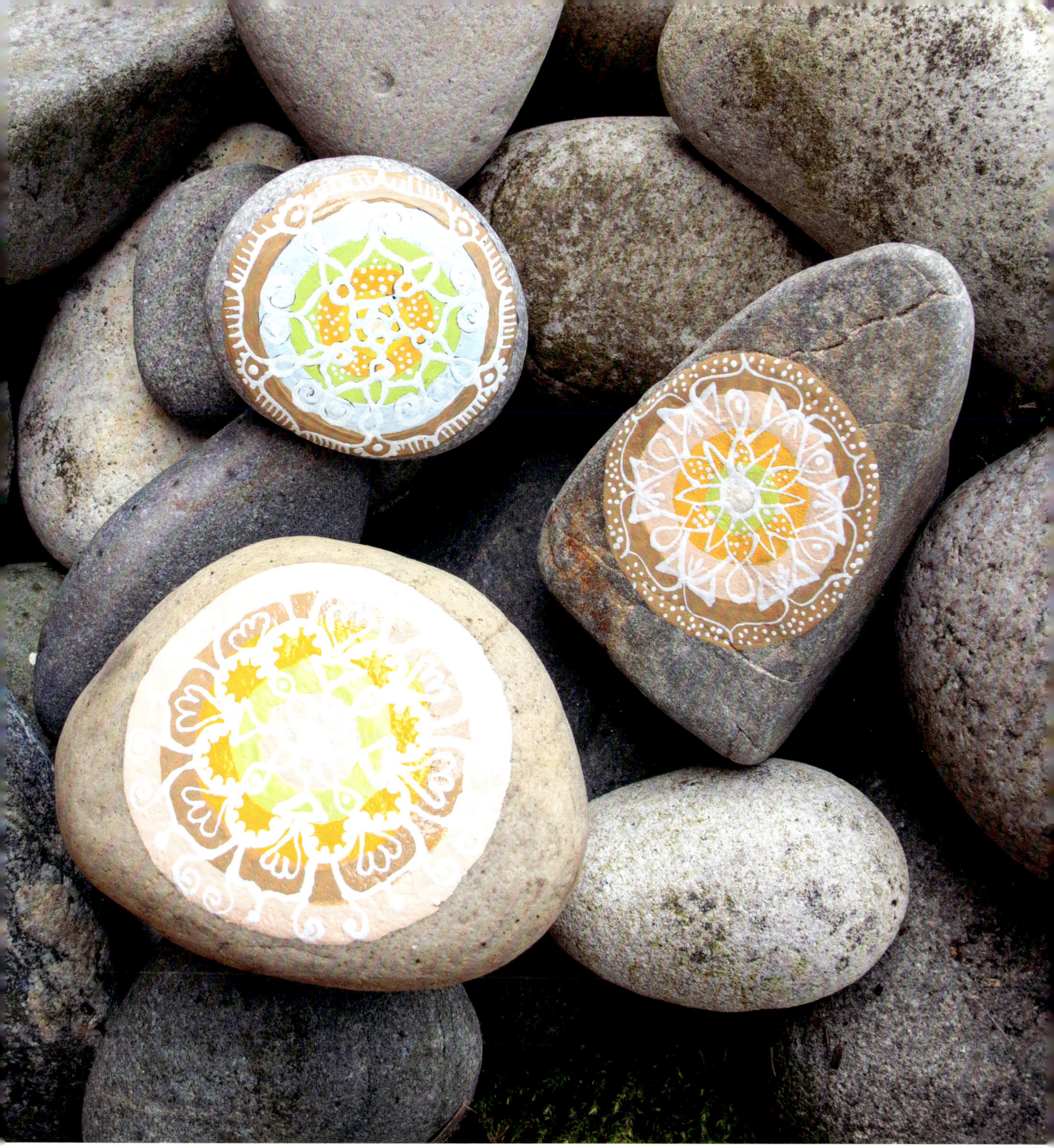

SO GEHT'S

1

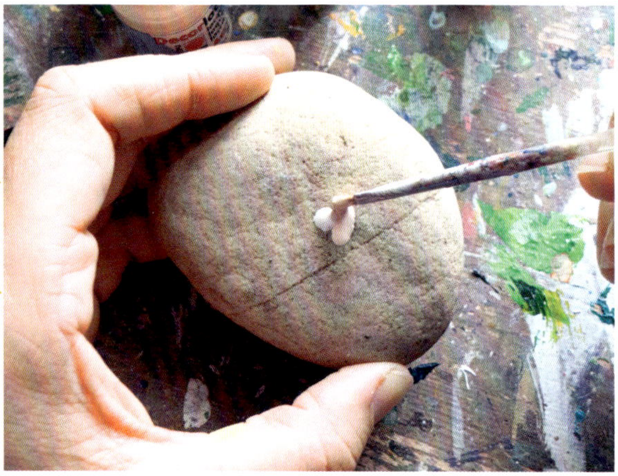

2

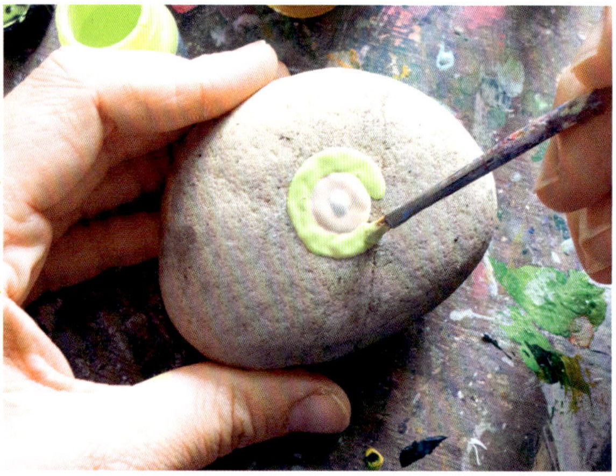

3

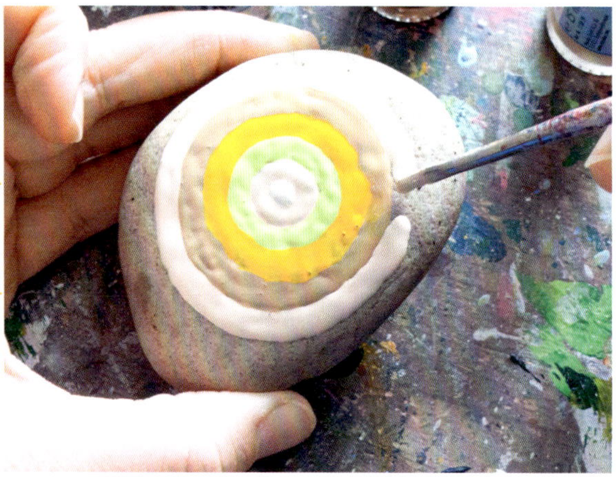

1 FARBE TUPFEN: Zu Beginn ist es wichtig, dass du die Farbenflüssigkeit in den Töpfchen einmal gut durchmischst, bevor du die Farbe mit deinem XS Pinsel auf dem Stein aufträgst. Rühre die Farbe mit dem Pinsel gut um, sodass sie schön cremig ist, tauche deinen Pinsel ein und tupfe die Farbe im Kreis herum auf den Stein.

2 WEITERER FARBAUFTRAG: Das zarte hautfarbene Rosé kombiniert mit einem Kreis in der Farbe Resedagrün assoziiere ich mit einer warmen Klarheit. Streiche nicht mit deinem Pinsel, sondern tupfe auch hier deinen nächsten Farbkreis um den davor entstandenen nassen Farbkreis. Hier ist ein ruhiges Händchen und viel Feingefühl von Vorteil.

3 AUSBESSERN: Auf diesem Bild kannst du gut sehen, dass etwas Farbe zwischen Gelb und dem Sandton verlaufen ist. Wenn das passiert, ist es nicht schlimm. Male weiter und lasse die Farben ganz trocknen, dann kannst du später, nach der Trocknung, noch einmal darübermalen und ausbessern.

Wenn deine Farbringe fertig sind, nutze die Trockenzeit für eine Pause. Fokussiere dich auf dein Thema und auf die Intention, mit der du das Steinmandala begonnen hast. Du kannst die Zeit auch nutzen, um in einem schönen Buch zu lesen. Genieße die Zeit!

4
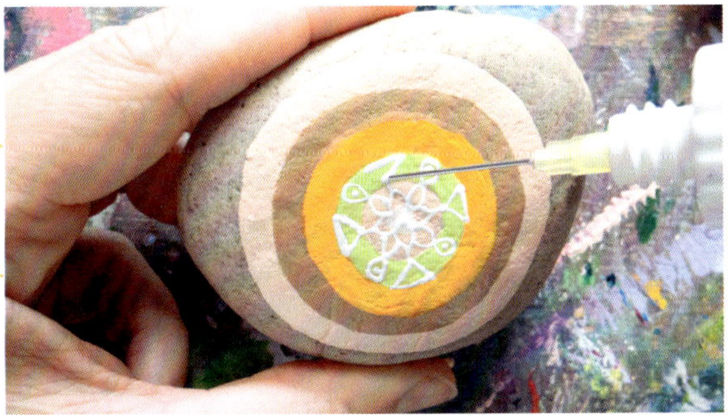

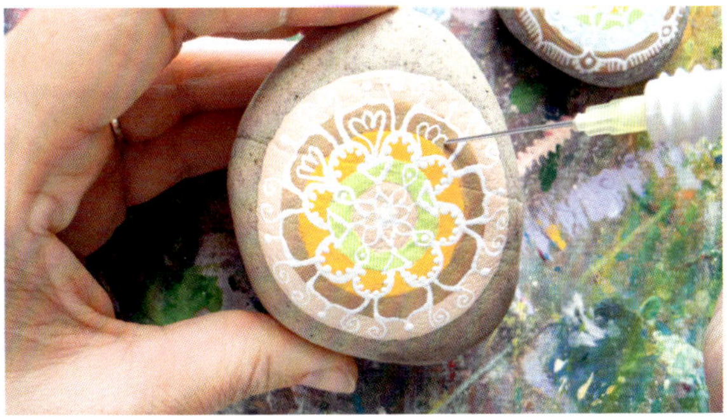

5
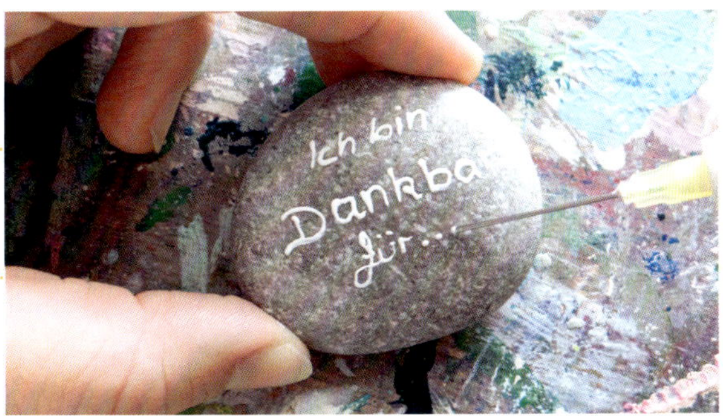

6
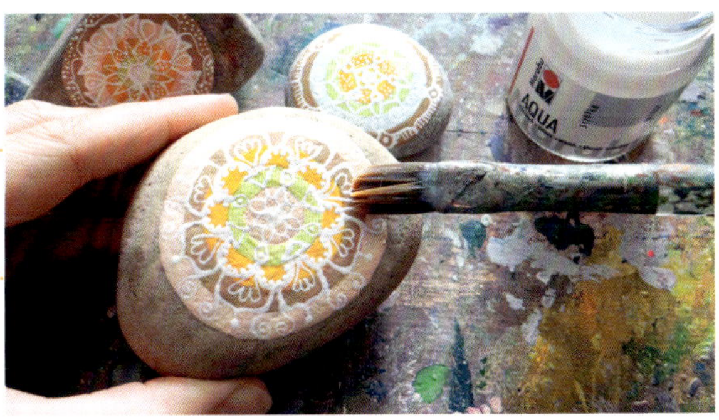

4 VEREDELN: Wenn die Farbe auf deinem Stein ganz trocken ist, kannst du nun mit einer Farbe deiner Wahl die Ornamentik auftragen. Für dieses Steinmandala habe ich mir die Farbe Weiß ausgesucht. Silber oder Gold hätten auch ganz toll geleuchtet in der Kombination.

TIPP: *Drehe deinen Stein immer so, dass du deine Mandala-Symbolik gut auf den Stein malen kannst.*

5 Du kannst auch auf die Rückseite des Steins das Thema/Wunsch/Ziel deiner Fokussierung schreiben und dadurch manifestieren.

6 OPTIONAL: Wenn dein Mandala-Stein später draußen liegt, würde ich dir empfehlen, zum Schluss einen Klarlack (z.B. von Marabu) zart und dünn nur auf den Mandala-Kreis aufzutragen. Er verleiht deinem Mandala einen schönen Glanz und schützt die Farbe.

TIPP: *Nimm diesen Stein für ein Ritual jeden Tag für zwei bis drei Minuten in die Hand und verbinde dich mit dir und deinem Thema. Nutze ihn, um dich ganz bewusst positiv zu stimmen. Jeden Morgen und jeden Abend. Zum Beispiel ist es toll, einen Dankbarkeits-Mandala-Stein zu bemalen. Immer wenn du ihn in die Hand nimmst, zählst du dir auf, wofür du im Leben dankbar bist. Du wirst spüren, was das für gute Laune machen kann und wie viel Lebensfreude und Glück das in dir auslöst. So ein Stein ist auch eine sehr schöne und persönliche Geschenkidee.*

ÜBER DIE AUTORIN

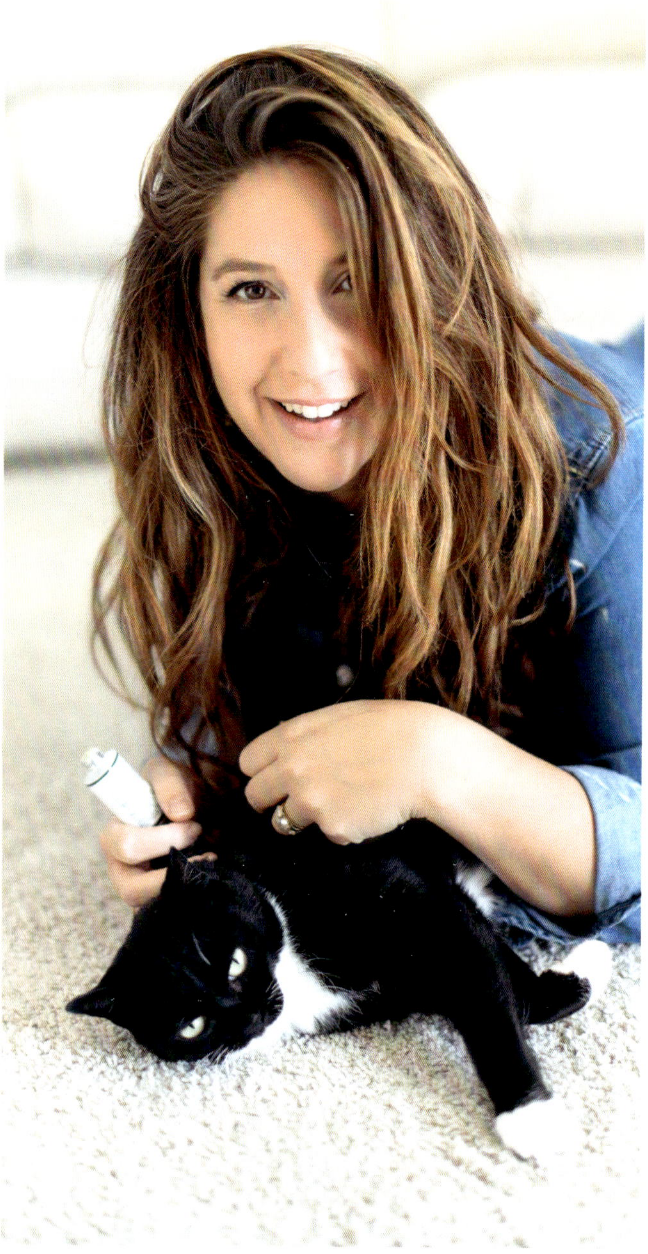

Yvonne Lamberty hat die Vision, mit Kreativität die Herzen zu öffnen und die innere Schönheit im Außen zum Leuchten zu bringen. Die Leuchtkraft ihrer Mandalas spiegeln eine Verbindung zwischen Himmel und Erde und laden dich ein, deine universelle Kraft zu entdecken.

Durch das Leuchten ihrer Mandalas bewahrt sie sich die Erinnerung an ein Nahtoderlebnis ihrer Kindheit, das zu einer Begegnung mit einem so wunderschönen Licht führte. Yvonne spürte, dass es viel mehr geben musste, als sie verstehen konnte. Eine große Kraft ging von diesem Erlebnis aus, was sie bis heute nicht mehr loslässt. Durch ihre Kreativität verbindet sie sich immer wieder gerne mit diesem Erlebnis und teilt dies durch ihre Kunst. Sie malt aus einer Quelle des Unbewussten heraus. Ihre intuitiven Bilder sind mystisch und zaubern eine Traumwelt voller Fantasie und bunter Farben.

Über die letzten zehn Jahre hat Yvonne eine ganz eigene Technik ihrer Kunstwerke entwickelt, die sie in Malkursen mit viel Liebe und Leidenschaft vermittelt. Ihr Onlinekurs „Entfache Kreativität – eine Verabredung mit dir selbst" hat schon bei Hunderten von Menschen das Feuer der Kreativität entfacht. Besonders dabei sind ihre Livestreams aus dem Atelier.

Ihre Werke kann man als Originale auf Leinwänden erwerben, aber auch in Form von Kunstdrucken sind ihre Bilder erhältlich. Mehr über Yvonne und ihre Arbeiten erfährst du unter:

Künstlerseite: ***yvonnelamberty.com***
Yandala-Kollektion: ***yandala.com***
Onlinekurs: ***onlinekurs.yvonnelamberty.com***

Instagram: ***yvonnelamberty_***
Facebook: ***yourmandala***
Pinterest: ***yandalamandala***

DANKSAGUNG

Ein ganz herzliches Dankeschön geht an dich und deinem Interesse an diesem Buch. Ich hoffe, ich konnte dir schöne Malmomente schenken und dich zu kreativen Bildern inspirieren.

Ich möchte mich ganz herzlich beim EMF-Verlag für das Vertrauen bedanken und dafür, dass ich so viel Freiheit bei der Ideengestaltung des Buches hatte.

Vor allem ein dickes Dankeschön an meine Lektorin Nora, die mir immer so freundlich, entspannt und unkompliziert zur Seite stand. Es hat mir große Freude gemacht, mit dir zusammenzuarbeiten. Und auch ein großes Dankeschön an Michi aus der Grafik. Ihr habt das echt drauf und wart mit genauso viel Liebe dabei wie ich. Danke von Herzen dafür.

Vielen Dank an Firma Golden, USA/Art Select GmbH & Co. KG, die mich mit den tollen GOLDEN Acrylfarben gesponsert hat. Einen besonderen Dank an Claudia, die genau weiß, wieso ich ihr besonders danke!

Sowie auch der Firma Marabu ein liebes Dankeschön, die mir den Dekorlack gesponsert hat, um die Steine zu bemalen.

Zudem möchte ich mich noch bei allen lieben Menschen in meinem Leben bedanken, ohne die ich niemals diesen Weg hätte gehen können:

Meine lieben Eltern, die mich nie von meinen Träumen abgehalten haben, sondern mich immer unterstützt und an mich geglaubt haben. Danke, Mama, für die Liebe, mit der du mich immer überschüttest. Danke, Papa, dass du mir nicht nur dein Künstlerauge vererbt hast, sondern auch deinen alten Aquarellmalkasten, worüber ich beim Ausprobieren so inspiriert wurde, dass ich diese neue Mandala-Aquarelltechnik entwickelt habe. Ohne dich gäbe es dieses Buch nicht! Danke auch dafür, dass du mir deine Kamera für all die Step-Fotos im Buch geschenkt hast.

Megafettes Dankeschön an meinen „Best Buddy in the World“ Tim, der mich von Anfang an auf meinem Weg der „Yandalas“ begleitet und unterstützt.

An meine wundervolle Fotografin Grit Siwonia, die diese schönen Fotos im Buch gezaubert hat.

Einen ganz herzlichen Dank an Moni und Gert, Carina, Christiane, Susi, Jessi, Herbert und Niko. Ihr habt mir sehr geholfen in der Zeit, in der dieses Buch entstanden ist – jeder so unterschiedlich, aber auf seine Art wundervoll!

Vielen Dank an meine ganze wundervolle Familie, meinen Bruder und meine Oma und alle Freunde, die ich nicht alle aufzähle, weil ich Angst habe, ich vergesse jemanden. Ich bin so reich beschenkt mit euch!

Und zu guter Letzt: Meine Muse und alte Katzendame Maevy Marvelous, die bei der Entstehung jedes Bildes in meinem Atelier treu an meiner Seite ist. Tatsächlich seit über 10 Jahren schnurrst, schläfst, schmust oder kuschelst du dich, während ich am Malen bin, an mich heran. Ich bin jeden Tag dankbar, dass es dich gibt.

IMPRESSUM

Bibliografische Information der Deutschen Bibliothek.

Die Deutsche Bibliothek verzeichnet diese Publikation in der Deutschen Nationalbibliografie.

Detaillierte bibliografische Daten sind im Internet über http://www.dnb.de/ abrufbar.

EIN BUCH DER EDITION MICHAEL FISCHER
1. Auflage 2020

Covergestaltung, Layout und Satz: Michaela Zander
Redaktion und Lektorat: Nora Köpp
Fotos: © Grit Siwonia (Cover, Innenteil: S.1-3, 6, 8/9, 13, 17, 18-20, 22, 24/25, 34/35, 40/41, 44/45, 49, 51, 92/93, 97, 120/121, 142)

ISBN 978-3-96093-642-8

Gedruckt bei Polygraf Print, Čapajevova 44, 08001 Prešov, Slowakei

www.emf-verlag.de